河內源氏 × 伊勢平氏，一場從東國到西國的勢力流動，
重新分配權力與版圖，開啟貴族衰退與武士崛起的歷史新局

源平合戰
幕府前武士崛起的決勝之役

平將門之亂 × 前九年之役 × 平治之亂……
從宮廷政爭到武士奪權
一場改寫日本中世版圖的百年動盪

源平合戰，宮廷、院政與家族的角力
貴族時代的終結與武士時代的開場！

北條早苗 著

目 錄

第一章　源平登場之卷　　　　　　　　　　　　　005

第二章　平家崛起之卷　　　　　　　　　　　　　035

第三章　源氏舉兵之卷　　　　　　　　　　　　　065

第四章　鎌倉成立之卷　　　　　　　　　　　　　103

第五章　諸國內亂之卷　　　　　　　　　　　　　135

第六章　義仲上洛之卷　　　　　　　　　　　　　171

第七章　討伐平家之卷　　　　　　　　　　　　　217

第八章　奧州征伐之卷　　　　　　　　　　　　　263

目錄

第一章　源平登場之卷

第一章　源平登場之卷

第一節　平安時代

　　自從中國的唐朝經歷了安史之亂而導致國力衰弱之後，日本與中國的來往便逐漸減少，此時的日本正處於奈良時代。早先遣唐使盛行之時，佛教經由兩國的交流傳入日本，受到日本貴族的歡迎，這些佛教寺院擁有廣闊的良田與大量的貴族階級信徒，到了奈良時代末期，奈良京附近的佛教勢力已經形成了尾大不掉的局面。這些佛教寺院以大寺院興福寺為首，積極介入朝廷的政治鬥爭之中，如「藤原廣嗣之亂」、「法王道鏡亂政」等事件中，鬧事的主角裡都有這些和尚的影子。

　　天應元年（西元 781 年）光仁天皇之子桓武天皇繼承了皇位。桓武天皇當政時期，朝中舊貴族們的勾心鬥角依舊沒有減少，受夠了政治鬥爭的桓武天皇，便決意要遷都他處，擺脫奈良京附近寺院大地主以及貴族大地主的勢力。桓武天皇首先看中的是位於山城國的長岡，為了營建長岡京，桓武天皇下令拆除古京城難波京，而拆下來的材料則直接運往長岡。然而，長岡京的營建過程並非一帆風順，在這段時間裡先後發生了「藤原種繼遭暗殺事件」以及「早良親王事件」。藤原種繼是桓武天皇寵信的大臣，而早良親王則是皇太弟，這兩人在朝廷的政治鬥爭中死去，在當時的政治局勢中造成了不小的影響。

　　相傳早良親王是遭到了桓武天皇的誣陷含冤而死，化作怨靈詛咒桓武天皇。在這段期間裡京城災禍不斷、異象頻生，最終不堪騷擾的桓武天皇於延曆十三年（西元 794 年）再度營建並遷往新都平安，平安京的落成，象徵著日本「平安時代」的到來。

　　日本的平安時代，是一個優雅而又神祕的時代，傳說在這段時間裡，先後冒出了早良親王和平將門等怨靈、安倍晴明這樣名震天下的陰陽師、藤原道長這般傑出的政治家，以及赫赫有名的討鬼將軍源賴光等人。

第一節　平安時代

然而，在這太平的背後，其實是一個混亂而又骯髒不堪、綱常倫理喪失、貴族驕奢淫逸、朝廷制度崩壞的時代。而最終推翻腐朽貴族政治的，則是被貴族們瞧不上的兩個低階的武士家族——河內源氏與伊勢平氏。

在奈良時代前後，日本天皇為了打擊貴族勢力，加強國家與天皇的權威，頒布了《大寶律令》等法令，實施班田收授法，嚴格制定官制。然而，日本進入平安時代之後，因為天皇外戚藤原氏的干政，使得原本維持朝廷運轉的律令制走向衰弱。外戚藤原氏出任「關白」以及「攝政」把持朝政；相對的，年輕的天皇不甘心受到外戚藤原氏的控制，所以在壯年退位，於朝廷之外開設「院廳」，因為退位後開設院廳的乃是天皇的父親上皇，因此政治中心逐漸也由朝廷轉移至上皇的院廳之中。在相當長的一段時間內，院廳頒布的命令「院宣（院廳下文）」其權威與執行力大大高於朝廷頒布的天皇命令「綸旨（詔敕）」，原本應該以天皇為首的「國家政治」也變成了由天皇父親上皇統治的「家族政治」。

「攝關政治」與「院廳政治」均是無視朝廷律令的產物，而這些位於律令制外的統治者們，為了互相爭權奪利，不顧朝廷律令，大量任命律令制以外的官職，使得原本只是臨時替補的令外官常設化，大大打擊了天皇以及律令制的權威。在攝、關與院廳當政的時期，令外官職能與原本的律令官職能產生重複時，往往是以依賴藤原氏或院廳為主的令外官占據上風，令外官的盛行，加速了朝廷律令制的崩壞。

與朝廷內部自行瓦解律令制相同的狀況是，在外部，皇族與貴族們也不斷為自己挖掘墳墓。首先是日本義務兵制度的解體。原本按照律令制的要求，日本的各個令制國之內均設有常備軍團，平時防務國內軍事與治安，戰時徵調至前線參加對抗蝦夷人的戰爭。到了平安時代中後期，因為與蝦夷的戰爭減少了，各國的常備軍團反而成為沉重的負擔。為了減輕經濟壓力，朝廷宣布廢除諸國的軍團制度，代之以人數相較軍

第一章　源平登場之卷

團制減少的精兵制。精兵制的推行，使得各國的經濟壓力大大減小，但是軍事力量的削弱，卻讓治安問題成為各地的一個嚴重問題。

與軍團制同時崩潰的，還有律令制下的班田制，原本班田制應該是由國家配置班地讓百姓耕種，百姓死後將土地交還國家重新班田。可是，到了平安時代，許多百姓私下買賣交易國有的土地，再加上徭役沉重，許多百姓出逃而開墾新田，使得國家無田可班，最終在延喜二年（西元902年）之後的最後一次班田之後，班田制名存實亡。班田制崩潰後，許多擁有新墾田地以及私人買賣得來田地的人，變成了擁有龐大勢力的莊園主。這些莊園主透過開墾新田、買賣土地，甚至武力併吞土地，擴大自己的領地。他們在各自的勢力範圍內建立起武裝勢力，用以保衛莊園，而這些莊園的保鏢，便是武士最早的原型。

班田制與軍團制的解體，代表著朝廷在地方的控制力瓦解，地方勢力根本就不把朝廷派來的文弱官員放在眼裡，朝廷在地方的徵稅也難以為繼。為了解決這個問題，出現了「國司請」制度。該制度將一國賜給某個國司作為受領領地，國司為朝廷在地方徵稅，再上繳給國家。國司一般由在地方上有兵有糧的武士擔任。

即便如此，還是有許多莊園主們想要逃避徵稅。正好平安京裡的皇族與貴族們需要大量的收入來支撐奢靡的生活。莊園主們便將莊園名義上「寄進」到皇族與貴族名下，再以私人關係向皇族或貴族繳納了足夠的年貢以後，便擁有「不輸不入」的特權。「不輸」，表示莊園享有不向國家繳納田地賦稅的權力；「不入」，表示莊園主有權不讓檢田使進入自己的莊園內丈量土地、徵收賦稅、行使警察權等特權。統治者們一馬當先地破壞律令制制度，使得國家對地方的控制力越來越弱。

在律令制崩潰、莊園制興起的大背景下，武士團體登上了歷史舞臺，其中最主要的，便是清和源氏以及桓武平氏這兩個武士家族。

第二節　承平・天慶之亂

　　最先登上歷史舞臺的，是桓武天皇的後裔桓武平氏。在日本，天皇號稱神的子孫，而神的子孫是沒有姓氏的。但這些神的子孫，雖然不工作，卻也要吃飯。很快，天皇就發現朝廷的收入不夠子孫白吃白喝了。於是，他將一些出身低的皇族降為臣籍，將他們從沒有姓氏的神變成有姓氏的凡人，源氏和平氏這兩個家族就是這樣出現的。

　　寬平元年（西元 889 年），桓武天皇的孫子高望王被宇多天皇降為臣籍，賜姓平氏，平高望即是桓武平氏高望王流的始祖。平高望被降為臣籍並被派往關東擔任「上總介」，而平高望的子孫後代，後來分散到關東各地，形成關東大大小小的平氏武士派系，影響深遠。

　　平高望死後，他的四個孩子平國香、平良將、平良兼、平良文分了家。兄弟四人中，平良將很早就過世了，留下了幾個兒子。失怙的孩子在關東自然不好過，因此，其三子平將門便想去京都謀個差事。他自幼弓馬嫻熟，驍勇善戰，工於心計，自以為只要去京都一定會成為貴族們的寵兒。但是，他雖然有能力，卻低估了平安京官場的黑暗。

　　平將門抵達京都之後，先是侍奉當時在朝廷內大紅大紫的攝政藤原忠平。在侍奉藤原忠平的十幾年間，他兢兢業業，盡心盡力地為攝政大人效命，希望藤原忠平能夠提拔自己，讓自己擔任「檢非違使」。可是藤原忠平卻拒絕了他的請求。一怒之下，平將門就天天稱病在家不去上班，在被藤原忠平訓斥後，他更是罷官棄職跑回東國占山為王了。

　　《古事談》中記錄了這麼一件事：平將門在京都的時候，曾經與自己的堂兄弟平貞盛不期而遇。當時平貞盛剛好前往拜訪敦實親王，偶遇同樣前來拜訪的平將門。兩人雖為堂兄弟，但是關係並不和睦。平貞盛看著平將門帶著幾個隨從大搖大擺地離開後，就向敦實親王抱怨說：「此

第一章　源平登場之卷

人必定會惹出大亂，只可惜我今天沒有帶隨從前來，不然一定殺了這小子。」平貞盛一語成讖，日後平將門果真引起震驚日本的大亂。

平將門回到關東後，自稱相馬小二郎，在下總國的豐田郡落草為寇，結交豪傑，成為下總國、常陸國的一大威脅，經常在當地燒殺劫掠，禍害一方。各國的國司都不敢惹這個大魔頭，對他的所作所為睜一隻眼閉一隻眼。時任武藏介的源經基看不下去了。源經基是清和天皇第六個皇子貞純親王的長子，也就是清和天皇的孫子，因此世人都稱他為六孫王。源經基後來被賜姓源氏，成為清和源氏的始祖，後來的源義家、源賴朝，甚至室町幕府的足利將軍，都是源經基的後人。源經基認為，放縱平將門在關東為所欲為，日後必成大患。他上奏朝廷，說平將門在關東聚集惡黨，狂暴絕倫，現在要是不把這股黑惡勢力剷除，只怕以後會成為社稷之憂。

朝廷便把平將門招到平安京去問話，還告訴平將門，這個小報告是源經基打的。平將門指著天地起誓，說源經基顛倒是非，所言不實。朝廷見此情形，便派人前往關東詢問各國的國守。沒想到，平將門早就派人打點過關東的國守。國守們見到朝廷的使者，都說平將門對朝廷忠心耿耿，絕無異心。

就這樣，朝廷認定源經基與平將門有隙，故意誣告他，便赦免了平將門。

平將門難得上洛一次，既然獲得赦免，他便留在洛中遊玩。《神皇正統記》之中記載，有一天，平將門與好友藤原純友相約一同前往平安京邊的比叡山登高遊覽。藤原純友乃是藤原北家出身，在家中也是排行老三，父親藤原良範早亡，使得藤原純友在朝廷裡鬱鬱不得志。大概兩個人的出身經歷太過相似，便有了惺惺相惜之情。在比叡山上俯瞰壯觀宏偉的平安京，平將門生出覬覦天下的野心。而《大鏡》中更詳細地記載了平將門與藤原純友的對話。

平將門看著平安京說道：「整個平安京都被我淨收眼底了。」

藤原純友悟出平將門話裡有話，接話道：「將門公志向遠大，我雖不才，但是得幸與將門公結交，豈會不贊同將門公的志向？在下願意為將門公效犬馬之勞。」

平將門聽了藤原純友的話，大喜不已：「我乃桓武天皇之後，皇孫也，他日我即帝位，公乃藤原氏之貴冑，可任攝政也。」相傳二人在此時便已約定日後共同起事，圖謀天下。

在平安京遊玩數月後，平將門回到關東，又成了嘯聚山林的匪寇。當時常陸國大掾、下總國國介是平將門的伯伯平國香與叔叔平良兼。平國香與平良兼對這個自幼沒人管教的姪子感到十分頭痛。承平五年（西元935年），擔任常陸國大掾的平國香首先站出來，想要好好管教管教平將門。結果一交戰，平國香竟然兵敗身亡。

接著與平將門交鋒的是他的另一個叔叔平良兼。平良兼與平將門積怨已久：平良兼娶了常陸國前大掾源護的女兒，而源護有三個兒子都死在平將門手上。但二人的矛盾不限於此：平良兼曾經欺負平將門年幼，強行併吞了平將門父親留下的田地。

平國香之死震驚了身在京都的平貞盛。得知父親被殺，平貞盛辭去了官位，孤身一人回到關東。不過他長期身在京都，對關東環境不熟，不敢貿然與平將門交戰，便依舊在常陸國擔任平國香之前所任的常陸大掾，隱忍不發。但平良兼卻等不得，他寫信教訓了平貞盛一頓，質問他是不是忘了殺父之仇，是不是想委身事賊。

承平六年（西元936年），平良兼發兵常陸國，攻打平將門，平貞盛也率軍跟隨叔父作戰。沒想到，擁有數千兵力的平良兼，與率領百餘騎武士偵查敵情的平將門在下野國與常陸國的邊境遭逢。仇人相見分外眼紅，平將門還未到戰場，手下的先鋒步卒就已經與平良兼交手，接連射

第一章　源平登場之卷

殺了八十多名平良兼軍中的武士。平良兼率部敗走，平將門尾隨其後追擊，將其包圍。

按《將門記》當中的說法，此時的平良兼已經是平將門的甕中之鱉。但是平將門考慮到：「夫妻再怎麼親暱也像瓦片一樣說分開就能分開，而親戚再怎麼疏遠也都和蘆葦叢一樣緊緊疊在一起。如今我要是殺了他們，遠近的武士必定會說我刻薄無情、六親不認。」於是，平將門下令解開對平良兼的包圍圈，平良兼因此得以帶著剩餘的千餘族人與士卒逃走。

平將門在關東與平氏族人激戰之事傳到了京都，前常陸國大掾源護重重奏了平將門一本，說他在關東與平氏一族互相攻伐，侵擾百姓。朝廷下詔召平將門赴京問罪。此時平將門的實力還不算強，只得孤身上洛辯解。正好當年朱雀天皇行元服禮，大赦天下，沒多久平將門就得赦返回關東。

承平七年（西元937年）八月六日，平良兼再度發兵攻打平將門。平將門軍中評估當日不宜動兵，因此率軍後撤，而平將門的據點豐田郡栗棲院、常羽御廄以及附近的百姓民家，遭到平良兼軍隊的縱火焚毀。八月十九日，平良兼軍隊甚至在幸島郡葦津江邊俘虜了平將門的妻子與七、八艘裝載著物資的船隻。在躲避平良兼進攻的這段時間裡，平將門也沒閒著，他大肆購買武器，招募士卒，很快就將手下的軍隊壯大了一倍有餘。

平良兼無法打敗平將門，便賄賂平將門手下的驅使（一個小官）丈部子春丸，想令其謀害平將門，計畫失敗之後，平良兼又夜襲平將門，搶占了平將門的營地石井營。該年十二月二十四日，平良兼率軍突襲平將門，而此時平將門手下士卒不滿十人。平將門瞋眼大叫，率領手下騎馬突襲平良兼軍隊，更親手挽弓搭箭射殺了平良兼手下的關東名將多治良利。多治良利死後，士卒潰散。平將門以十人不到的兵力殺死敵軍四十餘人，名震關東。而那位背叛者丈部子春丸，也於次年遭到平將門一黨的襲擊兵敗身死。平良兼接連與平將門交戰失利，平貞盛意識到以一己

之力無法消滅平將門，便想要前往京都，利用自己在京都的人脈上奏朝廷，讓朝廷下詔討伐平將門。

承平八年（西元 938 年，此年改元為天慶元年）二月，平貞盛與叔叔平良兼告別，帶著手下一族自東山道上洛。平將門知道平貞盛此行是上京告御狀，便率領百餘騎武士日夜兼程追趕平貞盛，終於在信濃國的小縣郡趕上了。平貞盛與平將門於小縣郡國分寺旁交戰，頓時大敗，幸有其手下武士捨命奮戰，平貞盛才僅以身免，孤騎逃入京都。

平貞盛在京都待了一年有餘，天慶二年時終於帶著朝廷命令討伐平將門的官符返回關東。當年六月，平貞盛的叔叔平良兼病逝，平良兼死後，他手下的勢力以及土地遭到了平將門的攻伐與併吞。

正當此時，常陸國的國人藤原玄明因為犯罪，遭到常陸國國介藤原維幾的通緝，藤原玄明逃到下總國豐田郡躲藏。平將門認為這是個奪取常陸國的好機會，便率軍千餘人進軍常陸國，並派人勸降藤原維幾，要其赦免藤原玄明之罪。但藤原維幾也不是毫無準備，他早已在常陸國設下了數千大軍防備平將門。奈何平將門手下兵卒個個身經百戰，以一敵百，兩軍剛一交戰，戰局便摧枯拉朽一面倒。平將門最終斬殺了三千多人，生擒常陸國國介藤原維幾，不但奪取了藤原維幾的官印，還將常陸國的國府一把火燒了。

見此情形，與國內國司不和的武藏國權國守（代理國守）興世王便遊說平將門：「公奪取一國，罪不容赦。不如就此奪取關東，以待時機窺視天下。」平將門聽了之後大以為然，認為時機已經成熟，便率領手下攻伐關東諸國。先是下野國國守藤原弘雅不戰而降，隨後平將門又殺入上野國，趕走了國介藤原尚範，進入國府，擅自任免官吏。

隨後，有個巫女自稱是八幡大菩薩的使者，傳言說上天決定將皇位賜予平將門。平將門拜受領命，便在關東悍然舉起反旗，自稱新皇。

第三節　新皇敗亡

　　平將門的弟弟平將平向平將門建言：「帝王興廢，自有天命，兄長還是多謀劃謀劃，不要隨便就自稱新皇。」可是平將門沒把弟弟的話放在心上，他回答說：「當今關東，能打仗的才可以做天子。然而弓馬之事，又有誰能比得過我呢？」隨後，平將門率軍返回下總國，在老地盤猿島郡石井鄉修築皇宮，設定文武百官，命弟弟平將賴擔任下野國國守、平將文擔任相模國國守、平將武擔任伊豆國國守、平將為擔任下總國國守、多治經明擔任上野國國守兼常羽御廄別當、興世王擔任上總國國守兼武藏國權守、藤原玄茂擔任常陸國國守、文室好立擔任安房國國守。

　　得知平將門在關東公然舉起反旗後，關東的國司們或降或逃，並稱其為「外都鬼王」。朝廷下令，在東山道、東海道修築防禦工事，防止平將門率軍西進。此時，身處西國的藤原純友原本在瀨戶內海落草，得知平將門反叛之後，他發兵攻打國司，在關西呼應平將門的作亂。

　　平將門還修書一封送給攝政藤原忠平，信上說：「我是被源護以及平良兼、平貞盛等人逼上梁山的，實在是身不由己。常陸國國介藤原維幾放縱自己的孩子藤原為憲殘害民眾，其國人藤原維茂所以向我投訴，我正想前往一探究竟，就遭到了平貞盛與藤原為憲的襲擊。誰知道這兩人不禁打，我雖然是被動防禦，卻不小心把二人擊敗，實在不是我的本意。而我自己想著既然已經奪取了一國，這原本是國法不容之事，但也因此才乾脆決定奪取關東諸國。我平將門乃是天皇後裔，就算統領半個天下又有何不可？靠兵威奪取天下的，史書裡比比皆是。平將門的武功，乃是上天賜予我的，可是朝廷卻不給我賞賜，反而屢屢譴責我。想當年我侍奉攝政大人，卻沒被大人所推舉，這也是逼迫我的原因之一。」

　　平將門與藤原純友一東一西，平安京被夾在當中，京中人心惶惶，

盛傳兩人都準備發兵上洛，在京都會師。

天慶三年（西元 940 年），朝廷以參議藤原忠文為征東大將軍，率領諸國武士討伐平將門。躲在常陸國的平貞盛也趁此機會私下招募忠於自己的武士，其中有個叫藤原秀鄉的武士來到平貞盛軍中。

藤原秀鄉據說出自藤原氏魚名流，祖上因為犯錯被流放到了遠離京都的關東來擔任國司。平將門起兵之時，藤原秀鄉本想追隨平將門，便前去拜謁。平將門當時正在洗頭髮，得知關東名士藤原秀鄉前來，激動之下，他戴上帽子便出來相見，並招呼藤原秀鄉一起吃飯。席間，頂著溼漉漉頭髮的平將門吃相難看，不斷把食物掉在衣服上。這次相見後，藤原秀鄉認為平將門不過是一個鄉巴佬，行為舉止輕佻，沒有人君的氣度，便打消了投靠平將門的打算。

平貞盛回到關東的消息很快傳到平將門耳中。平將門親自率軍前往常陸國搜捕平貞盛，卻沒有發現平貞盛的蹤跡。而平貞盛潛伏在山野之中，躲在暗處，觀察著平將門，因為他料定平將門這樣粗魯的漢子遲早會露出破綻。

果不其然，平將門在常陸國搜尋不到平貞盛，便以為平貞盛身在關東是個假消息，不足為慮。他遣散招募來的軍隊，只留千餘人守備。平將門放鬆了警惕，平貞盛的機會來了。他與藤原秀鄉率軍攻向平將門。平將門倉皇應戰，手下軍隊亂成一團。平將門想將平貞盛與藤原秀鄉誘往自己熟悉的地方作戰，便率領敗軍退往幸島。

平將門在關東時，身邊時常會有一支八千人左右的精銳武士護衛，但這次他在幸島向關東諸國武士發去「勤王」命令，因為時間緊迫，只聚集了四百餘人。平貞盛、藤原秀鄉率軍追擊平將門，與平將門在幸島北山大戰。大戰之中，平將門一馬當先，率領著手下武士衝擊平貞盛的軍陣，將平貞盛殺得連連後退。平貞盛與藤原秀鄉見平將門如此勇猛，也

第一章　源平登場之卷

是吃了一驚，不過平貞盛很快就發現了敵軍的破綻——平將門總是孤身一人衝鋒在前。

平貞盛指著敵方大將大喊一聲：「那人便是逆賊平將門！」隨後引弓搭箭，朝著平將門所在射去。在兩軍交戰之際射冷箭，一直為武士們所不齒。毫無防備的平將門腦門中了平貞盛一箭，跌落馬下。藤原秀鄉率領手下武士衝殺過去，輕易取下了平將門的首級。

平將門死後，朝廷下令追捕平將門一黨，平將賴、藤原玄茂等人在相模國被斬首，興世王在上總國被斬首，藤原玄明等人則在常陸國被斬首，關東宣告平定。

而在關西呼應平將門作亂的藤原純友呢？在藤原純友與平將門作亂最嚴重的天慶二年，朝廷曾下旨招安藤原純友，但藤原純友不但不領情，反而日趨囂張。平將門被討平之後，朝廷下令以左近衛少將小野好古為追捕使、大宰少貳源經基為副追捕使，率領二百餘艘戰艦前往討伐藤原純友。官軍還未到達，藤原純友手下的大將藤原恆利便率軍來降。藤原恆利熟知當地海況，充當官軍嚮導，打得藤原純友大敗。藤原純友又逃至九州島作亂，一度攻入大宰府。朝廷得知大宰府淪陷，又派遣藤原忠文為征西大將軍，總領諸軍討伐藤原純友。藤原忠文還未從京都出發，小野好古等人就擊敗了藤原純友，在伊予國將其斬首，並將其首級送往京都示眾。藤原純友死後，其殘黨曾在九州頑抗，最終被官軍討平，源、平兩家初次登場的「承平・天慶之亂」，就此落下帷幕。

第四節　平忠常之亂

在平氏家族大鬧特鬧的「承平・天慶之亂」中，有個人一直在默默地努力為自己的家族奮鬥，此人便是時任武藏國武藏介的源經基。源經基是清和天皇的孫子，被賜姓源氏並下派到武藏國擔任地方官。在「承平・天慶之亂」中，源經基大放異彩，先是跟隨藤原忠文討伐平將門，後又與小野好古討伐藤原純友，清和源氏自此開始嶄露頭角。源經基的兒子源滿仲，孫子源賴光（傳說砍了酒吞童子和茨木童子的那位）、源賴信都因為戰功在朝廷深受信任，在地方上受到眾多武士的推崇。

在源賴信這一代，關東又爆發了「平忠常之亂」。

「承平・天慶之亂」後，桓武平氏在關東仍有很大的勢力。平良文的孫子平忠常占據著上總國與下總國的大量地盤，拒絕向朝廷繳納賦稅及提供徭役，想要與朝廷對立，建立一個獨立的關東王國。

長元元年（西元 1028 年），平忠常舉兵反叛，相繼侵略了上總國的國府和安房國，朝廷派遣檢非違使平直方、中原成道等人召集東海道、東山道的軍隊征討平忠常，次年又加派了北陸道的軍隊。然而，平直方等人並沒有完成朝廷的任務。長元三年（西元 1030 年），安房國的國司藤原光業在平忠常的威脅下棄官逃回京都，朝廷震動，召回平直方等人，重新派甲斐守源賴信前往東國。

源賴信得令之後立即前往東國，很快就率軍在常陸國集結，左衛門尉平維基等人率軍歸附。平維基向源賴信進言說：「平忠常據險而守，兵勢正盛，只怕一時半會無法強攻，不如在此地稍作停留，集結大軍再前往討伐。」源賴信卻認為兵貴神速，當即便率軍前往下總，平維基只得率軍三千駐紮在鹿島配合源賴信。

平忠常對源賴信的到來早有準備，當時下總國與常陸國正好水災氾

017

第一章　源平登場之卷

濫，河水水位高漲，平忠常便命人將船隻藏起來，以此阻擋源賴信的進軍。源賴信無法渡河，便派人前去對平忠常曉以利害，希望他能投降。平忠常回答：「我早就聽聞公之大名，今日有幸相會。本當順應天命前來歸附，奈何聽聞我的仇人平維基也在公帳下效力，我實在不願在仇人前屈服。」平忠常此言明顯是在打太極。源賴信見無法勸降，便召來諸將召開軍事會議。

他說：「如今沒有船，要是繞路前往，只怕曠日費時，敵人會準備更充分。不如現在趁敵人沒有防備，直接渡水強攻，一戰而下。我認為直接攻擊才是上策，之前聽說這條河有個地方水位很淺，只到馬腹，我軍中可有人知道這個地方？」

話音剛落，有個叫真發高文的武士便說自己知道，並主動請命，請求作為先鋒渡河。在真發高文渡河時，另有一名武士跟在他身後，一邊走一邊在水中插上蘆葦作為標記。源賴信率領全軍隨標記渡河，殺到了平忠常帳前。

平忠常措手不及，不敢應戰，只得投降，最終在被押送回京的路上病死。源賴信因功擔任美濃等國國司，最終出任河內守。他的這一脈清和源氏便又被稱為河內源氏流。「平忠常之亂」便是河內源氏初次在歷史上的登場，藉此機會，河內源氏開始將自己的勢力伸入平氏一家獨大的關東。

清和源氏一門豪傑輩出，攝津源氏（同為清和源氏宗族）源賴光出仕攝關家，多次奉命討伐賊寇，酒吞童子、茨木童子的原型應該就是當時日本獨據一方的盜賊。而河內源氏的源賴信更是個傑出的武士，《今昔物語》中記載，源賴信在上野擔任上野介時，右兵衛尉藤原親孝也在上野國居住。有一天藤原親孝的家遭了賊，小偷被藤原親孝帶著手下逮住了。可是小偷居然撬開了鎖逃出去，還用刀劫持了藤原親孝的兒子。無

奈之下，藤原親孝去找源賴信幫忙。

源賴信聽了此事哈哈大笑，說：「大丈夫遇事時，放棄妻兒都不在話下，如今你怎麼因為兒子被小偷逼得這麼狼狽？」但是說歸說，他還是前去現場。

小偷看到源賴信來了，更加害怕。源賴信朝著小偷大喊道：「你是想要殺死這個孩子呢，還是想活命？」

小偷回答說：「我怎麼會想殺死這個孩子呢？我只想要活命罷了！」

源賴信又說：「那你快放下這個孩子，我不會殺你的。」

小偷得到了源賴信的保證，便放了孩子伏地求饒。藤原親孝想要殺死這個小偷，卻被源賴信阻止了。源賴信說：「此人勢窮才會去做小偷，被你捉住害怕被殺才會劫持你的孩子，都是被逼無奈而為之，我怎麼忍心殺他？況且我和他有言在先，怎麼能食言殺他？」隨後，源賴信給了小偷一些盤纏，讓他離開。

源賴信如此英傑，他的兒子源賴義也是個不輸給父親的武士。

有一回，源賴信從關東得到一匹寶馬，帶著寶馬回到京都。源賴義想要得到這匹馬，便向父親請求，源賴信允諾次日將寶馬贈予他。沒想到，當夜下起了大暴雨，一個在關東便覬覦這匹寶馬的盜賊乘機將馬偷去。源賴信發覺之後，料想盜賊是東國人，便背著弓箭單騎追去。源賴義被異動驚醒，也帶著弓箭騎馬跟去。此時盜賊正騎馬渡河，源賴信料定源賴義隨後追來，便大聲叫道：「射他！」話音剛落，就響起了弓弦聲，盜賊應聲落水。

有此豪傑父子，河內源氏怎能不興？河內源氏真正的大舞臺，是後冷泉天皇在位的永承年間的「前九年之役」以及白河天皇在位的永保年間的「後三年之役」。

第五節　奧州安倍氏

古代日本有個在律令制以外、非法律規定的常設官職，即令外官「征夷大將軍」，所謂「征夷」，要征伐的對象便是日本本州島東部的蝦夷人。經過光仁天皇、桓武天皇、嵯峨天皇幾代人的努力，結束與蝦夷人長達數十年的戰爭之後，大和朝廷成功地占領了陸奧國與出羽國，並給予陸奧、出羽的「俘囚」（歸順的蝦夷人）一定的自治權力。

當時陸奧國的一大勢力便是安倍氏。安倍氏的出身說法不一，主要有以下兩種，其一，安倍氏乃是蝦夷人出身，是世居陸奧的土著，在當地是相當於蝦夷人族長（俘酋）的存在；其二，安倍氏乃是朝廷下放的家族，前往陸奧國奉命鎮壓蝦夷人的叛亂，這才來到了陸奧國，在這之後，朝廷給予安倍氏一定的自治權，委託安倍氏統治東北。

前九年之役又稱為「奧州十二年合戰」，因為實際上這場戰爭從頭到尾前後打了十二年之久。這場戰役分為三個階段，第一階段為源賴義前往東北以前，陸奧守藤原登任與安倍氏的戰爭；第二階段為源賴義赴任與安倍氏交戰，在黃海合戰中源賴義軍敗北導致戰爭陷入膠著狀態；第三階段則是陸奧國鄰國出羽國的清源氏率軍前來支援源賴義，打破僵局並最終平定了安倍氏。

先來說說前九年之役的第一階段。安倍氏的當主安倍賴良在衣川設立了一個關卡，隨後將勢力伸向了安倍氏的傳統領有勢力「奧六郡（即膽澤、和賀、江刺、稗貫、志波（紫波）、岩手六郡）」以南，並且拒絕向朝廷提供徭役，拒絕繳納賦稅。為此，陸奧守藤原登任以及秋田城介平繁成率軍數千人前往討伐安倍賴良。

根據《陸奧話記》的記載，安倍賴良在奧六郡以南磐井郡的小松、河崎、石坂設立了三個據點，想向南發展勢力。安倍氏的動向，讓藤原登

任感受到了危機：自己是朝廷任命的陸奧國國司，安倍賴良在陸奧發展勢力，又拒絕納稅，不受國衙制約，真要出了亂子，朝廷會追究自己的責任。於是藤原登任便決定將安倍賴良的反心掐死在搖籃裡。為了討伐安倍氏，藤原登任向秋田城介平繁成請求援軍，前九年之役中的「鬼切部合戰」就此爆發。

鬼切部合戰發生於多賀城，位於藤原登任北上、平繁成來援，以及安倍氏南下三條進軍路線的交會地。因為與安倍賴良有姻親關係，陸奧國南部統領著亘理郡，伊具郡的藤原經清、平永衡便都是支持安倍賴良的勢力。

安倍賴良率領手下的蝦夷軍隊以及援軍，在鬼切部與國司軍大戰。國司軍不堪一擊，竟然被安倍賴良擊敗，傷亡慘重，藤原登任棄軍而逃，連陸奧國都不敢回去。

消息傳到京都，朝野震驚，區區一個蝦夷人俘酋，居然敢公然起兵造反，還擊敗了國司率領的朝廷軍隊！一番商討之後，朝廷一致決定派遣素有武名的源賴信之子源賴義前往討伐安倍賴良。

據《陸奧話記》記載，源賴義性格沉著剛毅，武略超凡，具有擔任將帥的風範。他受封陸奧守兼鎮守府將軍後，立即帶領手下赴任。源賴義到任後的永承七年（西元1052年）五月，一條天皇的皇后上東門院藤原彰子（藤原道長的女兒）患病，為了祈禱其康復，朝廷頒布了大赦天下的旨意，安倍賴良也趁機向朝廷示弱，表示自己會改過自新。他贈予源賴義良駒寶馬，同時為了避源賴義的名諱（二人名字讀音相同），改名為安倍賴時，他在鬼切部合戰的罪過也被朝廷赦免。

天喜四年（西元1056年），源賴義在陸奧的任期結束，他帶領手下從鎮守府膽澤城返回國府多賀城，在歸途中夜宿阿久利川，結果遭到刺客偷襲，人馬皆有損傷，跟隨源賴義在軍中的藤原光貞差點被刺殺身亡。

有人敢偷襲源賴義的軍營，源賴義要查個水落石出。他找來藤原光貞問話，詢問他是否在陸奧國得罪過什麼人。

藤原光貞想了想，回答說：「安倍賴時的兒子安倍貞任曾經想娶我的妹妹，但是我覺得他們家出身低就拒絕了，想必此次刺殺是安倍貞任安排的！」

源賴義聽後，內心竊喜——此次前來陸奧國，必不會無功而返了！

源賴義立刻派出使者前去找尋安倍賴時，要他把兒子交出來。安倍賴時對來使說道：「人生在世，誰不念及妻兒？我怎麼可能眼睜睜看著自己的兒子去死呢？我安倍家足以抵禦進攻，要是戰事不利，大不了全族戰死！」隨後，安倍賴時派出軍隊占據衣川關，割據造反。

按照以往的說法，「阿久利川事件」是安倍氏向源賴義挑釁，最終引發了大戰。然而近年來的說法卻有所不同，考慮到安倍賴時之前對源賴義的種種討好，以及藤原光貞乃是源賴義麾下的在廳官人，此次事件，極有可能是源賴義同藤原光貞自編、自導、自演的一場戲而已。其目的，自然是源賴義續任陸奧守，並攪亂東北的局勢，引發戰亂，趁機建立功勳。

第六節　前九年之役

　　安倍賴時割據造反，源賴義派遣使者前往京都向朝廷報告。天喜四年八月，朝廷再度頒布了討伐令，要求源賴義召集關東精銳武士前往陸奧國。當年十二月，朝廷又命令源賴義繼續擔任陸奧守，前九年之役的第二階段開始。

　　眼見源賴義率領能征善戰的關東武士殺來，安倍賴時的女婿藤原經清、平永衡馬上前來投靠。平永衡、藤原經清本是陸奧國的在廳官人，充當著朝廷任命的國司與當地土豪安倍氏聯繫的中間人，然而在之前的鬼切部合戰中，二人卻加入了安倍賴時一方作戰。

　　正是因此，有人向源賴義諫言道：「平永衡本是在廳官人，歸屬前國司藤原登任，但是自從其與安倍氏聯姻之後，便對朝廷懷有二心，在鬼切部合戰時背叛主公。此人絲毫不講道義，此次前來歸附，可能是想混入我軍，再向賊軍通報我軍的動向。況且平永衡這次穿著的銀甲在軍中實在太過招搖，可能是想在兩軍交戰時，安倍賴時手下的士兵能夠認出他，不會攻擊他。不如速速將此人斬殺，以絕後患。」

　　源賴義深以為然，便找了個藉口，把平永衡及其手下的將領招到軍中，趁機斬殺。平永衡之死，讓同是安倍賴時女婿的藤原經清害怕不已，生怕有朝一日源賴義會如法炮製對付自己，便在源賴義軍中散布安倍軍要攻打國府的謠言。此時源賴義軍中許多武士的妻兒都在國府中，源賴義便只得親自率領部分軍隊返回國府，而藤原經清也趁源賴義不在，率軍投奔了安倍賴時。

　　安倍賴時在陸奧國的軍隊，很大一部分是由俘虜及囚犯組成。為了對付安倍賴時，源賴義下令招安這些人，將其編入官軍攻打安倍賴時。天喜五年（西元 1057 年）七月，安倍賴時得知奧六郡北部的鮑屋郡、仁

第一章　源平登場之卷

　　土呂志郡、宇曾利郡三郡的俘囚在安倍富忠的率領下歸降了源賴義，並準備同官軍夾擊安倍賴時。安倍富忠是安倍賴時的同族，為了說服他，安倍賴時親自率領兩千人馬前去會見安倍富忠。安倍富忠探查到安倍賴時的動向後，布置軍隊在途中伏擊安倍賴時。兩軍大戰兩日後，安倍賴時身中流矢，在返回鳥海柵的途中死去。安倍賴時戰死後，其手下軍隊聚集到安倍賴時之子安倍貞任、安倍宗任手下。

　　天喜五年十一月，源賴義立即率軍一千八百人攻擊安倍貞任，而安倍貞任則率軍四千人，在河崎柵附近的黃海迎擊源賴義軍。

　　此時，持久戰已經暴露出源賴義一方的缺點──安倍氏是在自己的根據地作戰，無需擔心糧草問題，而源賴義一方的關東武士遠道而來，客場作戰，糧草難以為繼。時值冬日，源賴義手下的許多軍隊不得不返回關東，這也是此時源賴義手下僅有一千八百人的原因。

　　很快，源賴義就在與安倍貞任的交鋒中戰敗，手下士卒要麼戰死，要麼逃亡。安倍軍看源賴義勢窮，便率軍來攻。源賴義之子源義家、藤原景通、藤原景季父子，大宅光任，清原貞廣，藤原則明，藤原範季等人殊死奮戰。亂戰中，源賴義的戰馬中箭倒地，藤原景通奪得一匹戰馬讓予源賴義。藤原景通的長子藤原景季，時年二十多歲，善於騎射，騎馬衝擊敵陣，最後落馬被俘，因為是源賴義的親兵，因此被殺害，和氣致輔、紀為清皆隨之戰死。

　　相模國的武士佐伯經範，其父乃是相模守藤原公光，平時頗受源賴義照顧，在戰鬥中與源賴義失散，便詢問潰敗下來的武士源賴義所在。潰兵回答說：「將軍被賊軍包圍，手下不過數騎武士，只怕凶多吉少啊。」佐伯經範獨自念叨：「我跟隨將軍三十年，平日將軍待我不薄，我亦唯將軍馬首是瞻，今天將軍恐怕要戰死，我豈能不追隨他去地府呢？」於是親自騎馬闖入安倍軍陣中。佐伯經範的隨從武士只剩兩、三騎，也互相

第六節　前九年之役

說道：「我家主公既然為將軍戰死，我等豈能獨自苟且偷生？」於是便也率軍追隨佐伯經範闖陣戰死。

多虧這些武士殊死奮戰，源賴義才得以逃出活命。考慮到源賴義手下的軍隊原本就不多，這次的戰敗著實讓他大受打擊。黃海之戰後的十二月，源賴義上書給朝廷說：「諸國調運的軍糧，雖然已經下令徵發，但沒有一個到來。陸奧國的百姓們也都逃避戰事，不服兵役。出羽國的國司源兼長也無意配合臣討賊，除非有天罰，不然怎麼能夠討伐賊軍呢？」

源賴義因為內無糧草、外無救兵，在陸奧國與安倍貞任就這麼僵持下來，熬到自己任期將滿。朝廷見源賴義任期已滿，想派遣新的陸奧守前去上任，但是沒有一個人願意去接這個爛攤子，只得讓源賴義繼續任陸奧守，同時罷免了醍醐源氏出身的出羽守源兼長，改派同為清和源氏出身的源齊賴出任出羽守。

儘管如此，源齊賴依然沒有發兵救援源賴義，糧草也沒有運到源賴義營中。源賴義在陸奧逐漸陷入劣勢。藤原經清等叛將時不時就率軍從衣川關出關，劫掠源賴義一方的領地。

前九年合戰的僵局，最終因為出羽國的清原氏來援而被打破。在黃海之戰其後的五年之間，安倍貞任在陸奧國肆意橫行，殺人放火，而朝廷說好的援軍與糧草卻絲毫未見。源賴義決定使用「以夷制夷」的方法，即利用出羽國的俘酋清原氏作為自己的援軍，一同攻擊安倍貞任。

第一章　源平登場之卷

第七節　安倍氏滅亡

　　日本東北兩個領地龐大的令制國——陸奧國與出羽國，平分了整個本州島的東北地區。安倍氏作亂的影響力僅局限於陸奧一國。源賴義於是派人前去拉攏出羽國的俘酋清原光賴、清原武則兄弟。

　　清原氏兄弟對安培氏的作亂一直冷眼旁觀，一時無法決定是否應允前去支援源賴義。源賴義見狀，不斷派人送珠寶錢財給清原氏兄弟作為出兵的謝禮，並且允諾，在鎮壓安倍氏的叛亂之後，一定向朝廷推舉二人，替他們封個一官半職。

　　康平五年（西元 1063 年）七月，清原氏派出以清原武則為大將的軍隊共一萬人從出羽國浩浩蕩蕩地前來陸奧國參戰。八月，清原武則在栗原郡的營岡與源賴義會師。此時源賴義手下的武士不足三千，清原武則率領的軍隊便成為此次作戰的主力。

　　這年的春天，是源賴義第二任陸奧守任期結束的時候，朝廷派遣高階經重前來陸奧國接替源賴義，但是部隊中的武士們卻只聽從源賴義的命令，拒絕跟隨從京都來的文官高階經重。

　　源賴義同清原氏的聯軍共分七陣，第一陣的主將乃是清原武則之子清原武貞，他是清原氏的總領；第二陣是橘貞賴，乃是清原武則的外甥；第三陣是吉彥秀武，也是清原武則的外甥；第四陣是橘賴貞，他是橘貞賴的弟弟；第五陣乃是本陣，由源賴義統領，率領源賴義軍、清原武則軍以及陸奧國國司衙門的官軍；第六陣是吉美侯武忠；第七陣是清原武道。可以看出，除了清原氏一族以外，其他如橘氏、吉彥氏、吉美侯氏大都與清原氏有著姻親關係，足可見清原氏在出羽國的勢力有多龐大。

　　前九年之役的第三階段，隨著康平五年八月十七日聯軍攻打小松柵展開。小松柵是位於衣川關南邊的防禦工事，是安倍氏防禦陣地的最前

第七節　安倍氏滅亡

線。《陸奧話記》中記載了此戰役中源賴義直屬軍中的平真平、菅原行基、源真清等十餘名武將的名字，並且說他們都是「將軍麾下的坂東精兵」，此即是河內源氏的坂東武士派系形成的開始。

九月五日，安倍貞任親自率領八千大軍向聯軍襲來，不過聯軍早有準備。雙方在大雨中交戰，安倍貞任軍大敗而逃，官軍趁機率軍逼近，安倍貞任的營地大亂，自相殘殺無數。最終，安倍貞任不得不丟棄高梨宿、石坂柵的營地，往衣川關逃去。

衣川關作為安倍氏領地的玄關，對安倍氏來說是一個十分重要的關卡。聯軍決定乘勝追擊，趁安倍貞任還沒有從敗仗中緩過氣來之時，一舉攻破衣川關。九月六日，源賴義、橘賴貞、清原武則等將率領的軍隊從四面八方向衣川關攻來，並在次日奪下此關，此時，安倍氏的滅亡已經為時不遠了。

衣川關一戰，安倍貞任手下的武士戰死頗多，他自己也不得不逃往廚川柵防守。廚川柵是安倍貞任的老據點，他本人就有個別名叫「廚川二郎」。此地也是安倍貞任苦心經營許久的最後防禦工事。安倍貞任逃往廚川柵後，他的弟弟安倍宗任也丟棄了鳥海柵，一起前來廚川柵會合。

九月十四日，聯軍在源賴義的率領下朝安倍氏的最後一個據點，岩手郡的廚川柵進軍，清原武則則率軍朝安倍貞任的弟弟安倍正任在和賀郡的據點黑澤尻柵進軍。

源賴義來到廚川柵，發現此地兩面臨河，沿著河岸修築的牆有三丈高，還修築了箭櫓等工事，城牆內也布置了阻礙進攻的鐵蒺藜。聯軍包圍了廚川柵，安倍貞任命手下軍隊用弓箭攻擊聯軍，並燒了許多沸湯，用於防禦。為了刺激源賴義，安倍貞任命令數十家族中的女眷，登上樓臺唱歌嘲諷聯軍。

源賴義大怒不已，命手下軍隊攻打廚川柵，卻被安倍貞任殺傷數百

人。聯軍只得步步為營，拆毀附近的房屋用以填補護城河，並放火燒城。也是安倍氏天命該盡，此時突然颳起大風，火趁風勢越來越猛，大火燒了廚川柵內的箭櫓及房舍，安倍軍陣腳大亂。聯軍故意放開包圍網的缺口，放安倍軍逃出，並趁機截殺。安倍貞任親自上陣作戰，被聯軍的士兵刺傷活捉，綁到了源賴義的面前，最終被斬。安倍貞任的長子千世，時年十三歲，在此戰役中十分勇敢，源賴義見他頗有祖先風範，想饒他一死。清原武則卻對源賴義進言，切勿因婦人之仁遺留禍害，因此千世也被斬殺。安倍氏一族，安倍貞任、安倍重任、藤原經清被源賴義處死，而其弟安倍宗任、安倍家任與伯父安倍為元則投降免死。安倍氏一族的女眷數十人被源賴義俘虜，皆被賜給將士們作為獎賞。其中藤原經清（就是安倍賴時那個來回跳槽的女婿）的妻子被賜給了清原武則的兒子清原武貞，他的兒子藤原清衡便也因此被清原武貞收為養子。

康平六年（西元1063年）二月十六日，安倍貞任、安倍重任、藤原經清的首級送到了京都，二十七日朝廷開始論功行賞，源賴義受封正四位下伊予守，其子源義家受封從五位下出羽守、源義綱升任左衛門尉。次年三月，源賴義帶著俘虜安倍宗任、安倍家任、安倍正任等凱旋。歸京途中，源賴義路過武藏國的鶴岡一地，在此地修建了一座八幡宮，此即鎌倉鶴岡八幡宮。

第八節　後三年之役

　　河內源氏在前九年之役中對朝廷付出巨大貢獻，但是朝廷的封賞卻讓河內源氏十分不滿，最不滿的便是源賴義之子源義家。

　　源賴義卸任陸奧守後，源義家便盯上了父親的陸奧守以及鎮守府將軍之職。在他看來，自己跟隨父親在陸奧征戰這麼多年，自然應子承父業，在陸奧以及關東發展自家勢力。此時的關東武士們，許多都與河內源氏結成了主從關係，這種關係有點像後來鎌倉幕府的征夷大將軍與御家人的關係，區別在於鎌倉幕府可以封賞御家人土地作為領地，而此時的河內源氏，能給予郎黨的卻只是推舉他們獲得朝廷冊封官職。

　　源義家所期望的並沒有實現，他在戰後只獲得了一個出羽守的官職，而清原氏卻獲得了鎮守府將軍的頭銜，並且占據了原本安倍氏的領地，成為東北的霸主。清原氏的出身和安倍氏一樣，在《陸奧話記》中記載是「出羽的俘囚之主」，這是很低賤的出身。然而就算如此，朝廷還是破格提拔清原氏出任鎮守府將軍，卻把體內流著清和源氏貴族血統的源義家晾在了一邊，這讓他無法接受。

　　前九年之役後，清原氏在東北一家獨大，結果二十年不到，果然又出了亂子。安倍賴時的女兒，原本是藤原經清的妻子，後被賜給清原武貞為妻。但清原武貞早有妻兒。其長子清原真衡是清原武則的孫子、清原武貞的嫡子，自然成為家督繼承了家業。清原真衡為人公正無私，在陸奧、出羽兩國頗得人心。清原真衡的兩個弟弟，一個是隨著母親嫁進來的藤原經清的兒子藤原清衡（現在叫清原清衡），另外一個是清原武貞與藤原清衡的母親生下的兒子清原家衡。這三個血緣關係複雜的兄弟，成為「後三年之役」的導火線。

　　和「前九年之役」一樣，「後三年之役」也可以分為三個階段：第一

第一章　源平登場之卷

階段是清原氏的嫡系清原真衡與弟弟清原清衡、清原家衡的內訌；第二階段是在源義家介入下，清原清衡與清原家衡的兄弟之爭；第三階段則是清原家衡與叔父清原武衡共同對抗源義家直至滅亡為止。

清原武貞死後，清原真衡繼承了家族總領之位。然而，為人正直豪爽的清原真衡卻無意間得罪了姑父吉彥秀武。在清原真衡為自己的養子清原成衡舉行的婚禮之上，吉彥秀武前來道賀，結果不知道是因為太忙了還是有什麼別的原因，清原真衡把自己的姑父晾在一邊。吉彥秀武身為參加過前九年之役的老將，被怠慢後惱羞成怒，一把將送來賀喜的一盤金子打翻在地，打道回府，準備與清原真衡交戰。清原真衡也不含糊，馬上就秣馬厲兵，準備廝殺。

吉彥秀武見清原真衡來勢洶洶，便心生一計，教唆清原真衡的兩個弟弟造反。而清原清衡和清原家衡二人因是後妻所生，平時就不被清原真衡重視。在吉彥秀武的教唆下，二人企圖奪取清原氏的總領之位，於是舉起反旗，攻打清原真衡的居館。日本東北部又陷入戰爭之中。

此時是永保三年（西元1083年），距前九年之役結束才二十一年，源賴義早已逝世，朝廷正好派遣源義家擔任陸奧守。源義家與清原真衡的父親清原武貞、爺爺清原武則都是前九年之役中的親密同袍，自然對自己的這個世姪關照有加。何況，清原真衡的養子清原成衡的妻子是源義家的妹妹，清原真衡還與源義家有姻親關係。

因為清原清衡、清原家衡的反叛，此次爭鬥已經演變成了清原氏的一門總領之爭。而源義家在此時介入爭端，是向大家宣告河內源氏才是東北老大的好機會。

為了拉攏源義家，清原真衡邀請他來居館用餐。隨後，他即率軍攻打吉彥秀武，然而清原真衡一離開，清原清衡、清原家衡就率軍前來偷襲真衡的居館。

第八節　後三年之役

此時恰好源義家的郎黨藤原正經、絆助兼在陸奧國巡視，清原真衡的妻子便派遣使者前去遊說二人：「清原清衡、清原家衡前來偷襲我們，雖然我們有所防備，並不懼怕，但是婦人不好統領士卒，希望你們能前來領導軍隊，指教軍略，順便向國司大人（源義家）彙報戰況。」

藤原正經、絆助兼是三河國國人，跟隨源義家前來陸奧赴任，二人一進入真衡館中，清原清衡、清原家衡便率軍退去。

得知兩個弟弟退軍，清原真衡便邀請源義家攻打二人。源義家也不含糊，直接率軍攻打清原家衡的據點，卻遭到了阻擊，連清原真衡的叔叔清原武衡都反叛投靠到清原家衡一方。而雪上加霜的是，清原氏一門總領清原真衡在出陣途中病逝了。

寬治元年（西元1087年），源義家率領東國武士開始向清原家衡、清原武衡防守的金澤柵進攻。金澤柵易守難攻，防守的清原氏軍隊也堅壁清野，以弓箭巨石抵抗源義家的進攻。此時，吉彥秀武突然出現在源義家軍中，向源義家獻計，說金澤柵雖然易守難攻，但是畢竟是個死地，只要圍而不攻，待其糧草耗盡，自然可以攻下。源義家深以為然，自己率軍包圍兩面，讓弟弟源義光包圍一面，清原清衡、重宗包圍另外一面，合圍金澤柵。

清原家衡、清原武衡都是清原氏的近支，而從屬於源義家軍的清原清衡卻是頂著清原氏名頭的別人家孩子，吉彥秀武也只是清原氏的女婿而已。由此可以看出，清原氏內部其實還有著以血緣親疏關係而結成的陣營，源義家在此中扮演的角色，自然不是消防員，而是一個火上澆油的角色。

戰事轉向圍而不攻，但雙方也沒閒著。源義家命軍中的士卒砍柴準備過冬，而清原氏在城頭就對著源義家罵了起來。《奧州後三年記》中提到，清原家衡的「乳兄弟」（乳母的兒子）千任，站在城頭對著城下的源

氏軍隊大罵道：「你小子（源義家）的父親源賴義當年為了打敗亂黨安倍貞任、安倍宗任，而向我家先主公交納了名簿，先主清將軍（清原武則）才派出援軍助力，幫助你們剿滅了安倍貞任。你身為源賴義之子，卻忘恩負義，對我們刀兵相向，真是不忠不義至極！」源義家大怒。但久經戰陣的他知道這是敵人的激將法，便強忍怒火，下令一定要生擒此人。

眼見罵戰無效，清原武衡又派人在城頭大喊：「太久沒有交戰，我柵中有個勇士叫龜次，勇猛善戰，請你們也選出一位勇士出來單挑！」源義家自恃手下關東武士豪傑眾多，下令徵求出戰武士，很快就找到了個叫鬼武的武士，出陣與龜次交戰。鬼武沒幾招便砍下了龜次的人頭。金澤柵內的守軍備感恥辱，率軍出戰，卻被源氏軍隊擊退。

圍城之術已見成效，柵中的糧食越來越少。清原武衡便想投降，可是源義家並不允許。清原武衡命令柵中老弱病殘出柵自謀生路，卻被源義家下令捕殺。

到了十一月，金澤柵實在守不住了，清原家衡便自己燒毀了金澤柵，喬裝打扮一番後突圍，而清原武衡則躲在水裡，藏匿於水草之下，被隨後趕到的源氏武士抓獲。

見到灰頭土臉的清原武衡，源義家壓抑已久的怒火瞬間爆發，他對著清原武衡大罵道：「請求援軍討滅敵人，乃是從古至今的行軍之道。你的父親清原武則響應我父親的官符起兵來援，到我父軍中參戰，理所應當。而你卻讓千任在城頭上妄言說我父親向你父親交納過名簿，那名簿在哪裡？你父親跟隨官軍征戰立功，我父親也為他保奏鎮守府將軍，也算仁至義盡。而你卻忘恩負義，散播謠言羞辱我，實在是罪不容誅！」隨後命人將清原武衡拖出軍帳斬首，並讓人將千任的舌頭割下。清原武衡死後，逃走的清原家衡也被人殺害，首級獻給了源義家。

第九節　源義家與源義光

　　源義家此次在東北的戰事，稱為「後三年之役」。戰後源義家想向朝廷邀功，結果朝廷認為此次東北的戰事乃是因家業繼承而發生的私鬥，拒絕封賞。

　　在「後三年之役」中真正獲益的兩個人，一個是源義家的弟弟源義光，另一個是清原清衡。

　　源義光聽說兄長在東北陷入了苦戰，向朝廷上書請求派出援軍未果後，便拋官棄職前往東北援助源義家。《吾妻鏡》中記載，在治承‧壽永內亂中，源賴朝的弟弟源義經從陸奧趕赴關東，到源賴朝帳下效力，二人的會面被與源義家與源義光兄弟會面類比。這種說法在《源平盛衰記》等軍記物語中也多次提到，以至於在二戰前被收入日本的教科書中，作為兄弟齊心的美談而廣為人知。

　　然而，源義光去往東北之事，真的如此美好嗎？

　　據《為房卿記》中所記錄，源義光當時乃是「解卻」官職，意味著源義光的辭職並沒有受到朝廷的許可，於是他擅自丟官棄職跑到了東北，隨後就因為開小差被朝廷罷免了。究其原因則可能是源義光不甘心在京都看著兄弟們立功，急切地想回到關東建立自己的勢力。

　　從京都朝廷的角度來說，源義家的背後，是一個逐日壯大的「河內源氏」武士勢力，這肯定不是朝廷想看到的結果。《後二條師通記》中，為了應對源義家，在應德三年（西元1086年）九月二十八日時，朝廷就曾經商議讓源義家弟弟源義綱奔赴東北代替其兄長源義家任職。十一月二日，關白藤原師實還特意召見了源義綱，向其詢問東北戰況。

　　源義家脫離朝廷的控制，執意參與東北戰事是其弟源義綱上臺的主要原因，面對勢力日益壯大的源義家，朝廷方面只得抬出源義綱來牽制

源義家——讓河內源氏內部鬥爭，才能壓制其崛起。

源義光恰好也是這個時期前往東北的，在源義光看來，他不願意落於兩個兄弟之後，下向關東就是為了成為東國軍事貴族中的一員，擴大自己的地盤。源義光與常陸國北部聯繫緊密，日後雄踞常陸國，以與陸奧國相鄰的久慈郡佐竹鄉為根據地的佐竹氏，便是源義光的後代。結合這些背景來看，源義光去往關東並不是因為兄弟情深，而是要演出一齣「兄弟鬩牆」的悲劇。

另外一個收穫利益的則是清原清衡，清原氏嫡系清原真衡、清原家衡、清原武衡都死去後，東北的大權便落到清原清衡手中。隨後，他便恢復了本姓藤原。流有安倍氏血統的藤原清衡將根據地轉移到原安倍氏衣川關的南部，構築了平泉館。藤原清衡便是之後稱霸日本東北百餘年的奧州藤原氏的始祖。

清和源氏的宗族河內源氏因為源賴義、源義家父子在「前九年・後三年之役」之中的奮戰而名揚天下，盡收關東武士們的心。可是，戰後，河內源氏卻陷入了朝廷公卿們操控的內鬥之中。而此時，另一個家族以另一種方法逐漸登上了歷史舞臺。

第二章　平家崛起之卷

第二章　平家崛起之卷

第一節　保元之亂

　　久壽二年（西元 1155 年），體弱多病的近衛天皇病逝，年僅 17 歲。隨著近衛天皇的逝世，武家逐漸登上歷史舞臺。

　　近衛天皇是鳥羽法皇之子，此前朝廷形成了美福門院與待賢門院兩股勢力，爭奪鳥羽法皇的繼承人之位。

　　這兩派系的鬥爭可以追溯到鳥羽法皇的爺爺白河法皇開設院廳統治天下的時候。在平安時代末期，因為攝關家長期把持朝政，不滿的白河天皇便在壯年退位，以天皇的父親之名在白河殿開設了具有私人辦公室性質的「院廳」統治天下，展開了院廳政治的序幕。

　　白河法皇將自己的養女藤原璋子嫁給了鳥羽天皇，自己卻與藤原璋子生下了孩子顯仁親王。據說顯仁親王與白河法皇長得很像，鳥羽天皇便經常私下自嘲地稱其為「叔父子」。

　　鳥羽天皇心中雖然憤怒，可是他不敢招惹一代梟雄白河法皇，只好忍氣吞聲。即使如此也不行，在白河法皇的強勢操控下，鳥羽天皇被迫退位，讓位給顯仁親王，即崇德天皇。

　　白河法皇去世後，成為上皇的鳥羽天皇宣布自己是下任院廳的統治者，並出家入道成為鳥羽法皇。

　　鳥羽法皇將崇德天皇趕下皇位，換上了自己的親生兒子近衛天皇。近衛天皇去世後，為了不讓崇德天皇一脈復位，鳥羽法皇與寵妃美福門院得子、關白藤原忠通操控崇德天皇的弟弟雅仁親王即位成為後白河天皇，徹底斷了崇德天皇一脈的和平復位念想。

　　鳥羽法皇還沒來得及鞏固繼位者的權力，便走到了生命的盡頭。為了防止崇德天皇一脈搶奪皇位，鳥羽法皇在臨死之前為後白河天皇與美福門院得子留下了一份可信賴人員的名單，還將源義朝等人召集進京，

第一節　保元之亂

以防有變。在一切安排妥當之後，鳥羽法皇便撒手西歸。

鳥羽法皇一去世，崇德上皇就迫不及待地想要返回權力中樞。他認為自己理應開設院廳，像之前的白河法皇和鳥羽法皇一樣施行院廳的權力，躲在幕後掌控朝局。但事情沒有那麼簡單。

鳥羽上皇過世後，後白河天皇在藤原信西、美福門院得子等人的支持下背著崇德上皇操辦了喪事與法會。後白河天皇之所以這麼做，無疑就是要向天下宣布，自己才是日本的君主，是鳥羽法皇的正統繼承者，天下大權應該掌握在自己手裡。

如今的形勢，對崇德上皇來說，要恢復自身的權力，開設院廳，除了付諸武力之外，別無他路了。

崇德上皇的寵臣藤原賴長，被稱為「惡左府」。此人乃是前關白藤原忠實的次子，自幼博覽群書，深深痴迷於中國、日本的典籍。他瞧不上身為關白的哥哥藤原忠通，想要謀求關白之位。藤原賴長建議崇德上皇占據白河法皇的院廳所在地白河北殿，占領一個政治制高點，既可以向支持崇德上皇的大臣們表明此次開設院廳的決心，又可以以白河法皇繼承者的身分對抗作為鳥羽法皇幾成者的後白河天皇。

而另一方，早在鳥羽法皇病危之時，支持後白河天皇的美福門院藤原得子夫人就已經與藤原忠通召集了檢非違使等京都護衛力量，並且調集地方武士源義朝等人進京護衛後白河天皇。同時，藤原得子夫人還利用朝廷頒下旨意，如若崇德上皇一方的藤原賴長在京畿地方募兵，各國的國司衙門都要嚴厲禁止其行為。

當崇德上皇移駕白河北殿後，政治嗅覺敏銳的後白河天皇便察覺到了異樣，他連忙找來了關白藤原忠通、親信藤原信西、武士平清盛以及源義朝等人商議。平清盛乃是平定「承平天慶之亂」的平貞盛的後代，平貞盛的四子平維衡遷往伊勢國居住，因此他們一家也被稱為伊勢平氏。

第二章　平家崛起之卷

平清盛原本不在鳥羽法皇留下的那份值得信賴之人的名單之中，因為他的父親平忠盛是崇德上皇一位皇子的監護人，因此鳥羽法皇無法判斷平家的態度。不過美福門院得子卻是一個政治眼光十分老道的女人，她知道平家乃是現今平安京裡的大族，看出了取得平家支持的重要性，便命令下人將平清盛召集至後白河天皇所在的高松殿中。

而崇德上皇一方，除了惡左府藤原賴長外，源義朝的父親源為義，兄弟源為朝、源賴賢等人均在崇德上皇麾下。平清盛的叔叔平忠正也因為與平清盛不和，帶著自己的兒子們追隨上皇。從兩邊的陣容來看，崇德上皇不是後白河天皇的對手。

在崇德上皇占據白河北殿的第二天，也就是七月十日晚上，崇德上皇一方召開了軍事會議，源為義代表武士們說出了武士們的意見，認為當下的形勢對崇德上皇十分不樂觀，白河北殿固然重要，但不利於防守。他提議放棄白河北殿，轉移至宇治川，這樣的話，即便此次政變失敗，崇德上皇還可以在武士們的護衛之下前往東國，仰仗源氏的根基與影響力，割據東國與後白河天皇抗衡。源為義的說法很有道理，藉助於之前的「前九年‧後三年之役」，源氏已經成為在關東一地有著巨大影響力的軍事貴族，手下的郎黨武士數不勝數。

但這個建議卻遭到藤原賴長的反對。藤原賴長認為他已經以上皇名義向各地徵兵，京畿的寺院們也表示支持崇德上皇，願意派出僧兵助戰。只要援軍一到，崇德上皇就可以與後白河天皇抗衡。

就在此時，源為義的八子，有著「鎮西八郎」之稱的源為朝站了出來。源為朝驍勇善戰，手中的大弓向來箭無虛發。他當年是九州一霸，拉攏了許多武士作為手下。從九州鄉下來的鎮西八郎源為朝看不慣京都土生土長的貴公子藤原賴長，久經戰陣的他知道戰場上的形勢瞬息萬變，並不是像藤原賴長認為的那樣，可以一步一步規劃。

源為朝建議，即便是想以白河北殿作為根據地，也不能坐以待斃。應該趁高松殿的後白河天皇還沒有完全集齊軍隊，率軍渡過賀茂川，夜襲高松殿，生擒後白河天皇。只要擒拿了敵方的首腦，平清盛、源義朝等人也無法翻天。

　　毫不意外，源為朝的提議又被藤原賴長否決了，此時白河北殿的這群人，不知道後白河天皇在高松殿也召開了軍事會議，而且雙方軍事會議的內容幾乎是一模一樣。在高松殿的軍事會議中，源義朝向後白河天皇提議夜襲白河北殿，趁地方援軍還沒到來之前結束戰鬥。源義朝的提議受到了後白河天皇的寵臣藤原信西的支持，後白河天皇也同意了源義朝的建議，定下了奇襲的計畫。可以說，保元之亂的勝負，在軍事會議時就已經決定了。

　　七月十一日凌晨，平清盛軍三百餘騎、源義朝軍二百餘騎、源義康軍百餘騎兵分三路向東出發，奔襲白河北殿。緊跟三人之後的，是源賴政、源重成、平信兼等人。源義康是源為義的堂兄弟，他的子孫後代以下野國足利莊作為根據地，改苗字（氏）為足利氏，最終開創了日本的第二個幕府室町幕府。

　　半睡半醒的崇德上皇一方軍隊倉促應戰，霎時陷入一片混亂。眼看己方軍隊就要崩潰，鎮西八郎源為朝站了出來，引弓搭箭，朝著敵軍射去。這一箭射穿了平家大將伊藤忠直的胸口，帶著餘力插在了伊藤忠直身後其兄弟伊藤忠清的鎧甲之上。

　　平氏的軍隊被嚇得瞠目結舌。源為朝騎在馬上，手裡拿著一張巨大的弓，直指伊藤忠直的位置，遠遠望去很是威風。源為朝率領源氏武士殺得平家軍隊連連後退。緊跟在平清盛之後的部將，乃是同為河內源氏出身的武將源義朝。

　　源義朝深知自己的兄弟善戰，他對著源為朝喊道：「八郎，你看清

楚了，我可是你兄長，我的主上是天皇陛下，對兄長和天皇舉刀，你難道不怕遭天譴嗎！」源為朝反唇相譏：「是嗎？可是兄長你的刀鋒指著的是我們的父親和上皇，我看，就算要遭天譴，也未必會輪到我吧？」源義朝無言以對，惱羞成怒之下只好揮軍來戰，可是在鎮西八郎的指揮之下，即便是驍勇善戰的源義朝也無法取得戰果。

源義朝知道，要是讓戰局變成持久戰，就失去了奇襲的意義。等到敵人的援軍抵達之後，只怕戰局會更加不利。因此他向高松殿派去了使者，請求對白河北殿發起火攻。後白河天皇頒下旨意：「宮殿毀了日後可以斥資重修，當下以戰事為緊，無須請示，許你便宜行事。」

源義朝和平清盛等人立即帶著手下軍隊對著白河北殿發起了火攻，而崇德上皇一方萬萬沒有想到對方竟然敢冒著這麼大的風險放火：白河北殿不單是皇室的一處宮殿，更是院廳政治的象徵啊！

混亂之中，殺紅眼的士兵們不光燒了白河北殿，還順帶著把源為義、平忠正、藤原賴長等人的宅邸都燒了。崇德上皇的軍隊經過四個多小時的鏖戰，最終不敵敗走，崇德上皇和藤原賴長隨著敗軍逃出白河北殿。藤原賴長在逃亡途中被流矢所傷，重傷而死。

二人逃走後，其餘的士卒四下逃散。平清盛奉命逮捕源為義等人，源為義逃往了兒子源義朝的所在。出於父子情誼，源義朝不可能殺死自己的親生父親。

平清盛抓到了自己的叔叔平忠正，他料想自己要是放過叔叔，源義朝定然會向後白河天皇求情赦免源為義等人。政治眼光老到的平清盛斷定在保元之亂中立下戰功的源義朝日後必定會是自己的大敵，便對自己的叔叔痛下殺手。平忠正既然伏誅，源義朝也不得不在朝廷的壓力下殺死了源為義，落下了個不孝的名聲。

第二節　藤原信西被害

　　保元之亂是因為皇家與攝關家的內鬥而爆發的，此時的日本已經隱約出現了源、平兩家分立的形勢。據《保元物語》記載，保元之亂中平清盛召集的武士來自伊賀國、伊勢國、河內國、備前國、備中國等地，源義朝召集的武士則來自近江國、美濃國、尾張國、三河國、遠江國、駿河國、相模國、安房國、上總國、武藏國、上野國、下野國、常陸國、甲斐國與信濃國。從當時的日本地圖上看，源、平兩家幾乎以京畿為分界線，瓜分了日本，日後源平合戰中的「西國之平氏」、「東國之源氏」在此時已經初步分立了。

　　保元之亂後，後白河天皇將弟弟崇德上皇流放到了荒無人煙的贊岐島，讓其孤獨終老。傳說崇德上皇最終在島上帶著怨念死去，成為古代日本的四大怨靈之一。

　　日本的武士，正是從保元之亂開始登上政治舞臺。不過，事實上保元之亂平定後真正掌控了權力的並不是武士們，而是後白河天皇的親信藤原信西。藤原信西一當政，便著手恢復天皇親政的制度，實行了被後世稱為「保元之治」的新政。其核心政策如下：整頓莊園，設立記錄莊園契券的記錄所，頒布莊園整理令、寺社統制令，以及確立一國平均役的制度。這些政策，都是藤原信西為了建立以後白河天皇為中心的新式朝廷政治秩序而制定的。

　　保元三年（西元1158年），後白河天皇仿效先前的幾位天皇退位，將皇位讓給自己的兒子二條天皇，自己則像之前的白河天皇和鳥羽天皇那樣，開設院廳，施行後白河院的院廳政治。

　　保元之亂後，後白河上皇及權臣藤原信西一直不怎麼待見源義朝，反而和平清盛走得很近。就在源義朝苦惱的時候，一個人找上門來，此

第二章　平家崛起之卷

人正是後白河上皇的寵臣藤原信賴。

保元元年，藤原信賴只是個小小的武藏守（官名），但是到了保元二年，他就依靠後白河天皇的寵愛很快平步青雲，成為宮中炙手可熱的人物。在後白河天皇開設院廳以後，他更是以院廳的重臣身分與藤原信西抗衡。藤原信西出自藤原氏南家，其家格低於藤原信賴，只是他身為後白河天皇的監護人，在保元之亂中又出謀劃策，因此才一度凌駕於藤原信賴之上。院廳近臣之間的內鬥，在保元之亂餘波未平之際，引發了另一場規模更大的戰亂——平治之亂。

在保元之亂中，源義朝失去了自己父親、兄弟這些源氏一族中的有力武將，河內源氏中他叔伯輩的新田義重、足利義康也不是很瞧得起他，以源義朝為中心的武士團體勢力大減。與之相比，平清盛的伊勢平氏卻平步青雲，獲得了巨大的封賞。平清盛不但剷除了在家中素來與自己不和的平忠正，解決了平氏的內部矛盾，還扶持了許多平氏的子弟，讓其封官受賞。

平清盛在保元之亂後受封播磨守，播磨守和伊予守一樣在眾多國司之中地位相對高一些，表示平清盛可以升殿，成為殿上人；而源義朝儘管立下了莫大的戰功，卻只被封為小小的右馬頭，他對後白河天皇開始不滿，將這一切都歸咎於後白河天皇的賞罰不公與藤原信西的專權。

與此同時，後白河天皇的退位也引發了朝中新一輪的矛盾。二條天皇身為國家的元首，自然不喜歡有個院廳壓在自己頭上。雖然後白河天皇與二條天皇是父子關係，但是在權力的面前，親情沒有容身之地。二條天皇的寵臣藤原惟方、藤原成親與藤原信賴、源義朝就此結成了針對後白河上皇、藤原信西、平清盛等人的政治同盟。而平清盛早就看出了兩派鬥爭的端倪，他將自己的兩個女兒分別嫁給藤原信賴的兒子和藤原信西的兒子，與對立的雙方都結成了兒女親家，盡量中立於鬥爭的兩派

之間，靜觀待變。

平治元年（西元 1159 年）十二月九日夜，趁著平清盛率領族人前往熊野神社參拜之機，藤原信賴與源義朝舉起了叛亂的大旗。看著都城平安京再度出現了全副武裝的軍隊，平安京的百姓都躲進自己的住宅，不敢出門：三年前讓平安京陷入一片戰火的「保元之亂」的景象歷歷在目，此次不知道又是哪個皇族與公卿內鬥，將百姓牽扯其中。領頭的是一名騎在大馬上的武士，此人正是河內源氏的首領源義朝。此時，他率領的軍隊已經將後白河上皇所在的三條殿圍得密不透風。

源義朝派人幽禁了後白河上皇與二條天皇，為了防止躲在三條殿內藤原信西的幾個兒子逃走，源義朝在三條殿放火，並且無區分地射殺守衛三條殿武士與陪侍的公卿女官。一時之間，三條殿內鬼哭狼嚎，火光沖天。但是，藤原信西的幾個兒子在後白河上皇被源義朝派人帶走之時就已經察覺到了異樣，早就溜走了。藤原信西逃出京城，逃到山城國的田原時，實在是走不動了，就地挖了個洞躲藏起來，後來被源氏追兵追及，他不得不舉刀自盡，首級也被砍下帶回平安京。

十二月十四日，藤原信賴罷免了藤原信西之子藤原成範的播磨守之職，將此官職封給了源義朝。源義朝的兒子源賴朝也被破格封為右兵衛權佐。這表明源賴朝的地位超過了幾個哥哥，成為源義朝的繼承人。

第二章　平家崛起之卷

第三節　平治之亂

　　正在參拜途中的平清盛突然接到平家府邸六波羅派來的使者報告，得知藤原信賴與源義朝在京都造反，殺死了藤原信西並控制了天皇與上皇。平清盛猶豫著不知是否應該返回平安京，其嫡子平重盛說，天皇與上皇處於危險之中，身為武臣，理應返回京都救援。平家貞也拿出事先準備好的武器與鎧甲交給了平清盛，眾人這才返回平安京。

　　即將到達平安京時，平清盛聽聞有不明的軍隊在安倍野布陣，猜測是源氏的軍隊在此阻擊，又想逃往四國島，還好六波羅的使者前來告知，那是伊勢國、伊賀國響應平清盛舉兵的平家郎黨，得知平清盛返回，特意前來護衛，平清盛這才放心地返回。

　　十二月十七日，平清盛騎著高頭大馬，大搖大擺地率領平家的軍隊回到六波羅。藤原信賴一直擔心平清盛的態度，就在此時，平清盛卻突然向藤原信賴送來表示從屬的名簿，這讓藤原信賴安心了不少。

　　但是，平清盛真的就願意和藤原信賴站在同一條戰線上嗎？——非也，此時的平清盛已經與藤原經宗、藤原惟方等人聯繫上了。此二人雖然也跟藤原信賴發起叛亂，但看到藤原信賴在得勢之後，竟敢直接幽禁上皇與天皇，這大大違背了二人的意願。於是他們便頻頻向平清盛暗通消息。

　　平清盛雖然並不信任這二人，但此時的情況也由不得他選擇。他只好先向藤原信賴交納名簿，放一個煙霧彈，暗地裡則準備舉兵平叛。

　　這天晚上，二條天皇化裝成女眷，搭乘著皇后的車駕，在藤原惟方的護衛下偷偷逃往平清盛的六波羅府，政治嗅覺敏銳的後白河上皇也微服逃往仁和寺避難。二條天皇來到六波羅府後，公卿百官紛紛前來依附，關白近衛基實也來到了六波羅。眾人因為他的妻子是藤原信賴的妹

妹而對他頗有懷疑，不敢放他進入。

平清盛卻對眾人說：「此人乃是攝政之臣，就算他不來，陛下也會召見他。現在他前來與百官一同對抗叛賊，豈不是正好？」便命人將近衛基實放進府內。

源義朝得知上皇與天皇出逃後大驚失色，連忙召集手下軍隊兩千餘人，準備與平氏一戰。但其軍中的攝津源氏的源賴政等人卻好像有離去之意，源義朝想斬殺他們，又因為大戰將至，不宜起內訌而作罷。

平清盛取得討伐源義朝、藤原信賴的旨意之後，派遣平重盛、平賴盛率軍三千攻打皇宮，藤原信賴見平家武士來勢洶洶，嚇得不戰而逃，源義朝見狀急忙驚呼：「吾兒惡源太何在？」

惡源太指的是源義朝的長子源義平。源義平十五歲的時候，曾與自己的叔父源義賢在鎌倉交戰，最終斬殺了叔父，因此被人稱為「鎌倉惡源太」。源義平和自己的另一個叔父源為朝一樣，好勇鬥狠。早在平清盛返回平安京之時，他就曾向藤原信賴建議前往安倍野設伏攻打平清盛，趁機將其擊殺，可惜藤原信賴和當年的藤原賴長一樣，只是個空談家，否決了源義平的提議。

只見源氏軍隊之中，源義平一馬當先，大喊著：「穿著大鎧騎著白色駿馬的就是平重盛，生擒此人！」平重盛一方也激勵軍隊道：「年號為平治，此地為平安，我等為平氏，這是上天在護佑我們！」隨即與源義平大戰。但源義平的凶悍不是貴公子平重盛所能匹敵的，沒多久平重盛就被逼退到了大宮巷之中。平重盛也算一條好漢，整頓軍隊之後再度朝著源義平殺去。

源義平朝著平重盛喊道：「你和我乃是源、平兩家的長子，不如前來決一死戰！」平重盛率軍與源義平交戰，再度不敵敗走。平重盛雖然不敵源義平，但其武勇卻也不可否認。據說平家一族的平家貞目睹雙方

的大戰，連連稱讚平重盛說：「真乃平將軍（伊勢平氏之祖平貞盛）再世也！」

與此同時，平賴盛攻打皇宮郁芳門，卻遭到源義朝的阻擊。源義朝及其手下十分善戰，儘管人數處於劣勢，卻依舊將平賴盛擊退。源義朝擔心平家的軍隊會越來越多，便命令全軍追擊平賴盛。同時源義平也率領十六名武士朝著平重盛殺去，這十六名武士之中，既有後來從屬於平家的齋藤實盛，也有從屬於源賴朝的上總廣常、三浦義澄等人。

平重盛不敵敗走，在家臣與三左衛門景安及新藤左衛門家泰的護衛下逃走。源義平與鎌田政家率軍追擊，到二條堀河即將追上時，源義平的馬匹卻不幸摔倒。鎌田政家舉弓朝著平重盛放箭，卻因距離太遠、平重盛鎧甲堅硬等原因而沒有射中。

源義平朝著鎌田政家大喊：「射馬！」鎌田政家朝平重盛的馬射了一箭，平重盛從馬上跌落，連頭兜都摔落在地。鎌田政家想趁機上前斬殺平重盛，卻遭到與三左衛門景安的阻擊。源義平也趕上前去，舉刀刺向與三景安。新藤左衛門家泰也趕了過來，撲向源義平，與源義平、鎌田政家撕打在一起，平重盛趁機脫逃。

平賴盛與平重盛的後退，只是平家的調虎離山之計而已。源氏軍隊一離開，平家軍隊立即占領了皇宮，使得源義朝退無可退，只能朝著六波羅府進攻。源義平見攝津源氏出身的源賴政率軍躊躇不前，大怒道：「源賴政首鼠兩端，觀望勝敗，不可不先攻打他！」隨即率軍攻打源賴政。源賴政不是對手，轉而投靠了平清盛。源義平乘勝追擊，攻入六波羅府門內，卻遭到平清盛親自率軍阻擊，敗下陣來。

按《平治物語》的記載，源義朝當時手下的軍隊不過兩千餘人，而此時源賴政、源有房、源光泰、源光基等人均已脫離了，源義朝已是強弩之末，其敗亡只是時間問題罷了。源義朝想與平清盛拚個魚死網破，鎌

田政家卻勸他返回關東，另謀大計，源義朝不得已，只得同意。

返回關中途中，源義朝途經延歷寺。延歷寺派出三百餘僧兵，想趁火打劫，殺死源義朝以便邀功。齋藤實盛靈機一動，對僧兵們說：「我等是諸國應招的武士，現在右馬頭源義朝戰死，我等想逃亡回國，你們殺了我們又有何功？要是想搶劫武器鎧甲，我們可以全交出來。不過你們人這麼多，只怕不能人人有分。不如我丟給你們，你們誰搶到了就是誰的。」隨後，齋藤實盛將鎧甲丟在地上，僧兵們果然上前哄搶，源義朝等人趁機騎馬逃走。

藤原信賴也追上前來，想要依附源義朝，卻被源義朝大罵一通趕走。

第四節　源氏末路

　　源義朝一行繼續東行，又遭到了橫川僧兵的阻擊。眾人下馬扒開擋路的鹿角，僧兵們箭如雨下，源義朝的叔祖父源義隆中箭而死，源朝長也身負重傷。

　　到了勢多，源義朝對手下的武士們說道：「此行一路凶險，不宜聚眾，你們還是各自逃去，我等在關東再會！」齋藤實盛等人這才散去。到了美濃國，源義朝與兒子源賴朝走散，為了東山再起，源義朝命令兒子源義平、源朝長等人前往各地募兵。

　　源朝長離開不久又返回，源義朝以為他怕死，大罵道：「源賴朝雖然年紀比你小，但卻不會像你這樣軟弱，你還是待在我這裡吧！」沒想到源朝長說：「兒子實在是傷勢過重，如果被追兵捕捉，必定會讓父親蒙羞。我希望能死在父親刀下，這樣父親東行也可沒有後顧之憂。」

　　源義朝聽了兒子之言，不禁潸然淚下：「我還以為你是因為怯懦才返回，現在你這麼說，真不愧是我源義朝的兒子！」在源朝長的要求下，源義朝拔刀殺死兒子，將自己的一件衣服蓋在源朝長的屍體上。

　　尾張國的長田莊主人長田忠致是鎌田政家的岳家，源義朝等人來到此地，準備請求借一些馬匹與鎧甲前往關東。平賀義信認為長田忠致雖然有錢有勢，卻是個趨炎附勢之徒，不可仰仗。但源義朝別無選擇，執意沿水路前往。

　　僧人源光與源義朝有姻親關係，他將源義朝、鎌田政家等人藏匿在船裡，又找來了木柴蓋在上面以求躲過平家軍隊的搜捕。船至折津被平家的軍隊攔住。平家的武士朝船放箭，強行阻攔，又上船搜尋。源光擔心源義朝被俘受辱，便有意讓源義朝自裁。他故意對著平家武士說道：「如果源義朝敗亡，其跟隨者肯定不下數十人，怎麼會依附我這麼一個老

第四節　源氏末路

僧，像老鼠一樣躲在運送柴火的船中呢？即便他在這裡，也不會被你們捕獲，肯定是選擇自殺。」

源義朝聽了，偷偷對鎌田政家說道：「源光這是勸我去死啊。」

鎌田政家則小聲回道：「不急，先看看情況。」

平家的武士沒有搜到東西，便放源光的船離去，源義朝這才逃過一劫。一行人抵達長田莊後，長田忠致款待了他們。源義朝提出要借馬匹與鎧甲奔赴關東，長田忠致則提議說，馬上就是元旦了，不如多留幾日，等新年後再走也不遲。主人盛情難卻，源義朝便打算多留宿三日。可是他們不知道長田忠致已經在密謀殺害源義朝等人了。

在留宿的第三天傍晚，源義朝進浴室洗澡，長田忠致埋伏了三名武士準備刺殺他。源義朝擊倒一人，卻被另外兩人刺死。此時鎌田政家正在與岳父一家喝酒，聽聞有變，立馬驚起，倒酒的人拔刀想殺死鎌田政家，反被鎌田政家奪過刀殺死。趁著這個當口，長田忠致之子長田景忠在鎌田政家背後拔刀斬去，將其殺死。

源義朝與鎌田政家的首級很快就被砍下，送往京都示眾。

源義朝的長子源義平奔赴北陸徵兵，到飛驒國時，已經召集了一些人馬。源義朝在尾張國被殺的消息傳來，源義平身邊的軍隊紛紛散去。源義平於是決定返回京都刺殺平清盛。

源義朝有個舊臣志內景澄，平日因為身分低微不被人注意。源義朝敗走後，志內景澄在平家屬下服侍，等待時機。待源義平返回京都，志內景澄便讓源義平冒充自己的家臣作為雜役，並帶他出入六波羅府。二人租借住三條烏丸宅，宅子的主人見源義平舉止不凡，又見志內景澄吃飯時常將好菜讓給他食用，心下懷疑，便偷偷將此事報告給了六波羅府。

第二章　平家崛起之卷

　　平清盛得知此事，料定此人定是源義朝的郎黨，派遣難波經房帶兵三百前往捉拿。但源義平武藝超凡，砍殺數人後翻牆逃走，志內景澄被平家武士捉拿。平清盛大罵他心懷二志，志內景澄反駁說：「我家世世代代侍奉源氏，暫時侍奉你不過是為了等待源氏復興，你自己管理疏漏讓我混進來，憑什麼辱罵我？」憤怒之下，平清盛下令將志內景澄斬首。逃出三條烏丸的源義平本想前往近江國投奔舊人，途中也被難波經房捉住，送往六條河原斬首。臨死前源義平大罵道：「要是藤原信賴聽我的在安倍野埋伏軍隊，爾等平奴哪會有今天！」

　　平治之亂的罪魁禍首藤原信賴被源義朝拋棄後，前往仁和寺請求後白河上皇赦免。後白河上皇念在藤原信賴曾是自己的寵臣，寫信給二條天皇，請求赦免藤原信賴死罪。二條天皇不為所動。後白河上皇二度派出使者，使者剛剛出發，平家的武士就包圍了仁和寺，當著後白河上皇的面抓走了藤原信賴。

　　平清盛的長子平重盛問平清盛：「這種懦弱的人，赦免他又有何妨？」平清盛回答說：「藤原信賴乃是叛亂的首惡，上皇想赦免他，陛下尚且不聽，我怎敢再上書！」

　　藤原信賴也被送往六條河原斬首。臨刑前藤原信賴哭著求平重盛救自己，賴在地上不起，行刑的武士將他摁住，拔刀直接抹了他的脖子。而堅定的二條天皇黨、參與過平治之亂又棄暗投明的藤原經宗與藤原惟方，則在戰後被捕並遭到流放。

　　至此由藤原信賴和源義朝發起的平治之亂算是結束了，可是平清盛的路，還長著呢。

第五節　平家抬頭

　　保元之亂中，攝關家藤原氏與河內源氏元氣大傷，朝廷斬了為首的武士；平治之亂中，藤原氏的公卿、天皇、上皇都受到了影響。唯一坐享兩次政變利益的，便是以平清盛為首的伊勢平氏。經過這兩場規模不算太大的叛亂，平家坐穩了當今朝廷第一家族的位置。

　　據說在戰後殺入皇宮的平清盛，拿著自己交給藤原信賴的名簿打趣道：「昨天才給他的，今天就拿回來了！」此時在平治之亂中與父親源義朝失散的年僅十三歲的源賴朝也被捉拿，送往六波羅府。平清盛原本也要殺死源賴朝，但平清盛的母親池禪尼卻向平清盛求情，說源賴朝長得很像自己已故的兒子平家盛，希望平清盛放源賴朝一馬，平重盛與平賴盛也幫忙求情。平清盛不同意，池禪尼放下狠話說：「要是你父親還在世，怎麼會輪到你來羞辱我！」無奈之下，平清盛饒過了源賴朝，將死刑改為流放。

　　不過這種說法並不可靠：源賴朝是河內源氏嫡系繼承人，其重要性不言而喻，怎麼可能僅僅因為他長得像故人就放過他呢？實際上，源賴朝一直以上西門院藏人的身分侍奉上西門院，而池禪尼與上西門院關係甚好，她向平清盛求情很可能只是傳達上西門院的意思。上西門院乃是鳥羽天皇的次女、後白河天皇的准母，平清盛可以不給繼母、兄弟、兒子面子，但是上西門院的面子可不能不給。

　　除了源賴朝外，平清盛還俘獲了源義朝的小妾常盤御前以及她的三個兒子。常盤御前貌美，平清盛將其納為自己的小妾，並赦免了她的三個兒子。眾人力勸平清盛不可，平清盛卻反駁說，之前連源賴朝都赦免了，這幾個幼子算什麼呢！常盤御前最小的一個兒子牛若丸身材矮小、皮膚蒼白，並且有些反齒（也就是俗稱的地包天）。他被送入鞍馬寺出

家，元服後取名源義經，在源賴朝舉兵時前往投奔，為鎌倉幕府的建立立下了汗馬功勞。

永曆元年（西元1160年），平清盛敘任正三位參議，這是武士晉升為公卿的首例。永萬元年（西元1165年），二條天皇病逝。「南都」興福寺和「北嶺」延歷寺開始興兵互相攻伐。僧兵桀驁，日本歷代天皇都頭痛不已。曾經的梟雄白河天皇就曾說過：世間只有三件事對自己來說不如意，「一是雙六（一種賭博遊戲），二是賀茂川的洪水，三便是山法師（也就是僧兵）」。

佛教自從傳入日本後就受到朝廷的推崇，並逐漸形成了自己的勢力。當初桓武天皇遷都的一大原因，便是舊都奈良京的佛教勢力過於強大，那些僧人平日除了吃齋念佛外，時常擄人妻女、互相爭鬥，甚至參與政事——抬著神轎進京抗議，誰要是敢阻攔，便是與佛祖為敵。

此次南都、北嶺召集僧兵爭鬥，本與京都無關。但此時京都卻盛傳南都、北嶺響應後白河上皇的密旨，準備興兵討伐平家。對於這種謠言，平清盛並未回應，他直接在六波羅召集了平家的軍隊，修築防禦工事。此舉嚇壞了後白河上皇，他親自前往六波羅府向平清盛解釋，平清盛卻躲進屋子，稱病不出。後白河上皇只得先返回宮中。回宮後，他對近臣藤原西光說：「這謠言不知道是誰傳出來的，此言一出，整個平安京都動搖了。」藤原西光見平清盛如此驕橫，氣憤地說道：「上天不能說話，才讓百姓代言。連上天都怨恨驕橫無禮的人，這是平家滅亡的徵兆！」

仁安二年（西元1167年），平清盛敘從一位，出任太政大臣，位極人臣，可以帶著衛隊，乘坐車駕出入皇宮。平家一族領有日本六十六國中的絕大多數莊園與分國，而身為平清盛的嫡子，平重盛則從朝廷獲得了在東海道、東山道、山陽道、南海道的追捕盜賊的權力，相當於授予其對國家的守護權。這表明朝廷承認平重盛作為平清盛的後繼者以及武家

未來唯一繼承者的地位。

仁安三年（西元 1168 年），平清盛病重，他辭去太政大臣之職，並出家入道，法號清蓮，後又改稱淨海，因此他也被世人稱為入道太政。不過痊癒後，他繼續一攬朝政，天下政令皆出其手。

整體而論，平家從興盛到滅亡的過程中並沒有被公卿化，他們一直都是武士家族。只是在此過程中，平家利用族內女眷與公卿、皇族結親，力圖將自身勢力融入傳統的朝廷、攝關以及院廳政治之中。

第二章 平家崛起之卷

第六節　鹿谷的政變

　　平治之亂後迅速上位的平家，長久以來都是公家的附屬，此時卻能凌駕於公家之上，貴族們自然對這個暴發戶充滿了敵意。在這個背景下，陸續發生了「殿下乘合事件」以及「鹿谷事件」。

　　嘉應二年（西元1170年），時任攝政的松殿基房在前往法勝寺參加佛會的途中，偶遇平重盛之子平資盛一行。按照禮儀，平資盛應下車行禮，可是驕橫的平資盛卻拒絕下車，於是他的車駕被松殿基房的侍從毀壞，他本人也遭到辱罵。得知侍從羞辱的是平資盛後，松殿基房極為恐慌，連忙將動手的屬下送往六波羅府謝罪。但平重盛卻拒絕接受道歉，並且命令平家的郎黨對松殿基房進行報復，襲擊了松殿基房的車隊。

　　其實，松殿基房與平家一門的對立由來已久，松殿基房的兄長是前攝政近衛基實，近衛基實的妻子是平清盛的女兒平盛子。仁安元年（西元1166年），近衛基實患病去世，近衛家的遺領以及莊園大多被平盛子繼承。平清盛趁著近衛基實病死的機會，以女兒平盛子為媒介，間接將攝關家的大多數領地置於平家的支配之下。而松殿基房身為攝關家的繼承人，自然就與平家產生了對立。「殿下乘合事件」一方面說明平家在朝中驕橫無比，另一方面也展現了，即便曾經是一人之下萬人之上的攝關家，在面對平家時，也只有瑟瑟發抖的份了。

　　《平家物語》中說，平清盛知道朝中有人對自己不滿，便找來了約三百名十四至十六歲的童子，作為自己的祕密特務機構「禿童」。這群少年留著齊耳短髮，手執一枝梅花，穿著紅色的衣服，即便出入皇宮也不需要通報姓名。他們潛伏在平安京各處，只要聽到有人非議平家，就立即上報六波羅府，隨後六波羅府便派出武士捉拿這些人。

　　這個故事很可能是基於王莽篡漢時期新朝的故事而進行的創作，用

以展現平清盛獨裁政治的腐敗以及殘暴不仁地行使政治權力的形象，傳統貴族以此來表達自己對武士獨裁統治的不滿。

嘉應元年（西元1169年），京城裡又衝進了一群比叡山延曆寺的和尚。他們從比叡山一路抬著神轎來到皇宮門前，想要硬闖皇宮「強訴」，要求朝廷流放公卿藤原西光的兒子藤原師高，因為藤原師高的兒子帶著手下入侵犯了延曆寺的分寺，還放火燒毀了好幾間屋子。後白河法皇（此時已出家入道）命令天台座主明雲和尚勸說僧侶們和解，但遭到了拒絕，不得已只能下詔流放了藤原師高。

後白河法皇被逼流放了寵臣的兒子，心下自然不喜，藤原西光趁機向後白河法皇進言要求將明雲座主流放。平清盛的受戒禮由明雲主持，兩人關係甚好，以師兄弟互稱。平清盛想上奏請求赦免明雲，但後白河法皇卻故意對其避而不見。

延曆寺的僧兵們在明雲座主流放途中設伏將其劫走。後白河法皇得知後十分憤怒，認為延曆寺無視朝廷的法度和自己的院宣，便發出旨意令平家召集軍隊討伐延曆寺。但平清盛躲到遠離京都的福原別墅之中，拒絕接受院宣。

就在這一年，平清盛的兒子平重盛、平宗盛同時晉為左近衛大將與右近衛大將。院廳的寵臣藤原成親覬覦右近衛大將之職已久，卻沒想到被平宗盛搶去，自此便開始敵視平家。後白河法皇因為平家不服從院宣而極為不滿，頒下密旨，命令檢非違使別當藤原成親召集兵馬討伐平家。

藤原成親原本準備奉旨討伐延曆寺，他先是找來了藏人源行綱，勸其作為大將討伐平家。源行綱出自攝津源氏，是比河內源氏還要正宗的清和源氏嫡系。藤原成親允諾事成後讓源行綱統轄天下兵馬，又贈予源行綱五十段白布作為軍用物資。

第二章　平家崛起之卷

同時，藤原成親又與藤原西光、式部大輔藤原章綱、檢非違使平康賴、法勝寺住持俊寬等人在俊寬和尚位於鹿谷的別墅密會，商議討滅平家。後白河法皇原本也想前往，因為法印靜賢和尚的勸阻而沒有去。聚餐到酒酣飯飽之時，突然狂風大作，院子裡的馬匹受到驚嚇嘶鳴不已，聚會眾人受驚站起，不小心打翻了瓶子。藤原成親笑著說道：「看來今天是討伐平家的第一戰，平氏已經倒了（瓶子、平氏讀音相似），真是令人愉悅啊！」

眾人大喜，檢非違使平康賴拿著瓶子站起身說：「平氏的首級既然已經到手，應該棄屍街頭，將首級掛在城門上示眾。」於是他將瓶子掛在屋子的橫梁上。

藤原成親建議說：「祇園祭快到了，不如趁這天喧鬧之時起兵，趁其不備縱火攻打六波羅府。」於是定下了以源行綱作為大將發起攻打六波羅府的計畫。

源行綱看出這幾個公卿成不了大事，佯裝答應，隨後偷偷騎馬離開平安京，前往福原向平清盛舉報此事。平清盛盛怒之下返回六波羅府召集軍隊，同時派出使者前往法住寺質問後白河法皇：「藤原成親想起兵討伐我族，法皇大人知不知道？臣準備捉拿亂臣，調查此事。」

後白河法皇不知所措，許久，才回了一句：「朕不知情，卿宜自便。」

得此說法，平清盛便派出武士捉拿藤原西光審問，又派出使者召見藤原成親。藤原成親還不知道源行綱已經出賣了自己，一到六波羅府便被平家武士拿下。平清盛命人將其關在六波羅府內的一間小屋子裡，準備等他睡著再殺死他。平重盛是藤原成親的妹婿，得知藤原成親被捉拿，便前往檢視。藤原成親趁機讓平重盛向平清盛求情。

在平重盛的斡旋下，平清盛召見了藤原成親，指著他的鼻子罵道：

第六節　鹿谷的政變

「當初平治之亂你原本也該斬首，因為重盛為你求情才得以苟活至今。如今你位高權重，受領多處莊園，為何忘記舊日恩情，想要起兵討伐我平家？上天也看不下去了，才將你交予我處置！你快老實交代罪行，還可饒你死罪。」

藤原成親不敢抬頭，低著頭說道：「我與入道大人素來無冤無仇，怎麼會起兵討伐您呢？這是謠言，請別相信。」

一聽此話，平清盛更加憤怒，直接從懷裡掏出藤原師高的供狀，大聲罵道：「你還有什麼臉再騙我？」隨後將供狀砸在藤原成親臉上，命令手下武士將其拖出鞭打。

企圖討伐平家的幾人被打為企圖謀反的亂黨，藤原西光被斬首，俊寬與平康賴被流放至遠方的小島，藤原成親則被流放到了備前國。後來平清盛覺得不解氣，又讓難波經遠將藤原成親殺死在流放地。這樁事件被稱為「鹿谷事件」。鹿谷事件之後，身為藤原成親妹婿的平重盛在平家一門內逐漸隱退。

平家平定此次謀反實在過於離奇地順利，因此這件事的背後其實還可能隱藏著更深的陰謀。

此前藤原西光因為莊園領地的糾紛而與比叡山延歷寺對立，在藤原西光的建議下，後白河法皇發出命令讓平清盛以武力討伐延歷寺。然而平清盛卻想迴避與延歷寺的衝突，因而做出了犧牲藤原西光的決定。鹿谷事件後，主要謀反者藤原成親只判了流放，而藤原西光卻被直接處死，因此有人認為「鹿谷事件」其實是平清盛自導自演的一齣鬧劇，他殺死藤原西光就是為了滅口，讓事件的真相隨著藤原西光的死一起被埋葬。

第二章　平家崛起之卷

第七節　治承政變

　　鹿谷事件之後，後白河法皇的許多近臣都被平清盛清除，對平清盛敢怒而不敢言的後白河法皇極度厭惡平清盛的專權，開始向與平清盛不和的攝關家靠攏。

　　治承三年（西元 1179 年）六月，平清盛的女兒平盛子病逝。平盛子本是前關白近衛基實的妻子，近衛基實死後，平盛子與兒子近衛基通相依為命，並在平清盛的支持下依舊領有攝關家的莊園。可是這一次，後白河法皇直接將攝關家的莊園所有權交給了關白松殿基房。七月，平清盛的嫡長子平重盛也因病逝世，後白河法皇隨即沒收了平重盛的知行地越前國，改由藤原季能出任越前守，平重盛所擔任的中納言之職也被松殿基房的兒子松殿師家接任。

　　後白河法皇與松殿基房，此二人本是平安時代以來長期困擾朝廷的兩大勢力，然而，此時院廳的「治天之君」後白河法皇卻與攝關家因為武士的崛起而結成了同盟，反平家的勢力逐漸以後白河法皇以及松殿基房為中心集結。與此同時，一直與平家交好的延曆寺與興福寺也開始落井下石，政治立場逐漸由支持平家轉向與平家對立。

　　院廳與攝關家的行動，讓身在福原的平清盛感到了危機。仔細思量之後，平清盛認為與其坐以待斃，不如先發制人。當年十一月，平清盛在福原別墅召集了數千騎郎當武士，浩浩蕩蕩地向平安京開進。

　　進京後，平清盛先是派兒子平重衡去面見高倉天皇，陳述朝中有人想對平家不軌。高倉天皇被平清盛的這個舉動嚇到，當即派出使者安撫平清盛，隨後便下令罷免松殿基房及其兒子的官職，任命平清盛的外孫近衛基通為關白。

　　而松殿基房知道平清盛率軍進京，這位手無縛雞之力、欺軟怕硬的

第七節　治承政變

公卿嚇得逃到後白河法皇的住所，哭著求後白河法皇救救自己。看著痛哭流涕的松殿基房，後白河法皇嘆了口氣：「朕自己都不知道該怎麼自保了，又如何救得了你！」

不過嘆氣歸嘆氣，孬還是不能孬的。後白河法皇派法印和尚靜賢前往平清盛處陳述，說自己日後不會再插手朝政。靜賢到達六波羅府後，向平清盛的家臣傳達後白河法皇的旨意：「近年來京師不寧，人心動搖，只有入道相國才是值得依賴的人。朕聽說入道相國聽信謠言對朕不滿，因而率軍進京。朕不知其進京所為何事，還是向朕陳述一下緣由，若是沒有其他的事，還請罷兵返回吧。」

後白河法皇幾乎在哀求平清盛罷兵。平清盛雖然賺足了面子，卻還是躲在宅子裡，拒絕領命。到了日落時分，平清盛仍舊不見。靜賢無奈，打算返回覆命。就在這時，平清盛的兒子平知盛從裡屋走出來，向靜賢傳達平清盛的話：「臣自認為垂垂老矣，不能再在院廳裡侍奉法皇大人了。」

靜賢聽了此話，在離開時，突然對著屋內大喊道：「即便是賢德的宰相名臣，也應該知道不管天有多高，都要彎著身子走路，不管地有多厚，都要小心碎步行走！」

平清盛聽到此言，命人將靜賢叫回，親自出來會面，並對靜賢說：「當初藤原成親謀害我，是你察覺到異樣，阻止法皇大人前往鹿谷，這是你的功勞，因此這次我才出來見你。當初保元、平治之亂，我不顧一族生死，率軍勤王討逆，誰人不知？然而法皇大人卻輕信近臣猜忌我族，甚至想滅我平氏一門。幸而我族天命未盡，得以逃過劫難。昔日重盛因功被賞賜越前一國作為知行國，並且說好世代世襲。現在重盛死去未到四十九天，其領地就被沒收，敢問死者有何罪過？中納言的官職空出，我多次為近衛基通請命出任此職，卻被無視，如今反而讓松殿師家出

任。試問近衛基通身為宗族嫡系，拜任中納言有何不可？法皇大人與近臣圖謀害我，縱使我有罪，也該以前功抵過。我現在年近七十，法皇卻屢屢想要誅殺我，我尚不能自保，待我死後子孫如何能在朝廷立足？如今我老而喪子，一族衰弱，在世間苟延殘喘，平重盛忠孝，才行兼備卻不幸逝世，法皇大人不但不安慰我，反而聽信近臣讒言圖謀我家。因此我才說出不想再侍奉院廳的話！」平清盛一邊說一邊抹眼淚，搞得靜賢十分尷尬，只得安慰平清盛。

不過，平清盛進京顯然不只是為了不吐不快，很快，除了松殿基房父子外，親近後白河法皇的公卿貴族共有四十多名被罷免了官職。這次，與平清盛不和的弟弟平賴盛也在被罷免的公卿之列。

在將後白河法皇周圍的公卿勢力一掃而空後，平清盛的槍口最終還是指向了後白河法皇。十一月二十日，後白河法皇被平清盛幽禁在鳥羽殿，法皇院廳也停止了行政運作，朝中大權形式上轉移到了高倉天皇手上，實際上則由高倉天皇身後的平清盛一手把持。此事史稱「治承三年政變」。

第八節　以仁王與源賴政

　　治承四年（西元1180年）二月，高倉天皇讓位給平清盛的女兒平德子生下的皇子言仁親王，即年僅三歲的安德天皇。世人都說平清盛此舉是想要篡權。平清盛的小舅子平時忠說：「這有什麼奇怪的？近衛天皇、六條天皇，不都是兩、三歲就登天子之位了？要是在唐國，周朝的周成王、（東）漢朝的漢殤帝、（東）晉朝的晉穆帝，要麼尚在襁褓就登基，要麼就是在太后懷裡臨朝聽政，這都常例，有什麼好議論的？」朝中的大臣背地裡都偷偷嘲笑道：「這些可不是什麼好例子。」

　　安德天皇繼位後，平家開始獨霸朝政。但在平家一步一步登上高位之時，對其不滿的勢力也開始暗流湧動。率先對平家舉起反旗的，是出自天皇一家的皇族，也就是後白河法皇的三子以仁王。

　　以仁王的母親是權大納言藤原季成的女兒藤原成子，藤原家世代都以天皇外戚的身分獲得顯赫地位，但此時已經不復昔日的權勢了，以仁王的地位自然便也隨著母家的衰弱而越來越低。尤其是仁安三年（西元1168年），後白河法皇與建春門院平滋子（平清盛正室夫人平時子的妹妹）所生的皇七子憲仁親王繼承皇位（高倉天皇），在平家勢力的籠罩下，平家女眷產下的皇子明顯更有繼位優勢。

　　以仁王年幼時曾經出家，是天台座主最雲的弟子，當時他已被剝奪了皇位繼承權。後來他還俗成為後白河法皇的妹妹八條院暲子內親王的猶子，八條院及八條院領成為其堅強的後盾，這使他具有了爭奪皇位繼承權的可能。

　　然而，治承三年（西元1179年）政變後安德天皇繼位，以仁王非但失去了繼承皇位的可能性，還被平清盛沒收了自己的城興寺領，連經濟基礎也完全喪失。長久以來對平氏懷有不滿又忍辱負重的以仁王盤算

第二章　平家崛起之卷

著，只有打倒平家，自己才有出頭之日。

要打倒平家，利用現有的檢非違使、北面武士等軍事力量明顯不現實，以仁王只能自己組織力量對抗平清盛。他選中的，是攝津源氏出身的以攝津國渡邊莊為據點的渡邊一黨棟梁源賴政。

源賴政在平治之亂時背棄源義朝，投靠了平清盛，成為平治之亂後能繼續留在平安京唯一的源氏勢力。源賴政以和歌聞名平安京，時常出入八條院，參加和歌會，與精通和歌的以仁王相交頗深，因此以仁王在拉人共同討伐平家之時，第一個想到的就是他。

按理來說，源賴政與平清盛的交情應該也不錯，治承二年（西元1178年）時，平清盛見源賴政年逾七旬，便特意上奏請求朝廷替源賴政加官進爵，朝廷在得到平清盛的奏疏後，立即讓源賴政敘任從三位的位階。源賴政出家入道後，世人都稱他為「源三位入道」。

不過與平清盛相比，平家的其他人對源賴政就不怎麼樣了。據《平家物語》記載，源賴政之子源仲綱有一匹名為「木下」的寶馬，平清盛之子平宗盛多次派人來借馬欣賞。

源仲綱知道平清盛心懷不軌，便婉拒了使者。源賴政得此事之後，便對源仲綱說：「當今的世道，就算平宗盛不討要，你也應該送給他，更何況他多次派使者來討！」源仲綱只得將馬交給使者。結果平宗盛借了馬之後，在馬身上烙了「仲綱」二字。有客人來請求看馬時，平宗盛就大聲呼喚下人道：「把仲綱牽來。」

源仲綱得知此事之後十分憤怒，一度想刺殺平宗盛然後再自殺，而源賴政也因為兒子的遭遇而對平家越來越不滿。他知道，在平家的統治之下，源氏出身的武士永無出頭之日，只能繼續依附平家，但持續如此下去，勢必被天下人認為是平家的走狗。

第八節　以仁王與源賴政

　　以仁王正是看出了源賴政心中的怨氣，才會選擇源賴政作為自己的大將。

　　八條院暲子內親王領下有龐大的皇室莊園，經濟實力強大，她周邊形成了一股獨立的政治勢力。以仁王利用八條院的關係組成了反平家的軍隊，八條院的藏人源仲家（源賴政的猶子、木曾義仲的哥哥）日後也參加了以仁王的行動。

　　據《平家物語》記載，源賴政趁夜拜訪以仁王在三條高倉的宅邸，請求擁立以仁王為主，舉兵打倒平家。然而，源賴政此時已年過古稀且早已出家入道，平日裡就是作作和歌而已，這種頤享天年的老人單獨做出舉兵的決定並說服以仁王加入，實在是匪夷所思。實際上，當時的公卿日記之中多有記載：以仁王下定決心舉兵，源賴政僅作為一個參與者響應了以仁王。為什麼《平家物語》要將舉兵的首謀改為源賴政呢？大概是因為此次的舉兵被稱為「謀反」，而天皇家的人怎麼能謀反呢？

第二章　平家崛起之卷

第三章　源氏舉兵之卷

第三章　源氏舉兵之卷

第一節　以仁王的令旨

　　治承四年（西元1180年）四月九日，以仁王向以源氏武士為中心的全國各地莊園、寺社發去了號召打倒平清盛一族的令旨。令旨是皇太子傳達命令的文書形式，以仁王以這種形式發出命令，可見他已經視自己為下一任天皇了。

　　《平家物語》中記載，源賴政在建議以仁王舉兵後，曾列舉諸國的源氏武士，其中有如下幾人：在京的源光信、源光基父子（美濃源氏，土岐氏之祖）、熊野的源義盛（源為義的第十子，源賴朝叔叔，後改名源行家）、攝津國的多田行綱（攝津源氏嫡系、多田莊的主人）、河內國的石川義基（河內源氏）、大和國的宇野親治（大和源氏）等。除了以上幾人，還有近江國的山本義經、柏木義兼、錦織義高；美濃國、尾張國的山田重廣、河邊重直、泉重光、浦野重遠、安食重賴，甲斐國的逸見義清、武田信義、加賀見遠光、一條忠賴、坂垣兼信、安田義定，信濃國的大內惟義、岡田親義、平賀義盛、木曾義仲，伊豆國的源賴朝，常陸國的信太義教、佐竹政義，陸奧國的源義經等。

　　這則記載很可能是《平家物語》作者按後世的源氏族譜圖創作的。《平家物語》其中著重塑造了「東國之源氏」、「西國之平氏」的軍事派系，自平治之亂後，平家刻意打壓源氏武士派系，而上述源氏武士，都來自京畿或京畿以東，當時要麼是在地方跟隨分國的國司做事，要麼是在莊園裡做一些公事、雜事，其地位非常低微。

　　對平家心懷不滿的源氏武士缺少的就是一面大義旗幟，若因自己遭受不公而起兵，那麼只會被平家與朝廷定位為謀反，最終將遭到鎮壓，而以仁王的令旨將平清盛定義為「朝敵」、「反臣」，正好給了他們大義名分，因此他們才會舉兵響應，並將戰場從平安京擴大到了全國。

第一節　以仁王的令旨

　　除了源氏武士以外，以仁王還打算將傳統的寺社勢力納入自己麾下。平清盛與寺社的關係一直不錯，但此時卻出現了傳統寺社勢力大規模反對平家的情況，原因之一便是安德天皇繼位後，退位的高倉上皇在平清盛的示意下，行幸與平家交好的嚴島神社。而按照傳統，退位後的天皇首次行幸應該前往賀茂神社，或者前往石清水八幡宮。平清盛打破常規的行為激怒了傳統的寺社勢力。以仁王在令旨之中，將平清盛稱為「佛敵」，正好給了寺社勢力一個舉兵的大義名分。在後來京畿的戰鬥之中，延歷寺、興福寺等寺院的僧兵均活躍在戰場上。

　　負責將以仁王令旨傳往東國各地的源氏武士是熊野的源行家。源行家本名源義盛，自稱「新宮十郎」，是源為義第十子、源義朝的弟弟、源賴朝的叔叔。源行家在治承年間，因為其姐嫁入熊野新宮別當一族而受到熊野家的庇護，後來又補任了八條院的藏人，因此與以仁王的關係也非同一般。八條院的領地有許多都是東國的莊園，源行家正好可以帶著以仁王的令旨，假裝前往東國辦事。

　　在《吾妻鏡》的記載中，源行家四月九日受命離開平安京，於二十七日抵達伊豆國北條館，然而在《平家物語》中則記載四月二十八日，源行家化裝成修行者從平安京出發，五月十日抵達伊豆國的北條館，之後才向東國的武士遞送了以仁王的令旨。雖然兩書記載的時間稍有偏差，但是可以看出，大約在該年的四月到五月之間，東國的源氏武士便已經收到了以仁王命令起兵的令旨了。

　　五月初，因為以仁王廣發令旨的原因，平家便得知了以仁王有謀反的企圖。在《覺一本平家物語》的記載中，是熊野神社的權別當湛增將以仁王將要謀反的消息傳給了平家，而在《源平盛衰記》中，告發以仁王的則是湛增的弟弟佐野法橋。

　　熊野神社的家系分為新宮別當家與田邊別當家，湛增出身於田邊別

第三章　源氏舉兵之卷

當家，而此時的熊野別當是新宮別當家的範智，以仁王一方的源行家便是在新宮家長大的。覬覦別當位置已久的湛增自然會選擇站在平家的一方，再加上湛增的姐妹是平忠度的妻子，因此不管是湛增還是佐野法橋向平家告密，都不奇怪。另外，考慮到以仁王鬧出的動靜太大，牽涉的人實在是太多，因此除了湛增一家以外，可能也有其他人向平家檢舉了以仁王的謀反企圖。

五月十日，得到消息的平清盛率軍從福原急急忙忙進入平安京，京畿的平家武士也紛紛奉命朝著京城聚集。此時情況危急，平清盛擔心平宗盛的能力不足以應對局勢，因此放棄了福原親自前往平安京，足以見得平清盛心中十分重視以仁王的舉兵。

五月十五日，平清盛操控朝廷將以仁王由皇族降為臣籍，賜名源以光，並下令將其流放荒涼的土佐國。幾乎在頒布詔書的同一時刻，平家以逮捕囚犯為緣由召集了檢非違使廳中的官兵三百餘人，前往位於三條高倉的以仁王宅邸逮捕以仁王。

檢非違使廳原本是朝廷的令外機構，在這個時期已經完全被平家掌控，時任檢非違使別當的乃是平清盛的小舅子平時忠，出任檢非違使的武士也大多數是平家的家臣或者平家一族的郎黨。

不過令人感到不可思議的是，在這三百名檢非違使的名單中，源賴政的養子源兼綱也赫然在列。在許多版本的《平家物語》之中，都特意強調了此時的平家還不知道源賴政也參與了謀反，因而才會召集源兼綱前來。而在《延慶本平家物語》中卻記載，在平家追捕以仁王時，源賴政突然舉起反旗進入了以仁王所在的園城寺，這時候源兼綱才得知養父也參加了謀反，因此在這個時間點，源兼綱是很有可能也被蒙在鼓裡的。

當檢非違使們抵達三條高倉宮以後，發現以仁王並不在御所之中。按照以往《平家物語》通說，這是因為源賴政的嫡子源仲綱得知平家動向

以後，偷偷跑到了以仁王那裡通風報信，隨後以仁王便穿著女裝化裝成女子從御所裡逃出。逃出御所後，以仁王先是從位於近衛河原的源賴政宅邸經過，隨後渡過了賀茂川，又翻過了大文字山、如意嶽等地再逃往園城寺。事實上，以仁王之所以能夠成功脫逃，是因為以仁王得到了乳兄弟藤原宗信的幫助才得以成功的，與源仲綱的關係可能並不大。

以仁王在逃亡時，在三條高倉宮內留下了一位名叫長谷部信連的武士，拖延檢非違使。長谷部信連是源經基的八世孫，他曾經是後白河法皇院廳的北面武士，此時侍奉於以仁王。在《平家物語》的記載中，長谷部信連面對持著逮捕以仁王宣旨的檢非違使，拔刀迎戰，接連砍翻十四、五人後力盡被捕。平清盛感慨長谷部信連的善戰以及忠心，特意饒他不死，最終將他流放到了伯耆國。長谷部信連在此戰之中武名遠傳，後來梶原景時上報給源賴朝，源賴朝便將能登國的一處莊園封給他作為領地，從此長谷部一族便在此地長久地定居了下來。

以仁王逃走以後，平清盛的弟弟平賴盛奉命率領另一支隊伍，朝著八條院的御所出發，逮捕了以仁王留在此地的六歲兒子。這個孩子並未遇害，長大後出家入道，成為一代高僧，被稱為安井僧正道尊。除了道尊以外，以仁王還有一個十六歲的孩子逃出了平安京，後來被稱為北陸宮親王，在木曾義仲上洛後，又被木曾義仲擁立為皇位的繼承人，直到木曾義仲敗亡為止。

第三章　源氏舉兵之卷

第二節　以仁王起兵

　　五月十六日，園城寺的長吏圓惠法親王傳出消息給平宗盛、平時忠，說以仁王正躲在園城寺之中。隨後，平家向園城寺提出了交出以仁王的請求，但是園城寺的大部分僧侶卻拒絕交出以仁王，並且砸毀了親近平家的圓惠法親王的屋子。園城寺的僧侶們大多討厭平清盛以及平家，因此儘管圓惠法親王對眾人好說歹說，卻沒有達到什麼效果，反而殃及魚池，自己也遭到連累。

　　另外一方面，園城寺雖然仗著自己擁有許多武裝僧兵，但是想要靠這些花和尚與平家的武士們對抗明顯不大現實。因此，園城寺特意向南都興福寺與北嶺延歷寺發送了牒文，請求南都、北嶺協助自己打倒平家，擁戴以仁王為主。

　　園城寺的牒文很快就有了答覆，延歷寺派出了三百餘名僧兵前來助戰，同時興福寺僧眾將在奈良起兵的消息也傳到了京都。諸國的源氏武士中，特別是離平安京較近的近江國源氏武士派系，也都起兵加入了以仁王的陣營之中。

　　不過，這樣一來，逮捕以仁王之事就從一件刑事案件演變成為謀反事件了。既然是謀反，自然就需要調集軍隊進行鎮壓。五月二十一日，平家對園城寺發出最後通牒，如果園城寺拒絕交出以仁王，平家的軍隊便會在兩日之後攻打園城寺。

　　值得注意的是，在被平清盛召集而來參戰的各方部隊之中，除了平家一門的平宗盛、平賴盛、平教盛、平經盛、平知盛、平維盛、平資盛、平清經、平重衡等武士以外，居然還有源賴政及攝津源氏一黨的軍隊，說明平清盛此時還不知道源賴政早就加入了以仁王的陣營中。和以仁王相比，源賴政就顯得老奸巨猾許多了，從以仁王謀反敗露開始，經

過了這麼長時間,明明身為反賊同夥的他卻依然能夠參與到平家的各項軍事行動之中,對平家的動向瞭如指掌,直到平家軍事會議的這天晚上,源賴政才燒毀了自己在近衛河原的住宅,舉兵叛亂。

在日本中世紀早期的武士觀念之中,燒毀自宅即是表示將放棄居住地前往其他地方作戰,並且短時間內不會再回到原住所的決心。這種行為在日本被稱為「自燒沒落」,在後來的合戰中非常常見,而最早做出「自燒沒落」行為的武士便是源賴政。

燒毀了住宅之後,源賴政率領著五十餘騎武士進入園城寺與以仁王會合,在這五十騎武士中,分為以源賴政嫡子源仲綱為首的源賴政一族、攝津源氏出身的渡邊黨以及以源仲家為首、與八條院關係相當緊密的一批武士,剩下的少部分武士則是來自東國的親源氏勢力成員。

雖然平清盛大力打壓源氏,卻也懂得扶持源氏出身的武將,將他們培養成聽命於平家的源氏嫡系,以此達到控制源氏的目的,這和後來鐮倉幕府時期掌控幕府大權的執權北條氏扶持源氏出身的足利氏相差無幾。因此,此次平家政權之中唯一受到扶持的源氏武士舉起反旗,對平家的打擊可以說非常大。

當平清盛得知源賴政舉起反旗並進入了園城寺之後,政治嗅覺敏銳的他立即感到了十分強烈的危機感,連一直以來在平安京受到自己善待的源賴政都對自己兵刃相向,更別提諸國的源氏有多仇恨平家了。於是,平清盛決定暫緩攻打園城寺的計畫,此時的平安京裡還流傳著南都奈良的諸勢力準備舉兵上洛打倒平家的謠言,平清盛便命令平經正立即護送安德天皇行幸平家的西八條宅邸,以防不測,一旦南都的軍隊殺上京城,平家就可以立即帶著高倉上皇與安德天皇前往福原避難。

五月二十三日,平家重新召開了軍事會議,準備與以仁王進行最後的決戰。與此同時,以仁王也在園城寺召開了軍事會議,源賴政認為援

第三章　源氏舉兵之卷

軍何時到來尚不知道，遠水解不了近火，死守必定滅亡，不如離開園城寺靈活機動地出戰，尋求勝機。隨後，源賴政向大家說明了自己的聲東擊西計畫：先派出部分軍隊佯攻後白河法皇的山科御所，在此地放火，等平家軍隊前來之後，主力趁機攻打空虛的六波羅府，端掉平家的老巢。

不過，源賴政的計畫是否合理我們已經無從得知，因為他根本就沒有實施計畫的機會。由於以仁王謀反的參與者中龍蛇混雜，大家的意見都不統一，到天明時軍事會議還沒有結束，最終只得放棄夜襲六波羅府的計畫。從後來以仁王一方一直處於被動來看，無論源賴政的計畫能否成功，看似都是以仁王一派能夠取勝的唯一機會。

參與以仁王舉兵的最大勢力並非源賴政這些源氏武士，畢竟京畿是處於平家的控制之下，而能在平家的眼皮子底下存活的軍事力量，除了自己人，就只剩下寺院裡的僧兵了。而僧兵之中，又以北嶺延曆寺與南都興福寺這兩家寺院的勢力最為龐大，不過興福寺遠在奈良，因此以仁王能寄以厚望的只有在平安京附近的延曆寺。不得不說，延曆寺裡同情以仁王的僧人還是占大多數，並且這些僧人中又有許多一直以來都是對平家採取不合作的態度。不過，以仁王能想到的事，平清盛也能想到，大戰在即，平家不想延曆寺插一手，便臨時抱了抱佛腳。按《源平盛衰記》中的紀錄，平家向延曆寺寄進了兩萬石稻米、三千匹絹布等物資。五月二十四日，與平清盛關係甚好的天台座主明雲又親自前往延曆寺說教，勸說眾僧不要支持以仁王。

延曆寺本來是準備派出僧兵增援以仁王的，現在拿人手短，吃人嘴軟，便將此事擱置一旁了。不光如此，高倉上皇還向延曆寺發出了討伐以仁王的命令，這導致連在園城寺中的眾僧中都出現了以仁王此次舉兵名為打倒平家，實則是謀反的聲音。兩軍還未交戰，以仁王一方的鬥志

就開始動搖，戰鬥力自然也大打折扣。平清盛透過一系列高超的政治手段，將大義名分牢牢掌握在平家的手中，擊碎了以仁王與源賴政將園城寺、延歷寺與興福寺三寺僧兵集結到麾下的美夢，以仁王的兵力陷入劣勢。

此時的以仁王與源賴政方才意識到在京畿與平家對抗是多麼的幼稚了，以現在的部隊力量，根本無法抵擋平家大軍的進攻。五月二十五日夜晚，源賴政護衛著以仁王與興福寺前來的僧兵會合，朝著最後的希望——平城京奈良逃去，一旦逃到了大和國，至少能保住反平家的火種。

然而，平家也不會眼睜睜地看著政敵逃跑，在以仁王與源賴政於宇治川邊的平等院休息時，平家的軍隊追了上來，雙方隨即展開合戰。此戰中，不擅長武藝的以仁王竟然六次從馬背上摔下，這位不可靠的親王反而打擊了自己軍隊的士氣。

在《平家物語》中，此時平家的軍隊是由平知盛、平重衡率領的兩萬八千餘騎武士，這其實是《平家物語》中的誇張描寫，實際上此時平家大軍並沒有悉數趕到，追上以仁王的僅有伊藤忠清、伊藤景家等率領的三百騎先鋒部隊。

第三節　宇治平等院合戰

　　為了彌補兵力的劣勢，源賴政命人將宇治橋上的橋板拆除，據橋防守，與平家隔河對峙。平家的追兵幾次想要強行踩著宇治橋的骨架朝著對岸進攻，卻都被以仁王一方挫敗，許多武士跌落下水。這場特殊的戰鬥被後世稱為「橋合戰」，其聞名的不僅僅是只剩骨架的宇治橋，還包含許多善戰的僧兵。在《平家物語》中，除了源氏的武士以外，諸如筒井寺的淨妙法師、園城寺的一來法師、五智院的但馬法師等僧兵也都活躍在這場合戰之中：淨妙法師引弓搭箭射殺了許多平家武士，在弓矢用盡後，又持著薙刀躍上橋架斬殺十餘人；一來法師也躍上宇治橋橋架，與淨妙法師一同抵抗平家武士的進攻，二人共斬殺了八十餘名武士。五智院的但馬法師，以薙刀左右擊飛射來的箭支，還殺死了數名挑戰的平家武士，被後人稱為「截箭但馬」。這些僧兵的作戰經歷雖然可能是《平家物語》裡的誇張描寫，但卻也是源平合戰中難得一見的僧兵作戰姿態的記載，令人印象深刻。

　　平家軍隊遭到頑強抵抗無法過橋，準備採用迂迴戰術，繞遠路進攻敵軍。就在此時，追兵中由關東來的武士足利忠綱打破了僵局，足利忠綱時年十七歲，向伊藤忠清提出將馬匹並排排列成「馬筏」渡河，並率領著足利黨的武士率先渡過宇治川。《延慶本平家物語》中，足利忠綱等人將較強壯的馬匹排在上游，而將弱小的馬匹排在下游，隨後肩並著肩，手拉著手，眾人分別互相抓住弓的兩頭以保證隊形，就這樣渡過了宇治川。

　　足利忠綱是下野國武士足利俊綱之子，足利俊綱當年受罪被沒收了足利莊，後來因為上京申訴，由平重盛主持將足利莊歸還給足利俊綱，正是因此緣故，足利俊綱一家才開始效忠於平家。此足利氏與前文提及

參加保元之亂的源氏足利義康不同，他們是當初討伐平將門的藤原秀鄉的後裔，世世代代以下野國的足利莊作為自己的領地，因此以足利為苗字。

而河內源氏出身的源義國早年因為犯了罪，因此與次子源義康前往依附有著姻親關係的足利氏，便也以足利作為苗字。到了源義康之子足利義兼的時候，支持平家的藤原流足利氏遭到了源賴朝的討伐，沒收的足利莊被賞賜給了足利義兼，因此從足利義兼開始源氏足利家才算是真正誕生。與足利氏類似的還有源平合戰時的畠山氏，畠山氏原本是桓武平氏出身，在畠山重忠遭到北條氏的討伐以後，平氏畠山氏滅亡，而畠山氏的領地被封給了足利義兼的兒子足利義純，足利義純後來也改苗字為畠山，開創了源氏畠山家，源氏畠山家的後人在室町幕府時期更是成為了「三管領」之一。

值得一提的是，足利忠綱的「馬筏」戰法並不是首創，而是他從關東的一名武士那裡學來的。傳授足利忠綱這種戰法的人，名叫新田義重，即上文提到的足利義康的哥哥，新田氏沒有和父親源義國前往下野國，而是繼承了祖產新田莊。新田義重的爺爺就是前文描寫參加了前九年‧後三年之役的源義家，並且，此人還有個七世孫新田義貞，是日本南北朝時期的建武朝廷的重臣，甚至在戰國時代，梟雄德川家康也自稱是新田義重的子孫。

早先還在關東的時候，足利忠綱的父親足利俊綱與秩父重能不和，雙方發生衝突，於是，足利俊綱便向鄰近的新田義重求援。當新田義重率領五百騎武士抵達利根川時，發現船隻都已經被敵軍破壞了。這時候，新田義重對著手下說：「男子漢大丈夫一諾千金，既然答應了足利大人的增援請求，要是就這樣因為沒有船隻徘徊不前，導致足利家戰敗，那我們還有什麼面目自稱是武士？與此相比，我寧願淹死在河裡，以保

第三章　源氏舉兵之卷

存我的武名！」隨後，新田義重縱馬下河，以這種「馬筏」的渡河方式渡過了利根川。

接著說回宇治川這邊的情況，平家軍追兵見到足利忠綱渡過了宇治川，便也都有樣學樣，學著足利軍的方式渡過了宇治川，攻到了平等院的門前。此時儘管源賴政奮力抵抗，但是也已身負箭傷，精疲力盡，他對著以仁王說：「大勢已去，大王速速前往奈良，依附興福寺去吧。恕臣不能遠送，在此與大王訣別。」

以仁王聽後便嗚咽著離開了，而源賴政則回頭騎著馬射殺追來的平家武士，待到弓矢射完以後，源賴政又進入了平等院的御堂，脫下了甲冑端坐在其中，拔刀自盡，其子源仲綱也在父親的遺體邊自盡而亡。

按照興福寺留下的文書得知，源賴政的其他兒子與源仲綱的兒子們都逃往了大和國的吉野山附近藏匿，可以看出，在此次宇治川的合戰以後，平家對源賴政一族下達了追捕命令。

大和國的吉野，因古代日本發生的「壬申之亂」而聞名，當時還未成為天武天皇的大海人皇子在「壬申之亂」發生之前就前往了吉野，最終以此地為根據地號召叛亂並取得皇位。正是因此，大和國成為了反抗當權者的聖地，在平治之亂後源義朝的遺子源義經等人也是逃往大和國，而後世的後醍醐天皇更是在出逃京都後於吉野建立了南朝，開始了日本的南北朝時代。再加上大和國的重要勢力興福寺向來反對平家，因此平家對大和國抱著非常強的警戒心。

此時的以仁王正在前往大和國依附興福寺的途中，可是這位王爺不擅長騎馬，雖然源賴政等人以命相博換取時間供他逃命，他卻依然在山城國相樂郡的光明山寺被伊藤景高率領的軍隊追上，隨後伊藤景高一箭將以仁王射落馬下，由以仁王與源賴政發起的謀反就此宣告結束。

然而，以仁王之死其實疑點重重，在當時人們就對以仁王是否在前

往南都興福寺的路上被平家追上並殺害之事抱有疑惑。比如《玉葉》（九條兼實的日記）、《山槐記》（中山忠親的日記）中就有類似的紀錄，在平等院中發現自殺的屍體其實有三具，其中有一具屍體的首級不知所蹤，因而便推測是以仁王的屍體，但是實際上直到該年年末，朝廷都無法確定以仁王是否身亡。因此，許多反感平家而又同情以仁王的武士們，從次年開始編造了以仁王還尚在人世的消息，以此為契機，許多反平家的勢力都開始蠢蠢欲動，使得這場內亂愈演愈烈。

第四節　以仁王起兵的意義

　　作為「源平合戰」的開端,「以仁王舉兵」的意義遠不僅如此。此次叛亂雖然以平安京以及非常有限的附近地域作為舞臺,但是許多東國的武士卻都加入了戰局之中。例如,平氏一方的東國武士代表,便是下野國足利莊的武士足利忠綱。

　　在此次合戰以後,足利忠綱因為率先渡過宇治川而得到伊藤忠清的大力褒獎,藉此機會足利忠綱提出要獲得上野國新田莊作為獎賞。新田莊的所有者就是前文的新田義重,新田義重雖然是源氏宿老,但是自從平家掌權後也是一日不如一日。既然不是自己的東西,平清盛當然一點也不心疼,很爽快地就答應了足利忠綱。然而,這一次的封賞卻因為賞罰不均而引發了足利氏一族的吵鬧,惹惱了平清盛,最終都被他取消了。在這個時期,地方的武士群體結構遠不如後世那般成熟,十七歲的足利忠綱想藉此次機會奪得足利氏武士團的領導權,卻遭到了眾多武士的抵抗,這才引發了一族的爭鬥。

　　同時,從足利忠綱此次的封賞中也可以看出此人的野心,在《平家物語》的記述中,參加宇治川合戰的武士有許多上野國的武士,如那波、佐貫、大室、山上、深津等家族,這些上野國的武士團大多都像新田義重一樣與足利氏有著同盟的關係。而足利忠綱提出想要上野國領地的原因,大概就是想將足利氏的勢力拓展到上野國,並在這些上野國的武士團中確立自己的上位優勢。

　　在《覺一本平家物語》的記載中,從屬源賴政的反叛軍之中有一員名為下河邊清親的武士同樣來自關東,是以下總國下河邊莊為據點的下河邊氏一族出身,他在源賴政自殺之後,將源賴政的首級藏在御堂的床下。而在記載「永享之亂」的《永享記》裡,又記載了源賴政的郎黨下河

第四節　以仁王起兵的意義

邊行吉將源賴政的首級送往關東下河邊莊，最終在古河建立了賴政神社的逸話，由此可以得出，下河邊氏與源賴政之間有很深的關係。按照現在的推測，二者的關係主要有兩點：其一，下河邊莊也是八條院領下的莊園，因此才會在以仁王舉兵時隨同以仁王作戰；其二，源賴政的父親源仲政曾經擔任過下總守，雙方可能因為這層原因曾締結過主從關係。在《吾妻鏡》之中，同樣也有下河邊一族的武士下河邊行平將以仁王舉兵的計畫告知源賴朝的記載，這則是因為他們同屬反平家陣營的緣故。

除了下河邊氏，在《源平盛衰記》的記載中，源賴政的知行國伊豆國的武士工藤四郎、工藤五郎也都在這次舉兵中加入了源賴政的軍隊。與以仁王一起被平家討取的僧人律上房日胤，則推測是上總國之中，有力的武士團——千葉氏一族出身。

因此，以仁王的舉兵雖然看似只有反叛軍與平家軍這樣簡單的構成，實際上卻可以從小觀大，看出許多隱藏在其中的矛盾。關東武士的參與，使得這次叛亂在日後演變成為全國規模的大戰亂，而像類似足利忠綱這樣從屬平家的關東武士，在之後也都被於關東稱雄的源賴朝一一討伐。

第三章　源氏舉兵之卷

第五節　遷都福原

　　以仁王敗死之後的五月二十七日，朝廷召開了如何處分此次支持以仁王舉兵的園城寺、興福寺的會議。此時，園城寺因為大力支持以仁王舉兵並參與了合戰，損失了非常多的僧兵，其麾下的僧兵武裝力量已經不足以與平家抗衡。因此，這場朝議的主要矛頭對準的其實是元氣尚在的南都興福寺。

　　會議上，公卿們就是否出兵興福寺展開了激烈的討論，公卿藤原隆季提出：「興福寺支持以仁王謀反，應該派出大軍討伐他們。」

　　九條兼實則提出反對意見說：「莽撞地派出軍隊攻打興福寺是不可取的。」

　　這次會議討論得十分激烈，大部分藤原氏出身的公卿，對討伐自己家廟興福寺都抱著強烈的牴觸情緒。而以藤原隆季為首，主張以強硬手段對付興福寺的少數公卿，實際上都是事前受了平宗盛的指使。

　　平宗盛此時雖然已經獲得了公卿的地位，但是武士出身的平家卻仍然沒有參加這種朝議的機會，對此平宗盛只得將自己的意見與立場轉達給親近平家的公卿，讓他們在朝議上提出與興福寺決裂並派出大軍討伐的建議。然而會議的最終結果卻是，沒必要這麼魯莽地攻打興福寺，需要從長計議。

　　另外一方面，平清盛的想法與兒子平宗盛的不同，他既不想與興福寺這麼快就撕破臉皮，又擔心如果不處分這些寺社，將會持續遭到他們的威脅，因此便想著將後白河法皇、高倉上皇、安德天皇全都帶往福原，以躲避興福寺對平家的威脅。在以仁王與源賴政舉兵之時，平安京就盛傳平家準備將上皇與天皇遷移到福原的謠言，現在看起來可能並非是空穴來風。

第五節　遷都福原

　　此時的平清盛早已將平家日常的政事交給平宗盛管理，但是在遇上這種重要的大事時刻，依然還是由他親自做決定。他絲毫不顧及平宗盛想將平安京作為平家據點的打算，反而在六月一日做出了兩日後帶著後白河法皇、高倉上皇、安德天皇行幸福原的決定。

　　次日，平清盛又突然將啟程的日期提前了一天，當日便帶著天皇們出發前往福原，這件事被後世稱為「福原遷都」事件。不過，實際上朝廷並沒有下詔遷都，皇族們諸如後白河法皇被帶往平教盛的宅邸；高倉上皇前往平賴盛的宅邸；安德天皇則到了平清盛的宅邸裡居住。

　　可以看出，所謂「福原遷都」不過是將天皇一族送往平家在福原宅邸而已，其目的是為了更好地控制住皇族。與皇族相比，朝廷的一些行政機關以及公卿們的住所，都沒有在福原確定下來。遷都畢竟是一項能動搖國本的大事，雖然平清盛的確想躲開雄踞平安京多年的舊勢力並營造新都城，但是新的都城並不在福原當地，而是在福原附近一個叫和田的地方。平清盛將皇族遷到此地，是仿效當年桓武天皇遷都平安京的先例。

　　將天皇一家子遷往福原以後，平家開始對在以仁王謀反時持支持態度的寺社進行追責行動。六月十八日，在位於福原的高倉上皇御所中召開了評定，隨後作出如下決定：園城寺的僧侶被禁止參加今後朝廷舉辦的法會，罷免二十七名園城寺僧人的僧籍，並沒收部分寺社領地作為處罰。不過，上文說過園城寺在以仁王舉兵過程中元氣大傷，現今無力與平家抗衡，因此此時真正對平家能夠構成威脅的，是南都興福寺與北嶺延曆寺。

　　北嶺延曆寺先前已被平家以大量的金錢財物收買，而南都興福寺的別當玄緣與平家的關係還算不錯，因此興福寺內部出現了選擇與平家和平共處的呼聲，雙方也藉此機會緩和了之前的緊張關係。然而，興福寺大部分僧侶對平家的反感卻不是這麼容易就消散的，在這一年的年末，興福寺再度發起了反抗平家的運動，這個部分下文再表。

第三章　源氏舉兵之卷

第六節　東國的源賴朝

　　前文所述，在以仁王的舉兵過程中有許多東國武士參與，展現了當時的勢力分布以及地方的矛盾，許多東國的武士都遭到了追究清算。不過，讓以仁王、源賴政以及平清盛都沒有想到的是，這次以仁王的舉兵竟然引發了後續聯動事件，進而敲響平家的喪鐘。

　　以仁王起兵之後，東國的武士大多收到了以仁王的令旨，並且舉起反抗平家的大旗。此時，平治之亂以後被平家流放於伊豆國的源義朝之子源賴朝，正居住於伊豆國韮山附近的北條館中。按《吾妻鏡》的記載，治承四年（西元1180年）四月末，源賴朝收到了以仁王的令旨，當時源賴朝特意身著正裝，朝著石清水八幡宮的方向遙拜行禮之後，才打開令旨閱讀。

　　自從被流放伊豆國之後，平清盛命令當地的武士北條時政、伊東祐親看管源賴朝。可是沒想到源賴朝長得俊俏，竟然在居住於伊東祐親宅邸期間，與伊東祐親的女兒私通，還生下了一個命名為千鶴的兒子。伊東祐親得知以後驚慌不已，擔心會引起平家的不滿，便將這個外孫丟進河裡淹死，連夜將女兒嫁出，同時派出武士追殺源賴朝。

　　幸好伊東祐親的兒子伊東祐清與源賴朝交情不錯，得知此事後通知了源賴朝，源賴朝這才逃到了北條時政家裡躲藏。令人佩服的是，源賴朝的小白臉不是蓋的，居住在北條家期間，源賴朝又與北條時政的女兒北條政子私通，定下了終身。

　　北條時政與伊東祐親不同，他佯裝不知此事，將女兒許配給平家在伊豆國的代官山木兼隆。結果在許配的當晚，北條政子逃出了北條家與源賴朝私奔，北條時政表示自己對此並不知情。

　　此時的源賴朝雖然是個被流放的囚徒，還受到平家麾下的武士監

管,但是在《曾我物語》、《源平盛衰記》等書中卻有源賴朝與伊豆國韮山附近的在地武士一起狩獵的紀錄。因為源賴朝身分的關係,所以在地武士沒有人敢送禮給源賴朝、進行私下的往來,源賴朝也經常為了讓平家安心,靜坐向佛祖祈禱。但是從他與在地武士一同狩獵的情況來看,源賴朝在伊豆國在廳官人北條氏的庇護之下,還是擁有一定程度的自由的。並且從源賴朝與以伊豆國為中心的南關東在地武士關係交情都還不錯的情況來看,源賴朝河內源氏嫡系的身分還是非常受到關東豪族的認可。正是因為因此,身為囚徒的源賴朝在伊豆國期間,逐漸凝聚了一股屬於自己的勢力,這些人日後大多成為由源賴朝所建立鎌倉幕府裡的有力御家人。

在這群親近源賴朝的武士中,首當其衝的便是北條時政。北條時政與平家一樣出自桓武平氏,不過在桓武平氏北條流的系圖中,北條時政父祖輩的事蹟大多不詳,只知道此人乃是「平忠常之亂」時,與河內源氏的源賴信結成姻親關係的平直方的後代。大概是因為這層世交的關係,北條時政才會特別親近源賴朝這個河內源氏嫡系。

北條氏的根據地北條莊位於伊豆國的田方郡,「北條莊」中的「條」,指的是日本古代到中世紀期間郡、鄉的一個土地區劃管理制度「條里制」中的「條」。條里制大致就是將土地劃分成一個個大的正方形,又在大正方形裡劃出許多小正方形,這些小正方形裡橫列的單位即是「條」,縱列即是「里」,是一種非常細微的土地規劃制度。從北條氏的領地來看,與後來的同僚三浦氏、千葉氏這些支配領地達到郡或者郡以上領地規模的關東武士團相比,北條氏在關東的勢力並不算強。

另外,在北條氏的系圖中,北條時政的通稱是「北條四郎」,而他的叔叔北條時兼以及北條時兼之子北條時定的通稱則是「北條介」。北條介應當指的是北條莊的職役,這說明北條時政並不是北條氏的嫡系,而

第三章　源氏舉兵之卷

只是一支旁族血脈而已。後來北條時政透過與成為清和源氏嫡系的源賴朝聯姻，變成武家棟梁幕府將軍的外戚，又在源賴朝死後獲得了將軍後見人的地位，北條時政這一脈才算是在北條氏一族中獲得絕對的地位優勢，奪走了嫡系的位置。

除了北條時政以外，伊豆國的其他武士，還有受命討伐在保元之亂以後被流放到伊豆國大島的源為朝的在廳官人工藤茂光；原本是伊勢國的國人，因為殺害了平家的家臣之後逃往伊豆國依附工藤氏的加藤景員、加藤景兼父子；工藤氏的同族、居住在田方郡天野鄉的天野遠景；同樣是工藤氏出身，居住在宇佐美莊的宇佐美助茂等等。

相模國親近源賴朝的武士則有在廳官人中村宗平的兒子、以足下郡土肥莊為根據地的土肥實平；三浦義繼之子、以大住郡岡崎鄉為根據地的岡崎義實等等。

武藏國的部分，有藤原北家出身以「藤九郎」為通稱的安達盛長；在武藏國比企鄉居住的安達盛長的岳家，從源賴朝被流放前就開始服侍他的源賴朝乳母比企尼，以及比企尼的養子比企能員；安達氏的同族、在源賴朝被流放期間結成主從關係，並以武藏國足立郡作為根據地的足立遠元等等。

以上的武士，大致就是源賴朝在關東流放期間聚集在他身邊的人，要說源賴朝一介囚徒之所以這麼有號召力，除了與他本身是河內源氏嫡系出身有關以外，還與他的父親源義朝早年在關東闖蕩有著極大的關係，可以說這是平治之亂以後，源義朝留給源賴朝唯一並且非常有用的遺產。

除了在地武士以外，在朝廷裡源賴朝也擁有十分強力的支持者。源賴朝的親信足立遠元的女婿是後白河法皇的近臣藤原光能，在《平家物語》中，藤原光能便是在遷都福原以後，向源賴朝發去舉兵打倒平家，後白河法皇院宣的使者。因此，儘管源賴朝被流放到了遠離平安京的伊

豆國，但是身為清和源氏嫡系的身分仍然在後白河法皇的院廳裡有著一定的政治影響力，治承四年（西元 1180 年）時的源賴朝，其實並不是孤家寡人一個。

不過，畢竟礙於源賴朝的身分限制，與當時平家在關東的武士團相比，源賴朝身邊的武士團仍然是一股很小的勢力。所以，在收到以仁王命令起兵的令旨之時，源賴朝並沒有馬上著手準備起兵的計畫，畢竟不做準備就倉促起兵，只怕參戰的武士還沒到達伊豆，自己就要被平家的支持者斬首示眾了。

在源賴朝舉兵之前，是由攝津國渡邊黨一族出身的武士、出家後在熊野修行的僧侶文覺法師，催促源賴朝起兵反抗平家。文覺法師因罪被流放伊豆國，在《平家物語》卷五第十節〈福原院宣〉中，文覺法師試圖用父子情勸說源賴朝舉兵，他將源義朝頭顱的骷體拿出來，對源賴朝說：「這是你父親的頭顱，平治之亂以後被埋在監獄前的地下，沒有人祭奠，我覺得可憐就請求官人讓我將頭顱帶出來，為你父親祈求冥福。」

然而在《平家物語》中，文覺法師勸說源賴朝起兵是在源賴朝得到起兵命令以前，因此這段故事基本上可以確定也是《平家物語》編造出來的。實際上，文覺法師與源賴朝的關係可以再深入一層探究，從身分來看，出家之前的文覺法師乃是服侍上西門院的武士，與同樣侍奉上西門院的藏人源賴朝是同事關係。因此，文覺法師與源賴朝很有可能早就認識，會面只是為了試探源賴朝的意願。

同樣在《平家物語》中，源賴朝在聽了文覺法師的話之後想：「這人說著（叫我起兵）這樣荒唐的話，今後不知道還會惹出什麼麻煩……」與《平家物語》的記載相同，實際上源賴朝在收到以仁王的令旨後，並沒有實質上的舉兵傾向，反而不斷地在猶豫躊躇，甚至直到最後舉起反抗平家的大旗時，他都不是自願起兵的。

第三章　源氏舉兵之卷

第七節　源賴朝起兵

　　在源賴朝還在猶豫是否舉兵的時候，六月十九日，從京都的公卿三善康信那邊傳來了一個緊急的消息：三善康信的弟弟被派到了東國，祕密會見源賴朝，並通報了以仁王已經敗死的消息，同時還勸說源賴朝最好前往奧州躲避平氏的追捕。

　　三善康信的母親是源賴朝乳母的妹妹，因為這層關係，他和源賴朝一直都保持著聯繫，時不時將平安京發生的事情通報給在伊豆的源賴朝。

　　不過，這件事有些奇怪，在這個時間點上，源賴朝並沒有舉兵的跡象，平家不可能無端地在這種敏感時期無腦地攻擊源賴朝，四處引戰。實際上，平清盛下令調集大軍討伐的東國勢力並不是源賴朝，而是同樣身在伊豆國的源賴政之孫源有綱。

　　三善康信有些過於敏感，將平家派出的大軍視為是討伐整個清和源氏的舉動，所以向源賴朝傳達了錯誤的資訊。不過，客觀地來說，在平家與源氏敵對的戰爭中，像源賴朝這樣一個清和源氏出身的河內源氏嫡系想作壁上觀，基本上不大可能。即便此次平家的討伐對象不是源賴朝，未來在平家清除了以仁王舉兵時的勢力後，是否會對源賴朝進行清算也不一定。

　　令平家沒想到的是，發出征討令之後，源有綱立即就打包好行李離開了關東，逃往奧州躲藏。此時的奧州由前文提過的藤原氏統治，從「後三年之役」以後藤原氏便在奧州盤踞，是日本國內暫時還沒有被平家勢力滲透的地方之一。

　　收到錯誤資訊的源賴朝心中升起了滿滿的危機感，他當即決定舉兵打倒平家。六月二十四日，源賴朝命令親信安達盛長、中原光家等人，

向河內源氏在東國的舊日家臣發出請求參戰的命令。源賴朝一介囚徒，此時自源賴朝的先祖源義家、到他的父親源義朝等一脈相承迄今，與關東武士結成的主從關係成為了源賴朝舉兵的唯一依靠。

六月二十七日，源賴朝向結束了在平安京完成內裡大番役奉公工作後返回關東的三浦義澄、千葉胤賴兩人下達了請求參戰的命令。二十九日，平清盛的小舅子平時忠出任代替叛亂的源賴政，成為伊豆國的知行國主，平時忠的猶子平時兼出任伊豆守。不僅如此，平家的家臣山木兼隆成為了平家在伊豆國的代官，同時獲得了伊豆國的在地武士勢力的領導權。

伊豆國成為平家的直轄國以後，平家在此地的勢力快速成長，源賴朝舉兵的步伐便不得不加快了。但是，在源賴朝決定舉兵後，卻發生了許多意外。七月十日，安達盛長向源賴朝報告了相模國的波多野義通等武士拒絕響應起兵命令的消息。八月二日，平清盛深感東國局勢的危急，雖然京畿的狀況還不穩定，但是他仍然下令讓有力家臣大庭景親放棄在京都的工作，率領在京的東國武士立即返回關東，並委任他統率相模國的武士，兵鋒直指在伊豆國的源有綱。

在《吾妻鏡》的記載中，尾張國出身的武士長田入道（身分不明，推測是長田忠致一族），將北條時政與源賴朝可能在密謀舉兵的消息告訴了大庭景親，而大庭景親則向平清盛通報了此事。可以看出，此番大庭景親東下的討伐目標雖然不是源賴朝，但是出兵關東的目的還是包括了監視以源賴朝為首的東國源氏武士。

源賴朝舉兵的首要目標，是平家在伊豆國的代官山木兼隆。這其實並不一定是源賴朝的意思，而是庇護源賴朝多年，並在源賴朝舉兵時大力支持的北條時政所想要攻擊的目標。

在平家鼎盛時期，關東的有力武士大多數都是平家的家臣郎黨，但

第三章　源氏舉兵之卷

是這些在關東的武士們藉著平家的顯赫，在關東作威作福，不斷侵占鄰近的莊園，擴大自己的在地勢力。而在平家統治的大背景下，曾經與源氏結過主從關係或者有著姻親關係的武士，就成為了這些平家郎黨的攻擊對象，雙方的梁子因此結下。

對平家政權徹底失望的這群東國武士，期盼著有一天能夠出現一個新的領袖，來代替平家的統治，整合關東諸多大大小小的武士團，而源賴朝便是親源氏武士們眼中的救世者。北條時政雖然是伊豆國田方郡的在廳官人，但是因為祖上與源氏有過往來，他與代官山木兼隆的關係，便是上述的兩股對立勢力。不過，由於山木兼隆在伊豆的時間不久，再加上兩家曾差點締結姻親來看，與北條氏有矛盾的可能不是山木兼隆本人，而是山木兼隆背後平家的在地勢力，山木兼隆不過是平家勢力的代表者而已。

正是因此，北條時政便想藉著源賴朝起兵的機會，趁機打倒與北條氏對抗的在地勢力。這場合戰與後來源賴朝統一關東時的許多場合戰相同，都與平氏、源氏的血緣出身沒有關係，只是簡單的利益衝突而已。

八月四日，為了做好即將攻打山木兼隆所居住的山木館的準備，藤原邦通獻給源賴朝自己繪製的山木館布局圖。藤原邦通原本住在平安京，從小就接受良好的教育，擅長文學、藝能等關東武士不常具備的的特長。所以他在來到伊豆國以後，受到當地武士的歡迎，在經過安達盛長的舉薦後，又出仕了源賴朝政權。山木兼隆也十分喜歡多才多藝的藤原邦通，兩人交情不算淺，山木兼隆每次舉辦酒宴都會邀請這位文化人前來，藤原邦通藉著酒宴的機會觀察山木館的構造，畫出了結構圖。

八月六日，源賴朝召來藤原邦通占卜起兵的日期，占卜的結果是八月十七日是源賴朝舉兵的吉日。不過，雖然後世的相關紀錄都將舉兵日期歸功於占卜，表示是上天的支持。實際上卻並非如此，所謂占卜，不

過只是欺騙其他參與舉兵武士所施行的一個障眼法。

八月十七日的夜晚是三島神社祭禮的舉辦時間，山木兼隆必定會派出許多武士前往神社守備，這也是山木館守備最為薄弱的時候。而十八日則是源賴朝照常舉辦放生會的日子，他也可以藉著舉辦放生會的名義召集家臣郎黨，掩人耳目。因此，八月十七日這個舉兵的日期並非什麼占卜的結果，而是源賴朝與親信經過深思熟慮之後決定的日子。

定下舉兵日期之後，源賴朝依次召見了工藤茂光、土肥實平、岡崎義實、宇佐美助茂、天野遠景、佐佐木盛綱、加藤景廉等武士，在沒有人的「閒所」一對一會見了他們，並將襲擊山木兼隆的計畫告訴他們。

源賴朝對這些人是否忠誠並不完全信任，一對一會見的方式可以讓這些人無法知道到底還有哪些人參與舉兵，避免出現叛徒，被一網打盡。按《吾妻鏡》的說法，舉兵前夕源賴朝的身邊能夠真正接觸到所有機密資料的親信，僅有北條時政一人，雖然《吾妻鏡》是站在北條家立場所創作的，可能有過於美化北條氏在舉兵過程中扮演的角色的嫌疑，但是按照源賴朝舉兵前的局勢來看，能詳細了解源賴朝計畫的人確實不多。

八月十二日，源賴朝向岡崎義實、岡崎義忠發去了動員令，確定了八月十七日攻擊山木兼隆館的計畫。

第八節　山木館合戰

在《吾妻鏡》治承四年（西元1180年）八月二十日的記載中，源賴朝舉兵伊始，跟隨者之中主要有如下幾人：

伊豆國的武士：北條時政、北條宗時、北條義時、北條時定、工藤茂光、工藤親光、天野遠景、天野政景、天野光家、宇佐美助茂、宇佐美政光、宇佐美實政、新田忠常、加藤景員、加藤光員、加藤景廉、堀親家、堀親政、近藤七國平、大見家秀、那古谷賴時、澤宗家。

相模國的武士：土肥實平、土屋宗遠、土屋義清、土屋忠光、岡崎義實、岡崎義忠、佐佐木定綱、佐佐木經高、佐佐木盛綱、佐佐木高綱、大庭景義、豐田景俊、中村景平、中村盛平、鮫島宗家、平佐骨為重。

武藏國的武士：安達盛長。

出身不明的武士：七郎武者宣親。

僧人：義勝房成尋。

官吏：中四郎惟重、中八惟平、新藤次俊長、小中太光家。

值得一提的是，在這些武士之中，佐佐木氏一族的佐佐木秀義在保元之亂、平治之亂均跟隨源義朝作戰。在源義朝死後，他又因為不願出仕平家而被剝奪領地，原本佐佐木秀義準備前往奧州，結果在相模國被當地涉谷莊的領主涉谷重國看中，留在此地做了個上門女婿。

八月十一日，從平安京前來關東的大庭景親在相模國召見了佐佐木秀義，此時居住在下野國宇都宮的佐佐木秀義長子佐佐木定綱正好前來相模國涉谷莊看望父親，佐佐木秀義便讓定綱立即前往伊豆國，將大庭景親已抵達相模國的消息傳給了源賴朝。

八月十三日，佐佐木定綱從源賴朝處返回相模國，準備帶著弟弟們

一同參戰，同時他還帶著源賴朝請求澀谷重國參戰的書信，然而澀谷重國認為此次舉兵凶多吉少，拒絕參戰，佐佐木定綱只得帶著弟弟們前往伊豆國。此時恰好遇上大雨，奉命參戰的佐佐木一族遲遲沒有抵達源賴朝處，嚇得源賴朝以為他們被長期服侍平家的澀谷重國出賣。幸好八月十七日，佐佐木定綱終於帶著弟弟們前來，這讓源賴朝吃下了一顆定心丸。

佐佐木一族在平家的統治下沒有領地，只能過著寄人籬下的生活，當源賴朝看到佐佐木兄弟時，不禁傷心得淚流滿面：昔日家臣佐佐木定綱與佐佐木經高騎著贏弱的馬匹，佐佐木盛綱與佐佐木高綱則因為貧窮而買不起馬匹，只能步行跟隨。佐佐木兄弟的忠義與武勇在《吾妻鏡》中被大肆宣揚，而佐佐木一族的武勇後來也被他們的子孫所傳承，日後成為日本赫赫有名的武士家族之一，在日本戰國時代的大名尼子氏、京極氏、六角氏等，都是佐佐木一族出身。

在佐佐木一族參戰以後，源賴朝開始部署起兵計畫。八月十七日夜晚，接近次日零時之際，源賴朝命令北條時政與其子北條宗時、北條義時以及佐佐木定綱、佐佐木經高、佐佐木高綱等共四十人，朝著離北條館約兩公里左右的山木館進軍，佐佐木盛綱與加藤景廉等則據守北條館，作為後備。

從北條館前往山木館有兩條路可走，一條是牛鍬大路，另一條是蛭島小路。北條時政認為此時正值三島神社祭典，牛鍬大路人來人往，這麼多戎裝武士進軍容易引人注目，走漏風聲。而且要是軍隊走牛鍬大路的話，出了北條館還得往北走遠路，浪費時間不說，還容易失了先機，便提議走蛭島小路。

源賴朝則以為，這次攻打山木館是舉兵打倒平家、迎接源氏之世到來的草創之戰，應當走大路才夠威風。況且蛭島小路多沼澤，不利於騎馬，雖然路程離得近，但是實際上進軍速度可能還不如走大路，因此最

第三章　源氏舉兵之卷

終決定由牛鍬大路進軍。

進軍前，源賴朝與北條時政約定若是首戰得勝，便燃起狼煙為號，若是首戰失利，便派出使者通知源賴朝自裁。

北條時政離開北條館後，派出了佐佐木一族進攻位於山木館北邊的山木兼隆麾下猛將堤信遠的居館，防止堤信遠前來支援山木館。偏軍抵達堤信遠居館後，由佐佐木經高首發一箭，隨後佐佐木一族才與堤信遠交戰。合戰中，佐佐木經高身中流矢，幸虧兄弟佐佐木定綱、佐佐木高綱前來助戰，斬殺了堤信遠，救出了佐佐木經高。

而攻打堤信遠居館時佐佐木經高射出的這一箭，被《吾妻鏡》稱為是「源平之戰的第一箭」。

攻打山木兼隆館的，則是北條時政率領的軍隊，此時山木兼隆的郎黨大多數都因為三島神社的祭典而前往神社護衛，祭典結束後又留宿於黃瀨川召開酒宴，沒有返回，因此山木館的守備十分空虛。儘管如此，防守方山木兼隆的抵抗激烈程度卻大大超出了源賴朝與北條時政的預料，一時之間北條時政陷入了苦戰。

在北條館等候捷報的源賴朝心急如焚，時不時派人爬上北條館邊上的樹上檢視山木館的方向有沒有燃起狼煙。最後，源賴朝實在是等不住了，便將自己的長刀交給在北條館留守的佐佐木盛綱、加藤景廉、堀親家等人，命令他們徒步前往山木館增援。在北條館的援軍到來之後，擊敗了堤信遠的佐佐木一族也趕到了山木館參戰，這才扭轉了戰局。最終，受命前來增援的加藤景廉在交戰中斬殺了精疲力盡的山木兼隆，當眾人帶著山木兼隆的首級返回北條館時，太陽早已高高升起了。

山木館之戰雖然是源賴朝起兵的初戰，但是大多數史料卻只對源賴朝以及源賴朝一方的北條、佐佐木等武士有詳細記載，而山木兼隆被史書一筆帶過不說，連在此戰中戰死的詳細名單都沒有。只有在《源平盛

衰記》中可以看到河內國石川郡出身的一個名叫關屋八郎的武士。

話說加藤景廉在進攻山木館時，擅長射箭的關屋八郎朝著敵軍大喊：「誰是敵將，我還剩下一支箭，要不要來試試？」

這時，加藤景廉對著手下家臣洲崎三郎說：「我要是衝在前頭，必定會死，但是顧及到賴朝公還需要我，我不能就這樣白白送死，你能不能替我一死？」

洲崎三郎也是個爺們，直接自稱是加藤景廉就往前衝，果然胸口中了關屋八郎一箭戰死，加藤景廉緊隨其後，殺入館中斬殺了關屋八郎，隨後又殺進山木兼隆的臥室，山木兼隆在臥室等待敵人的進攻，加藤景廉故意將用刀尖挑著鎧甲伸進臥室，山木兼隆一著急就揮刀砍去，結果卡在鎧甲上，趁著這個機會，加藤景廉用另一隻手突然舉起長矛，刺殺了山木兼隆。

山木兼隆曾經自稱和泉判官，這大概是由於他曾經擔任過和泉守——平信兼（他的父親）的代官的原因，而河內國與和泉國相鄰，因此關屋八郎可能是平信兼的家臣也說不定。

話說回來，山木兼隆這個人其實也滿可憐的，在山木館合戰的前一年，因為和父親平信兼不和，於是被趕到了伊豆國。和被流放的源賴朝比起來，山木兼隆的命運也好不到哪裡去，剛到地方上好不容易娶了個老婆，結果老婆就跟著源賴朝跑了。等到治承四年（西元 1180 年）六月伊豆國易主後，山木兼隆終於混了個鄉下小國的代官，感覺即將翻身有望的時候，沒想到不到兩個月左右，山木兼隆就被源賴朝突然起兵幹掉了。並且，源賴朝針對山木兼隆的原因，可能只是因為支持山木兼隆的在地勢力與北條氏有仇而已。

在山木館合戰這件事情上，源賴朝的作風頗有日本版西門慶的味道。不過，既然有西門慶，當然不會少了武都頭的存在，很快的，「日本版武都頭」大庭景親就要來找源賴朝報仇了。

第三章　源氏舉兵之卷

第九節　石橋山慘敗

　　成功消滅山木兼隆的源賴朝，算是打響了打倒平家的第一槍，不過此時他的軍隊還是不足以與平家抗衡。攻打山木館之所以成功，很大的原因是山木館的守備力量不足，若是平家調集大軍前來討伐，源賴朝也只有被殺頭的命。

　　「不能夠坐以待斃。」此時的源賴朝就是這麼想的，他讓藤原邦通與北條政子等人先逃往箱根山避風頭，自己則率領軍隊朝著相模國前進。

　　八月二十日，源賴朝抵達相模國土肥，此時源賴朝的軍隊如上文所述，聚集了伊豆國、相模國、武藏國，甚至部分駿河國的武士，這些人日後大多數都成為源賴朝政權的中流砥柱。

　　源賴朝的計畫，便是爭取讓相模國三浦半島的有力武士團三浦氏能夠加入己方的陣營，這樣他便可以率軍攻入鎌倉，奪下這個對河內源氏頗有意義的據點，作為自己在關東的軍事據點。

　　然而，三浦氏卻讓源賴朝的希望落空，遲遲沒有前來參戰，這導致源賴朝的勢力在攻入相模國時非常脆弱。此時在相模國的所有武士團中，除了此番接到源賴朝參戰命令的三浦義澄以外，還有平家的得力家臣大庭景親。源賴朝舉兵的消息已經傳遍各國，大庭景親身為平清盛安插在關東的棋子，自然隨時都有可能率軍前來討伐源賴朝，為山木兼隆報仇。

　　那麼，在這個時候，源賴朝所期待的三浦氏又在做什麼呢？

　　三浦氏從後三年之役中跟隨源義家作戰開始，就與清和源氏結成了主從關係，也正是因此，源賴朝才會在起兵前向三浦義澄發出請求參戰的命令。不過，伊豆國與相模國雖然相鄰，但是三浦氏的領地位於相模國東部的三浦半島，而伊豆國卻在相模國的西部，雙方還是隔著一定的距離。

第九節　石橋山慘敗

　　八月二十二日，三浦義澄與姪子和田義盛從三浦半島出發，在二十三日抵達丸子河，在此地燒毀了許多大庭景親郎黨的屋子。但是正如前文所述，相模國突然下起了大雨，前文中的佐佐木兄弟因此遲到，三浦義澄也沒有例外。被大雨耽誤行程的三浦義澄無法及時與源賴朝會師，只得率軍返回三浦半島。

　　此時三浦義澄的軍事行動已經被大庭景親發現，大庭景親看著後方升起的滾滾狼煙，便斷定是三浦義澄所為，遂決定抓緊時機，先將孤立無援的源賴朝解決，再回頭攻打三浦義澄。

　　三浦義澄沒想到，自己的聲援反倒坑了源賴朝，源賴朝被伊豆國的伊東祐親與相模國的大庭景親前後夾擊，被困在石橋山，進退兩難，不得不在援軍到來之前與敵軍決戰。

　　伊東祐親與北條時政同樣是伊豆國的在廳官人，他在京都執行內裡大番所的奉公之時，女兒卻在伊豆國與囚徒源賴朝生下了小孩，他的經歷幾乎與北條時政一模一樣。可是伊東祐親對自己的定位卻是平家的家臣，他堅定不移地追隨著平家，立即下令殺死源賴朝和女兒的私生子，在將女兒嫁給他人後，派兵追殺源賴朝。

　　若不是伊東祐親的兒子伊東祐清與源賴朝的乳母比企尼關係不錯，將父親要追殺源賴朝的消息通報源賴朝的話，當時沒有外援的源賴朝基本上可以說是在劫難逃了。此次源賴朝舉兵，伊東祐親也率領著族人郎黨前來討伐，沒有趕上山木館合戰的他尾隨源賴朝殺進了相模國，與大庭景親配合，形成對源賴朝的夾擊之勢。

　　受困的源賴朝手下軍隊不足三百騎，而大庭景親則有三千騎武士，伊東祐親也有三百騎左右的武士。大庭景親的軍隊，主要由相模國的俣野景久、河村義秀、糟屋盛久、海老名季貞、山內首藤經俊、毛利景行等武士構成主力，其他的則由武藏國的熊谷直實、甲斐國的平井冠者等

第三章　源氏舉兵之卷

他國來援的武士組成。雙方軍隊人數差距巨大，在石橋山之戰開始前，勝利的天秤就已經不再向源賴朝傾斜了。

　　源賴朝在極為不利的情況下硬著頭皮迎戰，源氏軍隊在此役中作戰之艱難，於《延慶本平家物語》中可窺得一二，書中詳細地記載了源賴朝軍中的武士岡崎義忠在作戰時發生的悲壯故事。

　　岡崎義忠出自三浦氏，其他史料也記載為真田義忠、佐那田與一等名。在源賴朝起兵時，岡崎義忠與父親岡崎義實均前來參戰，支援源賴朝。

　　石橋山合戰時，在大庭景親率領的軍隊將源賴朝包圍之際，源賴朝向手下將士詢問道：「大庭景親的軍隊皆是東國的精銳，前鋒乃是俁野景久，我軍可有人敢與之一戰？」

　　源賴朝話音剛落，岡崎義實便向源賴朝報告說：「小兒義忠可以與之一戰。」

　　隨後，源賴朝便命令岡崎義忠擔任源氏軍隊的前鋒。

　　當俁野景久率軍殺來之時，岡崎義忠率軍迎戰，在與俁野景久交戰不久後，兩人都跌落馬下，撕打在一起。岡崎義忠將俁野景久死死按在身下，拔刀準備殺死他時，俁野景久的家臣長尾為宗趕來救主。此時天色昏暗，大雨不止，前來救援的家臣無法分辨哪個黑影才是自己的主公，猶豫不前。

　　混亂之中，岡崎義忠大聲喊道：「在下邊的是義忠！」

　　被摁在岡崎義忠身下的俁野景久聽了連忙大叫道：「別搞錯了，下邊的是景久，上邊的才是義忠。」

　　雖然眼睛看不清人，但是主君的聲音還是清晰可辨的。眼見無法蒙混過關，岡崎義忠心一橫，一腳踢開了長尾為宗，拔刀便刺向了俁野景

久。可惜的是人有錯手，岡崎義忠的短刀並沒有出鞘，連著刀鞘捅在俣野景久的鎧甲上，沒有造成傷害。趁著這個機會，長尾為宗一族的長尾定景衝上前來，殺死了岡崎義忠。

岡崎義忠之死被當時參戰的許多武士看到，以至於後來源賴朝一直對舉兵之初就戰死的岡崎義忠念念不忘。建久元年（西元1190年）正月時，已經統御天下的源賴朝在參拜完三島、箱根、伊豆等諸神社後，於返回鎌倉的途中，特意經過石橋山岡崎義忠的墓地，站在此地悼念這名忠心的武士。

值得一提的是，在《延慶本平家物語》中，石橋山合戰中還有大庭景親與北條時政鬥嘴的紀錄。在交戰前，大庭景親上前自報家名，自稱是後三年之役時跟隨源義家作戰的鎌倉權五郎景正的後裔。鎌倉權五郎景正曾在攻打出羽國金澤柵時被射傷右眼，卻依舊不下火線，奮戰不止，以此勇名遠播關東。

不過，北條時政聽了大庭景親的話之後，則回應道：「你既然是曾經跟隨源義家的鎌倉權五郎景正的子孫，又為何向源義家的後人源賴朝舉兵相向呢？」

大庭景親聽北條時政這麼說，便也答道：「我如今深受平家的恩惠，可以說比山還高，比海還深。因此雖然是舊日的主公，但卻是今日的敵人。」

這段對話雖然不容易判斷真假，但是卻說出了大多數關東武士的心聲。源義家當年參加的後三年之役並不得到當時朝廷的支持，之所以能夠取勝，全賴關東武士的支持。因為源氏父子在關東的影響力極大，關東的武士們或多或少都與河內源氏有著千絲萬縷的關係。然而，時過境遷，物是人非，在平治之亂後源氏衰弱，許多武士因為受到了當政者平家的恩澤，轉而投靠了平家。在源賴朝舉兵時，這些關東的武士都面臨

第三章　源氏舉兵之卷

著一個艱難的抉擇——是跟隨昔日的主公河內源氏，還是跟隨新的主公平家呢？

大庭景親與北條時政所做出截然不同的選擇，便是當時關東局勢的縮影。二人的選擇也直接導致了日後的不同命運，這也是在特殊的時代背景下發生在大多數武士身上的悲劇。

在《吾妻鏡》之中，記載了石橋山合戰時源賴朝作戰的姿態：源賴朝軍戰敗以後，他向追來的追兵射箭，射出的箭支百發百中。源賴朝在起兵征戰的過程中，一直都是以坐鎮後方運籌帷幄的形象示人，因此《吾妻鏡》對石橋山合戰的記載，是非常難得一見記錄下源賴朝參戰武姿的史料。

雖然源氏的軍隊抱著必死的決心作戰，但是仍然寡不敵眾戰敗了。戰敗後，源賴朝帶著隨身的幾騎武士逃入山中，形勢就如同風中殘燭一般慘淡。

幸好上天還是眷顧源賴朝的，敗逃的源賴朝遇上了一件簡直可以稱為奇蹟的經歷。當時源賴朝與土肥實平藏匿在山中一棵大樹的樹洞裡時，被前來搜查的大庭景親的親戚梶原景時發現了。源賴朝原本以為自己死定了，但是梶原景時卻只是與源賴朝對視了一眼，隨後便裝作什麼也沒看到一樣走了，還將後來追兵引往他處。

梶原景時乃是桓武平氏出身的鎌倉景清之子，以相模國鎌倉郡梶原鄉作為自己的根據地，是大庭景親的同族。至於梶原景時為何要在源賴朝落難時救他一命，暫時還沒有明確的答案，不過要是大膽推測的話，大概因為梶原景時自身也有野心，不滿大庭景親獲得平清盛的寵信而成為相模國第一的武士團，想要投入與平家敵對的源賴朝麾下。

不過，從另一方面來說，原因也有可能是梶原景時本身就是親近源氏的武士。大庭景親的軍隊雖然人數眾多，但是如上文所述，這些軍隊

均由東國武士組成,而東國的大多數武士都對河內源氏抱有好感,並不想對源義家的後裔源賴朝趕盡殺絕。考慮到這一層關係,源賴朝在石橋山合戰之後還能夠逃出生天,也並不奇怪。

除了「人和」原因外,源賴朝還占有一個「地利」因素——石橋山合戰的戰場位於源賴朝麾下的土肥實平與小早川遠平的領地之內。因此主場作戰的源賴朝才得以順利脫離戰場,前往箱根權現神社的別當行實的家中。

第三章　源氏舉兵之卷

第十節　相模三浦氏

　　與源賴朝相比，沒能趕上石橋山合戰的三浦氏情形也十分不樂觀。

　　相模國的大雨導致丸子河水位上漲，三浦義澄只得率軍返回三浦半島，在返途中的八月二十四日，還於鎌倉的由比浦與平家一方的武藏國武士畠山重忠展開交戰。

　　戰前，有個叫大沼三郎的武士從石橋山戰場逃來，來到三浦軍中對三浦義澄說道：「右兵衛佐殿已經戰死。」

　　眾將聽後，紛紛說道：「我軍主將戰死，現在群龍無首，前有伊藤、梶原等軍隊，後有畠山襲來，腹背受敵，與其死於無名小卒，不如自殺成仁。」

　　三浦義澄卻不以為然，他盯著大沼三郎問道：「你親眼看到右兵衛佐殿戰死了嗎？」

　　大沼三郎回道：「沒有親眼看到。」

　　三浦義澄這才鬆了口氣，對眾人說道：「傳聞不可信，有可能是敵軍故意這麼說，想藉此擊垮我軍。石橋山臨著海，又有許多溝壑，便於藏匿，與上總國、安房國相距不遠，只要有一艘小船便可渡海逃往這兩處。我要親自見到北條、土肥等將，確認右兵衛佐殿的生死，要是右兵衛佐殿真的戰死了，我就與大庭景親、畠山重忠拚了，以成就武名。」

　　眾人聽了三浦義澄的話後，便決定先返回衣笠城再做打算。

　　三浦義澄準備走海路以躲避畠山重忠軍的阻擊，弟弟和田義茂卻不同意，和田義茂說道：「畠山重忠不過是個乳臭未乾的小兒，根本不熟悉軍旅之事。他若率軍五百，我只要率軍三百就能夠與之旗鼓相當，看我率隊直接衝殺他的軍隊，搶奪一、兩匹駿馬回來。」

第十節　相模三浦氏

　　三浦義澄並不贊同弟弟的意見，他說：「我軍奔波數日，人困馬乏。畠山重忠一直是紮營休整，以逸待勞，想奪走他們的駿馬，只怕會反而失去我們自己的駿馬啊。不如悄悄走海路回去，讓波濤聲掩蓋行軍的聲音，這才是上計。」

　　和田義盛也提出了反對的看法，認為此時要是躲避畠山重忠的軍隊，日後必定會被畠山重忠恥笑。隨後，和田義盛便與和田義茂率軍攻打畠山重忠的軍營，將畠山重忠引誘至小壺坂，順利擊敗。小壺坂合戰獲勝以後，三浦軍全軍安全地返回了本城衣笠城。

　　諸軍回到根據地以後，和田義盛認為衣笠城的地形過於平坦，便於奔馳，不是個可以防守的要害，而奴田城三面險峻，一面臨海，便於防守，提議不如前往奴田城防守。

　　在眾人都感到有理時，三浦氏的老當主、三浦義澄的父親三浦義明提出了反對意見，他說道：「奴田城偏僻，不像衣笠城那麼有名。這一戰必會載入史冊，我等戰死以後，後人必定會傳頌我等的故事，死在名城內，正好可以成就我們三浦一族的武名。」

　　和田義盛反駁爺爺道：「兩座城都在我們的領地內，何必有彼此之分呢？況且守城的一方，要是能夠將戰事拖延，導致敵人疲憊，這才是上策。如今據守衣笠城，沒幾天就陷落，反而會被世人嘲笑吧，還請三思。」

　　被孫子頂嘴的三浦義明大怒道：「如今全天下都是我們的敵人，如何求生？要是我們拋棄名城，躲到一個偏僻的地方，就算能夠苟延殘喘，日後也只會被人說是怯懦，這是武士的恥辱。若留在衣笠城，他日源氏一旦復興，我們的子孫領有父祖戰死的衣笠城，這難道不是一件光榮的事嗎？況且行軍打仗，勝敗取決於計策，而不在地勢險要，你要是怕死，可以逃走，我即使獨自一人也要與衣笠城共存亡。」

第三章　源氏舉兵之卷

　　三浦義明當年已經八十九歲了，在三浦氏中德高望重，眾人不好忤逆，只得進城，城內加上守軍，也只有四百多人，幸好沒多久，三浦義明的女婿金田賴次也率領七十騎武士前來增援，稍微增強了守軍實力。

　　衣笠城雖然不如奴田城，但畢竟也是三浦氏經營很久的根據地，易守難攻。此地一面是沼澤，另一面則挖了三重溝壑，只留兩根橫梁作為道路以供通過，一次僅能單向通過二騎武士。三浦義明下令讓善射的武士多準備弓箭，不擅長射箭的則拿著長槍等候敵人攻城，一旦敵軍攻城，先讓弓箭手射箭，等敵軍跌落溝壑後，讓持著長槍的武士刺殺溝壑內的敵人。

　　三浦氏的敵人畠山重忠也是桓武平氏出身，他是武藏國的重要武士秩父黨畠山重能的兒子。此時畠山重能在平安京奉公，畠山重忠便代替父親擔任起領導一族的任務，在小壺坂合戰受挫後，為了追擊敵軍，畠山重忠在八月二十六日派出同為秩父黨的武士河越重賴、江戶重長攻打衣笠城。

　　秩父黨的戰鬥力十分強悍，儘管衣笠城的三浦軍全力抵抗，但是失去源賴朝消息的他們鬥志低下，最終戰局失利。

　　《源平盛衰記》、《吾妻鏡》中提到，衣笠城合戰時，三浦義明雖然年近九旬，卻仍然執意著甲出戰，可是畢竟他的年事已高，得靠六名武士扶著才能騎上馬。兒子三浦義澄拉著馬不讓父親出戰，三浦義明便用鞭子抽打三浦義澄，要他讓路。

　　到了守城陷落的前夜，三浦義明找來三浦一族的兒孫們，命令三浦義澄帶領年輕族人趁夜突圍出城，渡海前往房總半島以圖再舉。而他自己則以年事已高、跟隨突圍只會拖累眾人為由，下定決心留下。

　　為了保存三浦氏的火種，三浦義澄等人只好趁夜離去，次日一早，畠山重忠再度率領軍隊攻城，搖搖欲墜的衣笠城沒多久就被攻下，三浦義明也戰死城中。

第四章　鎌倉成立之卷

第四章　鎌倉成立之卷

第一節　東渡安房國

　　治承四年（西元1180年）八月二十五日，大庭景親率軍朝著源賴朝躲藏的箱根權現神社襲來，源賴朝只得放棄此地，往土肥鄉逃竄。此時北條時政也正在前往甲斐國的路上，他試圖說服甲斐源氏起兵跟隨源賴朝，不過石橋山一戰以後，源賴朝去向不明。北條時政在路上猶豫了起來，認為若是不清楚源賴朝本人的去向，是無法說服甲斐源氏起兵的，因此北條時政走到半道以後，又返回了相模國尋找源賴朝。

　　八月二十八日，在土肥實平的安排下，源賴朝在相模國的真鶴岬登上了船，渡海前往平家勢力還不算大的安房國尋找援軍。負責護送源賴朝的是土肥實平麾下的水軍，由一個叫貞恆的武士率領。在這個時間點，源賴朝的妻子北條政子也在伊豆權現神社前往秋戶鄉的路上，途中她從土肥實平的兒子土肥遠平處得知源賴朝已經安全脫逃，正在前往安房國的路上，懸著的心這才放了下來。

　　在海上航行途中，源賴朝遇上了從衣笠城逃出來的三浦氏一族武士，與他們同行。三浦氏向來以三浦半島作為自己的根據地，熟悉相模國至安房國的海域，擅長水戰，是源賴朝渡海時不可或缺的幫手。在三浦氏的幫助下，源賴朝於二十九日登上了安房國平北郡的獵島。

　　身在平安京的平清盛十分關注源賴朝的動向，不過礙於時代的局限，通訊落後的平家獲知源賴朝舉兵的消息時，時序已經到九月了。

　　許多版本的《平家物語》都記載，九月二日大庭景親派出的快馬抵達了平安京，前往六波羅府報告源賴朝的舉兵、山木館遇襲、石橋山合戰、衣笠城之戰以及源賴朝向安房國敗走等等消息。不過，在四部合戰本的《平家物語》中，派出快馬向平清盛報告源賴朝舉兵的消息則是名為「駿河國大介」的人。從《山槐記》中則可以見到，九月四日上野國的新

田義重寫信送往京都，報告了關東因為源賴朝舉兵而陷入戰亂的記載。源賴朝舉兵之事確實撼動了整個東國，各本史料中記載的不同勢力都向平安京報告源賴朝舉兵，足以見得這次事件的嚴重性。

那麼，在朝廷的公卿們眼中，此次源賴朝舉兵是否是他們所期待的、打倒平家的機會呢？在九條兼實的日記《玉葉》裡，治承四年（西元 1180 年）九月三日，得知源賴朝舉兵之後，他在日記裡寫下了這樣的語句：

「聽說，流放在伊豆國的曾經謀反的逆賊源義朝之子，近日又做出了凶惡的事情」，「意外地（源賴朝）好像占領了伊豆國、駿河國」，「（源賴朝）彷彿平將門一般」。

可以看出，以平治之亂罪魁禍首的叛賊源義朝之子形象而聞名的源賴朝，此時在關東的舉兵被九條兼實當成像當年平將門的謀反一般，被視作抱有割據東國分裂日本企圖的惡行。而《玉葉》中源賴朝占領了伊豆國、駿河國的紀錄，則有可能是當時的消息傳遞不及時以及各種謠言滿天飛所造成的誤會。駿河國與源賴朝戰敗後前往的安房國分別位於伊豆國一東一西兩個方向，當然不可能被源賴朝占領。不過這個謠言倒有可能是因為甲斐國的源氏武士從甲斐國攻入了駿河國，而這個消息與源賴朝舉兵的消息同時都傳到了平安京，使得公卿們混淆了兩件事才出現的誤會吧。

不過，在另一個公卿中山忠親的日記《山槐記》裡治承四年（西元 1180 年）九月四日的日記卻是這樣寫的：

「有傳聞，已故的源義朝之子兵衛佐賴朝，已經舉起義旗，在伊豆國擄掠了一番，造成了坂東的騷動。」

中山忠親的日記裡，將源賴朝的舉兵形容成「舉起義旗」，這與九條兼實的日記《玉葉》裡是截然相反的觀點。中山忠親原本是與平家關係親

密的公卿，但是在其日記裡卻見到了這樣的記載，可能是因為朝廷中反平家的勢力非常龐大，因此他才受到影響，在日記裡將源賴朝的起兵說成是起義也說不定。

不管公卿們的態度如何，大多數在京都裡的人還是將源賴朝的舉兵定義為「謀反」。九月五日，朝廷下達了命令平維盛、平忠度、平知度動員東海道、東山道的「武藝高強者」討伐源賴朝以及其郎黨的宣旨。此時討伐源賴朝的軍事行動，已經從平清盛命令大庭景親、伊東祐親動員平家臣從討伐與平家敵對的源賴朝的「私戰」，上升到了朝廷下旨討伐「朝敵」的「公戰」。平清盛的這招政治手段，徹底否定了源賴朝起兵的大義名分。

就在平安京裡因為源賴朝的舉兵亂成一團的時候，身在安房國的源賴朝也在考慮該如何將安房國變為自己的根據地。與伊豆國不同的是，安房國的知行國國主是公卿藤原經房，平家在此地的勢力沒有那麼龐大。

九月一日，源賴朝向安房國的武士安西景益發出了「逮捕安房國內跟隨京都方的武士」的命令。安西景益是與源賴朝交情不淺的安房國在廳武士，等於是安房國的公務員，而從石橋山合戰戰敗以後逃往安房國的源賴朝，卻直接指揮當地的在廳官員階級的武士，大概是想快速將安房國作為自己的根據地吧。

同時，這道命令也是源賴朝在試探安房國武士的舉兵意願，是否願意上交「投名狀」前來參戰。不過，源賴朝直接命令在廳武士的舉動，在朝廷的眼中的確帶有一絲謀反的嫌疑在裡面。

另外一方面，安房國的平家勢力雖然沒那麼強，卻不代表平家在此地沒有勢力。九月三日，安房國的平家家臣長狹常伴企圖襲擊源賴朝，幸好被三浦義澄察覺，最終有所防備的源賴朝將其擊退。

長狹氏是平安時代中期發起叛亂的平忠常一黨後裔,與河內源氏、三浦氏素來不和,雙方早就有交戰的先例。此次源賴朝渡海來到房總半島,三浦義澄自然對這個宿敵懷有極高的警戒心,一旦有風吹草動,就藉著源賴朝的威勢及時行動,將這個長年來與自己家族敵對的勢力一網打盡。

　　九月四日,安西景益終於帶著自己的一族以及安房國其他支持源賴朝的在廳武士前來參戰。安房國的重要武士長狹氏被初來乍到的源賴朝擊敗,使得安西景益意識到了源賴朝不凡的實力與魅力,因此才決意前來參戰。

第四章　鎌倉成立之卷

第二節　坂東平氏參戰

　　源賴朝並不滿足於僅在安房國立腳，此時占據房總半島一隅的他，早早地就向關東的武士如小山朝政、下河邊行平、豐島清光、葛西清重等人發去了請求率領軍隊前來參戰的命令。

　　小山朝政是當年討伐平將門的武士藤原秀鄉的後裔，以下野國的小山莊作為自己的根據地，世世代代都是下野國的在廳官人，他的母親寒河尼則是源賴朝的乳母。下總國的武士下河邊行平也是藤原秀鄉的後裔，其一族在前文中就已經略有介紹，與源賴政的關係非同一般，更是及時將源賴政舉兵之事報告給源賴朝的人。與源氏關係匪淺的小山朝政、下河邊行平，自然不會辜負源賴朝的期待，很快就率軍前來源賴朝處參戰。

　　而豐島清光，是以武藏國豐島郡為根據地，秩父平氏出身的武士；葛西清重則是豐島清光之子，因為以下總國葛西御廚之地作為自己根據地，因此才將苗字改為「葛西」。豐島清光與葛西清重均是前文提到的秩父黨武士，二人的領地北部是同為秩父黨的河越重賴的領地，南部則是秩父黨的江戶重長的領地。源賴朝若是想控制大小勢力林立的武藏國，就必須要解決平家的有力從屬秩父黨，而豐島清光與葛西清重恰好提供了一個打入秩父黨內部的契機，因此才一定要葛西清重前來參戰。因為源賴朝與葛西清重之間還隔著兩個巨大的在地武士勢力——上總國的上總廣常和下總國的千葉常胤，因此源賴朝特意下令讓葛西清重走海路前來安房半島。

　　源賴朝企圖占領武藏國的計畫需要從安房國北上，否則一切就都只是空談，而以房總半島作為據點的重要武士團上總廣常與千葉常胤便是擋在他身前的兩塊巨石，若是這二位站在源賴朝的敵對面，即便有武藏

國、下野國等地武士想前來參戰，恰好會被這兩個武士團隔開，無法與源賴朝合流。

不過幸運的是，上總氏、千葉氏雖然都是桓武平氏出身，但是這兩個武士團從屬清和源氏已經有一定的歷史了，與源賴朝的父親源義朝也有一定的交情。因此源賴朝在九月四日向上總廣常派去了和田義盛、向千葉常胤派去了安達盛長作為使者，希望二人能夠率軍前來參戰。畢竟平家當政這麼多年，這兩個重要的武士團為了維持自己的勢力，早已成為平家的郎黨，無法保證是否會在源賴朝舉兵時追隨源氏，這同樣也是源賴朝此時心裡最擔心的事。

九月九日，源賴朝派出的使者送回了好消息，收到源賴朝發出請求參戰命令的千葉常胤，得知清和源氏有再興的機會後，感動得痛哭流涕，向使者安達泰盛表示，只要源賴朝公前來下總國，就一定會親自率軍迎接。

九月十三日，源賴朝從安房國進入了上總國，穿過上總國以後，於十七日抵達下總國的國府。千葉常胤率領子嗣千葉胤正、千葉師長、千葉胤盛、千葉胤信、千葉胤通、千葉胤賴以及嫡孫千葉成胤等共三百餘騎武士前來迎接源賴朝。而在此之前的幾天，千葉常胤已經率領軍隊討伐了屬於平家一方的下總國代官、以下總國千田莊作為根據地的平忠盛女婿千田親政，並且成功活捉千田親政本人，掃除了當地的平家勢力。

讓源賴朝特別注意的是，千葉常胤的身邊還有一個人——源義家的孫子源賴隆。源賴隆的父親源義隆在平治之亂時參加了源義朝的軍隊，最後不幸戰死。在這之後，平治之亂被定義為謀反，源賴隆也因為父親源義隆參與謀反而遭到連坐，被流放到了下總國，受到千葉常胤的看管。

千葉常胤與源賴隆的關係，同北條時政與源賴朝的關係相似，正是

第四章　鎌倉成立之卷

如此，當舉起打倒平家的旗幟之後，千葉常胤才會將源賴隆一起帶在身邊。這個情況在源賴朝看來，心裡別有一番滋味，下總國的國眾千葉常胤很有可能會擁立源賴隆為源氏之主，將其變成與源賴朝競爭的對手。因此，源賴朝在這次會見了千葉常胤一族之後，愈加覺得自己需要樹立起河內源氏嫡系的大旗了。

同千葉常胤不同的是，上總廣常的動態卻不是很積極，許多喜歡日本神話的人對上總廣常並不陌生，他就是那個率領坂東武士討伐鳥羽法皇的妖精寵妃「玉藻前」的人。雖然，上總廣常像千葉常胤一樣答應絕對會率軍參戰，但是卻在九月十九日才姍姍來遲，於隅田川邊接受了源賴朝的接見。

《吾妻鏡》中記載，上總廣常集結了周東、周西、伊南、伊北、房南、房北的武士共兩萬餘人前來參戰。但是因為遲到的緣故，源賴朝拒絕了上總廣常的加入，甚至還表現出與上總廣常敵對的姿態。

在坂東武士中，上總廣常是一員老將，早年源賴朝的父親源義朝在上總國成長，曾被稱過「上總曹司」，而上總廣常則經常以源義朝的後見人的立場自居，自然不把源賴朝這個毛頭小子放在眼裡。上總廣常的姍姍來遲其實是一種間接向源賴朝展現自己身分地位不同的方法。

然而，源賴朝卻對自大的上總廣常厲聲喝斥，丟盡了上總廣常的面子。源賴朝對上總廣常遲到的原因心知肚明，若僅僅是為了追求壯大軍隊而將這種驕橫老將納入麾下，只怕有弊無利，將來自己只會更加難以統御諸軍。因此，源賴朝才大膽地以主公的姿態喝斥上總廣常，感受到源賴朝威嚴的上總廣常見識到了眼前這名年輕武士的手段，當即認錯並表達了歸順之意。

當然，上總廣常跟隨源賴朝的真正理由，除了與源氏的世交或者主從關係以外，還有更加現實的原因。前文提過，治承三年（西元 1179

年）平清盛在平安京發起了政變，流放了大批公卿並沒收了大量的土地，還廢止了後白河法皇的院廳。此時大量令制國的知行國主由公卿變成了平家的武士，上總國也是如此，平家重要家臣、藤原氏出身的伊藤忠清出任上總介，負責統率東國的武士，與在地武士上總廣常形成了爭奪上總國支配權的對立關係。伊藤忠清是平清盛最信賴的武將之一，上總廣常不過是一介村夫，無論如何也拚不過平家的。而在上總氏內部裡，上總廣常也無法統率全族，同族的伊北氏親近平家，長期與自己對立，這些都導致了上總廣常對平家抱有很深的怨念。因此，上總廣常結盟源賴朝的舉兵，其更多的目的只怕和三浦義澄、千葉常胤差不多，是為了打倒敵對的勢力，用一句話可以簡單地概括他們對源賴朝的看法，即「敵人的敵人就是我的朋友」。

　　從實際人數來看，《吾妻鏡》中上總廣常率領的軍隊也有些誇大，畢竟上總廣常的勢力僅僅只是一國土豪，這大概是因為《吾妻鏡》的作者為了襯托出源賴朝為人君主的器量而刻意竄改了上總廣常率領的軍隊人數。畢竟人手奇缺的源賴朝在面對上總廣常帶來的兩萬生力軍時，竟然還不抱住上總廣常的大腿，反而賞罰分明地斥責上總廣常並擺出敵對姿態，充分展現了源賴朝的人君魅力。在《延慶本平家物語》中，上總廣常率領前來結盟的軍隊人數為一萬人，足足比《吾妻鏡》中描寫的人數縮減了一半，而《源平鬥爭錄》裡撰寫的內容，上總廣常率領的軍隊只有一千餘人，兩軍人數差距不大，恐怕這才是源賴朝敢與上總廣常叫板的原因吧。

　　不過，上總廣常與千葉常胤的加入，使得源賴朝的軍隊與起兵之初的兵力捉襟見肘狀況相比，已經迅速壯大了起來，這是不爭的事實。

第三節　攻占鎌倉

　　得到房總半島大部分武士的支持以後，源賴朝便向著以小山朝政為首的常陸國、下野國、上野國的武士團等領地擴張，並希望他們也能加入自己的軍隊中。《吾妻鏡》之中所言，此時源賴朝的軍隊已經達到了五萬騎武士左右，這是一個非常誇張的數字，大概是由於當時平安京的人們聽到源賴朝已經像平將門那樣割據關東、領有數萬騎武士的傳聞之後形成的誤會，後來被《吾妻鏡》採用。

　　此時源賴朝的軍隊雖然可能沒有五萬人，但是也足以在關東稱雄一方了。源賴朝以房總半島為根據地，率軍北上朝著目的地武藏國進軍。武藏國在關東是個大國，國中武士團林立，忠於平家的武士團也非常之多，源賴朝要是想稱霸關東、進駐對河內源氏來說意義非凡的鎌倉、收服武藏國的這些武士團便是他必須要完成的任務。

　　武藏國的武士們對源賴朝抱有極強的戒心，一方面他們也在猶豫究竟是繼續支持遠在平安京六波羅府的平家，還是支持新興而起的源賴朝；另一方面，源賴朝的起兵究竟會不會影響到自己家族在關東的利益，也是他們考慮的要素之一。秩父黨中的重要武士江戶重長就是這樣的一員，《義經記》裡將他誇張地稱為「關東八國的大財主」，雖是誇張，但有句話叫「無風不起浪」，江戶重長的富庶與實力恐怕也不容小覷。

　　九月二十八日，源賴朝向江戶重長派出了請求參戰的使者，同時，他又對屬下葛西清重下達了討伐江戶重長的命令，源賴朝準備軟硬兼施，做好兩手準備。葛西清重是源賴朝安排專門負責處理武藏國武士團的人，源賴朝想利用葛西清重身為秩父黨出身的關係打入秩父黨內部，將秩父黨武士拉攏進自己的團隊之中。

　　十月一日，源賴朝在鷺沼與自石橋山合戰以來失散的弟弟阿野全成

第三節　攻占鎌倉

等人會合。次日，上總廣常、千葉常胤調集了船隻，在大井川、隅田川搭建了浮橋，源賴朝軍渡過河以後，在武藏國的隅田宿布陣。

值得一提的是，源賴朝進入武藏國的那天，一名女性帶著一個十四歲的孩子參見了源賴朝，此人既是小山朝政的母親寒河尼，她也是源賴朝的乳母，而那個十四歲的孩子則是小山朝政的弟弟。後來源賴朝為這個孩子行了元服禮，賜名宗朝，再後來宗朝又改名為朝光，成為了關東有力武士團結城氏的始祖。寒河尼這項舉動是向還未將勢力滲入北關東的源賴朝示好，小山氏的效忠對日後源賴朝控制北關東來說意義非比尋常。

自源賴朝舉兵以來，他的三個乳母——比企局、寒河尼、三善康信的姨母，都對源賴朝給予了大力的支持，並且確實為他提供了很大的幫助。三個乳母的立場，說明了在當下的時代背景中，乳母的關係其實也在政治場上發揮了重要的作用。

隨後在十月二日，葛西清重也急急忙忙帶來了一個好消息，源賴朝軟硬兼施的手法發揮了效果，秩父黨的武士團在葛西清重的遊說下，以江戶重長、河越重賴、畠山重忠為首幾個武藏國的有力武士團均表示自己會加入源賴朝的軍隊之中。秩父黨有力武士的加入，使得源賴朝得以在武藏國立足，日後順利透過秩父黨的領地占領鎌倉，葛西氏也因為這個功勞，成為日後鎌倉幕府的有力御家人之一。

然而，在之前源賴朝舉兵時，畠山重忠等人曾經攻擊過從屬於源賴朝的三浦氏，如今見源賴朝勢大前來參戰，想必源賴朝不會輕易原諒他們。不過畠山重忠卻別有一番說辭，他說昔日討伐三浦氏，是因為父叔都在平安京奉公，不得不效忠平家。畠山重忠同時還帶來了一面源氏的白旗，這面白旗是畠山氏一族的先祖跟隨源義家作戰時受賜的旗幟，向源賴朝表示自己今後會像先祖效忠源義家一樣效忠源賴朝。

第四章　鎌倉成立之卷

　　畠山重忠誠意十足，源賴朝便原諒了畠山重忠，還調解畠山氏與三浦氏的關係。這件事成為了關東的美談，大家都盛傳源賴朝的寬宏大量，認為他具有為人君之才。實際上，即便畠山重忠不放低姿態，在此時急需武藏國有力武士加入的源賴朝恐怕也不會太刁難他。

　　得到眾多武士的支持後，源賴朝便從隅田宿出發，途徑瀧野川、王子、板橋等地的官道，進入了武藏國府，隨後命令又江戶重長等人統括武藏國諸事。源賴朝這麼做的原因，是想將麾下武士團納入自己的家臣體制內，在保障既得利益的前提之下，還可以強化二者的主從關係，穩固自己的軍事基礎。在《源平鬥爭錄》裡，源賴朝還命令佐佐木定綱負責與曾經在石橋山合戰中與自己敵對、如今又前來投降的武士團進行外交，在赦免他們的罪過以後，再將其納入鎌倉的家臣體制中。

　　十月六日，源賴朝以畠山重忠作為先鋒，率軍進入了相模國。七日，源賴朝進入鎌倉，並參拜了鎌倉鶴岡八幡宮。十一日，自源賴朝在伊豆國起兵以來與源賴朝分開的北條政子也在家臣的護衛下進入了鎌倉。源賴朝入駐鎌倉之後，開始著手營造住處，準備將鎌倉打造成源氏政權的中心據點。不過源賴朝並沒有選取當初父親源義朝居住位於龜谷的舊宅，而是以舊宅太過狹窄為由，在大倉鄉建造新御所。

　　此時集結於源賴朝麾下的軍隊中，除了北條氏、三浦氏等在地豪族武士外，許多在廳官人也都加入了鎌倉勢力。這些在廳官人大多數是國衙下任命的在地領主，後來全部都漸漸地武士化了，在平安時代末期遠離朝廷的地方統治機構國司，正是靠著這些武士化的領主構築起基礎的。拉攏在廳管人的做法，也是源賴朝在短時間內就能夠取得巨大成功的原因。

　　不過，源賴朝現在依舊不能掉以輕心，雖然這時的源賴朝平安無事地進入了鎌倉，甚至在此地興建住宅，準備以此地為據點，打造一個源

第三節　攻占鎌倉

氏的軍事政權。可是，在距離鎌倉不遠的駿河國，以大庭景親為首的平家軍隊卻依然在整裝備戰，除了近在咫尺的敵軍外，平安京內的平家也在籌備向東國派出討伐軍。源賴朝的軍事政權尚在草創時期，在面對東進的平家軍隊前，必須要確保以鎌倉為中心的關東能夠牢牢掌握在自己的手中。

另外，迄今為止源賴朝依舊只是一個自稱「河內源氏嫡系」頭銜的源氏武士，除了源賴朝以外，各地的源氏武士都有舉兵動向，大家各自稱嫡系，與源賴朝形成了競爭關係。僅在關東地域，就有信太義教、新田義重等河內源氏出身的武士與源賴朝面和心不和。而在不遠的信濃國、甲斐國的源氏也舉兵，使得日本各地形成了一股又一股看似一體，實則各自獨立的源氏勢力。

第四章　鎌倉成立之卷

第四節　甲斐源氏起兵

　　甲斐國的源氏武士在地勢力一直非常強大，大多數都是源義家的弟弟源義光的後裔。只是在《平家物語》與《吾妻鏡》中，史書的注意力大多都被伊豆國的源賴朝以及信濃國的木曾義仲的奪走，所以並沒有詳細記載甲斐源氏的舉兵。

　　然而，在源平合戰初期，甲斐源氏的舉兵實則有著舉足輕重的地位，極大地影響著源賴朝與木曾義仲二人，還有企圖東進的平家。在《吾妻鏡》之中，初次記載甲斐源氏舉兵的紀錄是在這一年的九月十日，武田信義之子一條忠賴率軍攻入諏訪的伊那谷，攻下了菅冠者防守的大田切城。《吾妻鏡》中甲斐源氏的舉兵時間，是源賴朝舉兵之後的九個月，若是要說他們的舉兵是因為收到以仁王的令旨，那時間也拖得太久了一點。

　　實際上，平清盛獲知源賴朝在伊豆國舉兵以及武田信義占領了甲斐國的消息，都是從上野國的新田義重處傳來的。朝廷與平家同時得到了這兩個消息，自然就理所當然地將這兩股源氏的舉兵當成是事先合謀的造反。然而，在舉兵之初，源賴朝與甲斐源氏的軍事行動幾乎沒有聯動，大家都是各自作戰，這就有些意味深長了。

　　早年在保元・平治之亂時，參戰的源義朝軍隊裡，就幾乎看不到甲斐源氏的武士，在前文中的石橋山合戰戰敗之際，也有見到源賴朝派遣北條時政前往甲斐聯繫甲斐源氏起兵的動向，這說明源賴朝與甲斐源氏的聯繫其實並不強。在《吾妻鏡》中，甚至還有記載九月八日時，源賴朝再度派遣北條時政前往甲斐國、信濃國傳達自己命令的紀錄，從此刻開始，源賴朝與甲斐源氏往來的記載就漸漸多了起來。不過，《吾妻鏡》中將源賴朝置於甲斐源氏的上位，這可能只是為了粉飾源賴朝而已，為此

《吾妻鏡》甚至不惜竄改甲斐源氏起兵的時間來誤導讀者。實際上，當時源賴朝的勢力根本沒有到達甲、信兩國，自然不可能指揮得動甲斐源氏與信濃源氏，源賴朝派出「下達命令」的使者，其實也只是向甲斐源氏與信濃源氏請求援軍而已。源賴朝真正以甲斐源氏的上位身分出現，恐怕是打完富士川合戰、統一關東之後的事了。

所以，歷史上甲斐源氏的舉兵與源賴朝並沒有太多關連，平家對甲斐源氏的動向也抱著極強的警戒心。八月二十五日，大庭景親派出了麾下的俣野景久與駿河國的代官橘遠茂一起前往甲斐國，這大概是大庭景親得知甲斐源氏起兵之後作出的應對措施。在這個當口，於石橋山戰敗的源賴朝正朝著東邊的房總半島逃竄，暫時不會對大庭景親造成威脅。另外，此時的平安京附近還流傳著以仁王尚且活著的謠言，而在七月左右逃亡至伊豆國的源賴政的孫子源有綱在不知所蹤後，又有傳聞說他此時正在甲斐國之中，因此平家的注意力才會集中到了甲斐源氏的身上。

俣野景久與橘遠茂的軍隊在進入甲斐國之後，就與甲斐源氏的武士安田義定等人展開交戰。安田義定出生於長承三年（西元1134年），雖然知道他是甲斐源氏的一員，但是長時間以來卻一直無法確定安田氏的領地位於何處。幸好近年來，在山梨縣鹽山市發現的大般若經的奧書裡有紀錄提及，甲斐國山梨郡八幡莊裡有個安田鄉。根據推測，此地大概就是安田義定的領地。

在安田義定起兵之後，他朝著富士山山麓的若彥路進軍，於波志太山與俣野景久等人的軍隊交戰。波志太山的地理位置也眾說紛紜，一般認為就是在富士山的北麓、河口湖與西湖中間的足和田山。在《吾妻鏡》中的記載，此戰之前平家方的俣野景久麾下郎黨所攜帶的弓箭，在交戰前被老鼠啃食而遭到損毀，因而戰敗。

大庭景親派出軍隊前往甲斐，原本是想趁著甲斐源氏剛舉兵後就將

第四章　鎌倉成立之卷

其扼殺在搖籃裡，結果卻反被甲斐源氏打得大敗，連駿河國的大門都向甲斐源氏敞開了。也就是因為這個原因，才使得平安京裡的貴族們會誤判源賴朝與甲斐源氏是一夥的吧。

面對關東局勢的一片亂局，平安京方面很快就做出了應對策略。朝廷任命平清盛的嫡孫平維盛作為平家軍的大將，討伐軍於九月二十一日從福原出發，二十二日在昆屋野停留一晚後，在二十三日進入了平安京，預定在二十九日由六波羅府出發討敵。至於為什麼平家在進入平安京至出陣中間，居然有將近一週的時間間隔，則是因為他們想要選取一個吉日出陣。

值得注意的是，這次平家派出的討伐軍雖然是以源氏為目標，但是直接的討伐對象卻不是源賴朝，而是甲斐國的甲斐源氏。源賴朝的軍隊此時尚在相模國休整，平家的討伐軍無法繞過甲斐源氏直接進入關東。否則一旦平家大軍進入關東後，甲斐源氏只要從甲斐國出發攻入駿河國，就可以切斷平家大軍的後路，與源賴朝形成對平家討伐軍的包夾之勢。

根據《吾妻鏡》的記載，源賴朝向甲斐源氏派出使者北條時政，促使他們響應源賴朝並作為源賴朝的援軍參加對平家討伐軍的戰鬥，但是在史料上卻找不到源賴朝是此系列戰中源氏方總大將的有力證據。實際上，剖析《吾妻鏡》中的歷史觀就會發現，這本書一直都圍繞著「平氏嫡系」平家與「源氏嫡系」源賴朝為主角敘述源平爭權的經過，而將其餘的源氏武士都置於源賴朝的下位，刻意貶低他們的地位。在真正的歷史中，此時的源賴朝與甲斐源氏只是一個同盟關係，平家討伐軍的直接對象是甲斐源氏。而源賴朝最終率軍前往富士川與平家討伐軍對峙，並不是作為主力部隊參戰，而只是以甲斐源氏的援軍身分出現。

第五節　富士川合戰

　　治承四年（西元 1180 年）十月十四日，平家在駿河國的代官橘遠茂聽從了之前向平清盛舉報源賴朝與北條時政密謀舉兵的長田入道的建議，率軍從駿河國再度進入甲斐國，結果在一個叫「鉢田」的地方遭到武田信義、北條時政的阻擊，不幸戰死。這個名為「鉢田」的地方，在《吾妻鏡》裡與八月分甲斐源氏起兵時的「波志太山合戰」的交戰地是同一個場所。

　　橘遠茂在駿河國的地位相當於山木兼隆在伊豆國的地位，都是平家在地方上任命的代官，代表平家統治當地，並負責統率當地的武士團。當初山木兼隆遭到源賴朝的攻擊而身亡，導致伊豆國落入敵手，如今橘遠茂戰死，前往關東的大門駿河國也岌岌可危。由於對平家來說十分重要的橘遠茂不幸戰死，逼使平家討伐軍直接朝著富士川前進，準備率先討伐甲斐源氏，扳回一局。

　　朝著東國進軍的平家軍隊，從平安京出征時約有三萬騎武士，在進軍途中，又因為朝廷頒布了討伐朝敵的宣旨命令，吸納了許多國衙裡在廳武士陸續加入軍隊，抵達駿河國時人數達到了七萬騎。這些基於朝廷公權召集，以地方莊園、公領為根據地的武士們被稱為「驅武者」，這也說明此時由平家家臣組成的討伐軍兵力已經不足以應付內亂，所以才會利用朝廷的大旗將地方武士召集到平家的軍隊裡充數。

　　然而，靠著一紙公文召集起來的驅武者們看似人數眾多，實際上只是一群烏合之眾罷了。從字面上看，「驅武者」的戰鬥意志就不可能高，再加上許多地方武士拒絕奉詔，平維盛在路過近江國時，就曾出現了當地武士拒絕加入的情況。與平家的家臣相比，平家武士向主家奉公，在獲得戰功後能夠得到恩賞，而響應朝廷號召從軍的驅武者，在戰後能夠

第四章　鎌倉成立之卷

分到的利益非常少，甚至有的人得自己倒貼軍費，即便不幸戰死，也可能面臨沒有一毛錢的撫卹金和任何追封。人員成分複雜使得討伐軍的整體戰意不高，這些半路加入的武士參戰效果非但不明顯，反而還有可能是負的，很快，這些弱點就都在戰場上顯現出來了。

十月十六日，平維盛率領的討伐軍來到了駿河國的清見關。得知平維盛已經率軍抵達駿河國之後，源賴朝率領著號稱有二十萬人的軍隊從鎌倉出發，於十八日越過足柄峠，在河村山趕走了試圖與平維盛軍合流的大庭景親軍隊之後，在黃瀨川附近駐紮了下來。

與此同時，甲斐源氏、信濃源氏的武士們也開始準備迎擊平家討伐軍，他們在黃瀨川與源賴朝的援軍會合以後，決定在二十四日開始對討伐軍發起進攻。富士川合戰就在這樣的局面下爆發了，與之前的保元平治之亂不同，富士川合戰以源氏與平氏的第一次大規模全面交戰而聞名於世。

按照《吾妻鏡》裡的記載，十月二十日源賴朝率領的源氏軍隊與平維盛討伐軍交戰，最終擊敗了敵軍，而在《平家物語》中交戰的時間則是十月二十三日至十月二十四日，這兩種說法均是當時的歷史書裡面流行的說法。

然而，在《玉葉》這樣的一級史料裡，我們所獲知的富士川合戰的真相卻與《平家物語》、《吾妻鏡》大相逕庭。在《玉葉》中，富士川合戰的主要交戰雙方並不是源賴朝與平維盛，而是甲斐源氏與平維盛，反之源賴朝本身與富士川合戰的關係其實並不算非常大。

那麼，真正的富士川合戰又是什麼樣子的呢？

十月十七日，甲斐國的武田信義、一條忠賴父子向平維盛一方派去了兩名武士作為使者，雙方約定在甲斐國與駿河國之間較為廣闊的溼地帶浮島原交戰。武田氏在戰前派出使者下戰書，是遵從當時武士之間交

第五節　富士川合戰

戰的慣例，可是武田信義所寫的戰書言辭極為無禮，平家的大將伊藤忠清看完內容後大怒不已，將兩名使者推出斬首。

當時的伊藤忠清說：「兩軍交戰不斬來使是私戰的規則，如今我軍是奉旨討賊，這項規則不適用於朝敵。」在《延慶本平家物語》中記載，當源賴朝得知平家斬殺了使者之後，因其違反了道義之舉，便發出了「平家的氣數已盡啊！」的感慨。

與持有朝廷的宣旨以及大義名分的伊藤忠清等人的高姿態形成反差的是，平家討伐軍的士氣十分低落。十月十八日，平家討伐軍在富士川布陣時，就有數百名武士偷偷地離開了軍營，前往源氏軍中投誠。緊接著，十月二十日半夜，武田信義率領的軍隊繞過了平家討伐軍的營地，來到平家討伐軍的後方，想要渡河攻打平家軍。結果武田軍在渡河的時候因為動作太過明顯，驚醒了在沼地裡棲息的水鳥，被武田軍嚇到的水鳥全部從低地飛起，發出了「撲騰撲騰」的聲音。平家討伐軍聽到這個動靜，誤以為是敵方的大軍來襲，陣腳大亂，還沒有與敵軍會面就全軍崩潰，紛紛往木曾川、墨俣的方向逃竄。

水鳥嚇走平家討伐軍的事，一直是富士川合戰中令人津津樂道的故事，《平家物語》裡甚至寫到，當時的人們傳唱說：「富士川中奔湧的水，不如伊勢平氏的兩條腿。」來笑話不戰自潰的平家討伐軍。

不過，從《山槐記》的紀錄來看，平家討伐軍的崩潰其實並非是平家武士膽小，而是被那些臨時召集來的驅武者影響而帶起的連鎖反應。這些戰意不高的驅武者交戰前就非常懼戰，在兩軍對峙之際，還有許多人陸陸續續地逃走，所以當平家討伐軍聽到水鳥拍翅膀的聲音時，這些早就打包好行囊的驅武者嚇得四下逃竄，也影響了平家的士兵。被稱為是「源、平兩家最早的一次全面交戰」的富士川合戰，就以這樣滑稽的一幕拉開了帷幕。

第四章　鎌倉成立之卷

第六節　源賴朝的動向

　　值得注意的是，在源賴朝的部隊其實還未抵達富士川時，甲斐源氏就已經與平家討伐軍交戰並擊潰他們，那麼此時的源賴朝在做什麼呢？

　　在富士川合戰發生前的十月十九日，源賴朝屬下的天野遠景在伊豆國的鯉名浜逮捕了企圖率軍乘船與平家討伐軍會合的伊東祐親，並將他綁到了黃瀨川的源賴朝軍本陣之中。天野遠景在石橋山合戰時與兒子天野政景一同參戰，在戰後則脫離了源賴朝，在伊豆國發展勢力，搜尋並討伐當地的親平家勢力。

　　伊豆國的有力人士、同時也是親平家的一大勢力伊東祐親被源氏軍隊逮捕，代表著源賴朝曾經的流放地伊豆國也徹底被編入了他直轄的支配地之中。

　　在《吾妻鏡》的記載中，十月二十日源賴朝率軍前往駿河國富士郡的賀島布陣，與甲斐源氏的軍隊一同隔著富士川與平維盛率領的平家討伐軍對峙。然而，從現實的地理來看，賀島的地理位置卻在平維盛軍與武田信義軍對峙的富士沼（即浮島原）的西邊，按照《吾妻鏡》的說法，源賴朝豈不是率軍繞過平維盛的討伐軍，在討伐軍的西邊布陣了？這可不是一件簡單的事啊！所以《吾妻鏡》中十月二十日源賴朝軍的動向，並不可信。

　　實際上，《吾妻鏡》之所以會出現這樣地理位置錯誤的矛盾，是因為富士川合戰時，源賴朝很有可能還停在黃瀨川，沒有移動。但是該書卻想將甲斐源氏打贏的富士川合戰張冠李戴成是源賴朝的功勞，才會對歷史進行竄改，並不留餘力地粉飾源賴朝，將「源、平兩家最早的大規模合戰」刻劃成源賴朝對戰平家。然而因為時代的局限性，作者對當地的地理位置並不熟悉，所以露出了馬腳。

因此，富士川合戰本質上是甲斐源氏與平家之間的戰爭。其起因是因為甲斐源氏的軍隊想入侵駿河國，這才招來了平家的討伐軍，最終甲斐源氏能夠以寡擊眾，也是拜平家討伐軍士氣過於低落所賜。

在《平家物語》裡，還記載著這麼一則逸話，話說武藏國長井莊出身的武士齋藤實盛原本是跟隨源氏的武士，平治之亂之際源賴朝的哥哥「惡源太」源義平與平重盛交戰時麾下的武士中就有他的身影。在源氏敗亡以後，齋藤實盛為了保住家族，不得不服侍平家，這一次也參加了富士川合戰。

大戰前夜，平維盛找來了齋藤實盛，詢問齋藤實盛：「東國像你這樣善於騎射的武士，能有多少人？」

齋藤實盛聽後回答道：「大人以為我善射麼？東國的武士中像我這樣擅長武藝的數不勝數，再加上東國的騎馬武士極其彪悍，一騎東國的武士就能抵得上我軍二、三十騎。他們打起仗來不畏死亡，就算父親或是兒子戰死了，其餘的人也會義無反顧地衝殺。反觀西國的武士，父親死了要守靈，兒子死了又傷心得打不了仗，夏天怕熱，冬天怕冷。這次合戰，甲斐國、信濃國的武士熟知此地的地形，擅長計策的他們即便是繞到我軍後方偷襲也不足為奇。」

齋藤實盛的話導致原本就戰意不高的平家討伐軍士氣愈加低落，不過實際上，這則逸話只是《平家物語》的創作而已。近年來的研究顯示，在中世紀的日本，評判武士武藝優劣的標準就是騎射的水準，平家方也有許多擅長騎射的武士，並不像齋藤實盛說得那麼不堪。《平家物語》屬於那種帶有「事後諸葛」色彩的軍記物作品，故事均以「平氏必然敗亡，源氏必然獲勝」的角度來創作，這才會編造了齋藤實盛與平維盛的對話。

十月二十一日，源賴朝率軍從黃瀨川向鎌倉撤軍。在《吾妻鏡》的記載中，源賴朝退兵前任命安田義定為遠江國的守護、任命武田信義為駿

第四章　鎌倉成立之卷

河國的守護。然而，鎌倉幕府的守護制度是在討伐源義經時期才逐漸開始成型，此時的日本根本就沒有「守護」這個職務名稱，所以《吾妻鏡》的記載其實並不準確。

此時的源賴朝還沒有許可權授予甲斐源氏類似後來「守護」這樣的頭銜，事實上是因為甲斐源氏在擊退平家討伐軍以後，將勢力擴張到了駿河國與遠江國，源賴朝只是對盟友甲斐源氏所創下既成事實的勢力範圍表示認可。而《吾妻鏡》一書為了粉飾源賴朝的地位，故意將源賴朝的認可改為恩賞，實則是將甲斐源氏從一個獨立的勢力變成了從屬於源賴朝的勢力，這恐怕也是後世為了強調源賴朝河內源氏嫡系的創作罷了。

在同一天，源賴朝還在陣中接見了阿野全成、源義圓、源義經等兄弟，其中源義經是第一次與兄長見面。令家臣們感到奇怪的是，在得知源義經前來參戰時，源賴朝竟然不是派人傳喚源義經，而是親自帶著幾個侍從接見了這個弟弟，說明源賴朝還是十分重視源義經的。根據《平家物語》的描述，源賴朝與源義經當面會見的地點是富士川，不過前文已經提到源賴朝並沒有參加富士川合戰，所以二人會面的地點有可能是在黃瀨川。

在《吾妻鏡》的記載裡，源義經的初次登場也是該書中大書特書的內容。書中提到在平治二年（西元1160年）時，源義經尚在襁褓之中，父親源義朝就遇害了。在這之後，源義經被一條大藏卿長城撫養，後來送往了京都的鞍馬寺出家。等到源義經成年，為了向平家復仇，在舉行了元服禮後，他便前往奧州投靠稱霸日本東北的陸奧藤原氏，在陸奧國修練武藝。直到近日，源義經聽說兄長源賴朝起兵，便想要投入兄長麾下，可是奧州藤原氏的家主藤原秀衡卻想挽留源義經。源義經不好推辭，只得偷偷出逃，而藤原秀衡得知了此事以後，雖然感到惋惜，但是依舊派出了佐藤繼信、佐藤忠信兄弟前去輔佐源義經。

《吾妻鏡》中的記載大都是關於源義經非常膾炙人口的故事。不過源義經雖然沒有趕上這次富士川合戰，只趕上了末班車露個臉，但是他很快地也會登上歷史的舞臺，發揮自己出色的才能，消滅平家。

　另外值得一提的是，藤原秀衡雖然派出佐藤繼信、佐藤忠信兄弟輔佐源義經，這三人的主從關係也成為了後世的美談，但是歷史的真相可能只是藤原秀衡特意派出這兩個人跟隨源義經，趁機負責監視源義經與源賴朝的動向，僅此而已。

第四章　鎌倉成立之卷

第七節　常陸佐竹氏

平家在富士川戰敗以後，源賴朝一度想要乘人之危直接揮師上京，但是三浦義澄、千葉常胤、上總廣常等關東豪強卻勸說源賴朝返回關東整頓軍備，鞏固地盤。此時的源賴朝雖然已經有了一塊不小的根據地，但是關東從屬平家的勢力仍然很多，三浦義澄等人擔心追隨源賴朝上洛離開關東後，自己的領地會遭到其他關東武士團的侵犯，所以才會對上洛持相對較為保守的態度。

治承四年（西元 1180 年）十月二十三日，源賴朝在返回鎌倉的途中，在相模國的國府大肆封賞自舉兵以來的從龍功臣：下河邊行平被封為下河邊莊的莊司，三浦義澄受封三浦介，其他的武士們也都從源賴朝處獲得了領地的安堵保證。此時的關東還不完全在源賴朝的手上，他並沒有過多的土地封賞，只能向他們保證領地安堵。

另一方面，為了拉攏關東的武士，源賴朝對一些臣服的，尤其是曾與自己敵對的武士，大多數都予以寬大處理，沒有大幅變動他們的領地。源賴朝的一視同仁，使得關東武士們找到了精神歸屬，越來越多的武士開始投入源賴朝的麾下。當然，源賴朝也不完全是一臺「中央空調」，例如平家在相模國的代官、曾讓源賴朝陷入絕境的大庭景親，在被源賴朝俘虜後，於十月二十六日在固瀨川被兄長大庭景義斬首。

富士川合戰雖然與源賴朝關係不大，但是甲斐源氏取得的巨大勝利對源賴朝未來的發展影響很深。源賴朝支配的地域位於南關東，西邊是盟友甲斐源氏的地盤，善戰的甲斐源氏便成為了源賴朝與平家之間的緩衝勢力，讓鎌倉不會直接受到平家的威脅。源賴朝也正是趁著這個機會鞏固自己的鎌倉政權，在關東擴張，草創出鎌倉幕府的雛形。

此時的關東還有各地大大小小的武士團曖昧不明，比如上野國的新

第七節　常陸佐竹氏

田義重,他與源賴朝同樣具有河內源氏的血統,還是源氏一族宿老、源義家的孫子。新田義重早先就與平清盛互通,富士川合戰期間他又召集了郎黨,在寺尾城籠城,既不表示支持平家,也不表態要跟隨源賴朝。下野國平家一方的武士足利俊綱,也在源賴朝入駐鎌倉後率軍入侵上野國,燒毀了許多親源賴朝武士的房屋。源賴朝之所以以鎌倉作為自己的根據地,除了鎌倉對河內源氏來說意義重大外,避開這些北關東武士團的威脅也是他的考慮因素之一。

不過,最讓源賴朝擔心的,還是常陸國的武士團。常陸國的武士團大部分都是持反對源賴朝的立場,而且還有一些十分複雜的關係在裡面。在常陸國最大的武士勢力是源氏出身的佐竹氏,佐竹氏乃是源義家的弟弟、新羅三郎源義光的後裔,世世代代以常陸國久慈郡佐竹鄉為自己的根據地,便以佐竹為苗字。雖然佐竹家是常陸國一霸,但常陸國卻是屬於平家的勢力範圍。

平家出自伊勢平氏,上文「承平天慶之亂」中有提到,平高望的兒子平國香擔任常陸國大掾的官職,後來他被姪子平將門殺害,平國香的兒子平貞盛又從平安京丟官棄職回到關東,繼承了父親的官職,並且為父報仇。儘管後來平貞盛的四子平維衡遷到了伊勢國,「伊勢平氏」與常陸國的聯繫越來越遠,但是平家發家後依舊將常陸國視為自己的故地,十分重視這裡。久安三年(西元1147年),也就是平忠盛的嫡子平清盛出任安藝守的第二年,平清盛的弟弟平家盛出任了常陸介的官職。次年,平清盛的另一個弟弟平賴盛接替平家盛出任常陸介,直到保元元年(西元1156年)為止,又改由平經盛出任常陸介。

在平家得勢期間,平賴盛因為鳥羽上皇的寵妃美福門院得子的推薦,出任八條院廳的別當,為此平賴盛將常陸平氏的多氣直幹所支配的莊園信太莊和村田莊都寄進到了八條院門下。平賴盛的舉動說明常陸國

的平氏武士已經被平家家臣化了，與常陸平氏關係匪淺的常陸源氏自然也傾向了平家，成為平家在關東扶持的勢力。正是因此，佐竹氏雖為河內源氏出身，在「保元・平治之亂」中都沒有隨源義朝出陣，反而還與源義朝麾下的南關東勢力長期保持著對立的關係。

佐竹氏現任當主佐竹隆義的母親是奧州藤原氏前當主藤原清衡的女兒，所以有著同樣河內源氏的出身、強大妻家背景的佐竹氏親近平家，反而與平家相同出自桓武平氏的千葉氏、上總氏卻親近源賴朝，這也可以說是源平合戰特殊背景下的奇景了。

富士川合戰的這一年，佐竹氏家主佐竹隆義並不在關東，《吾妻鏡》裡為了替源賴朝攻打佐竹氏爭取口實，故意說佐竹隆義此時在平安京向平家奉公，實際上佐竹隆義只是在京都向朝廷執行「大番役」的任務。佐竹隆義外出期間，留守關東的是佐竹隆義的弟弟佐竹忠義和兒子佐竹秀義，這兩個傢伙也是立場非常鮮明的親平家武士。在被日本人稱為「東國版《平家物語》」的《源平鬥爭錄》裡記載，佐竹忠義以平家大將的身分，統領常陸平氏出身的下妻廣幹、東條貞幹、鹿島成幹、小栗重成、豐田賴幹等共兩萬餘騎武士，打著討伐源賴朝的旗幟浩浩蕩蕩地殺入了下野國。

佐竹忠義進入下野國的目的並不是攻打源賴朝，而是想獲得下野國武士足利俊綱的支持，讓兩軍合流。佐竹忠義派出使者對足利俊綱說：「源賴朝以被流放的囚徒身分舉兵與平家敵對，就如同螳螂用手刀砍向天子的車駕一樣，無論如何也不會成功的。不如和我一起討伐源賴朝，事成之後平家一定會給我們巨大的恩賞。」

足利俊綱卻對佐竹忠義的邀請抱著懷疑的態度，他對使者說道：「佐竹忠義與源賴朝是同一族的武士，有道是血濃於水，他怎麼可能會做出這種事呢？我不信，所以我不去。」

被足利俊綱拒絕以後，佐竹忠義不得不率軍返回常陸國。不過，在這時說「血濃於水」的足利俊綱，卻在兩年後跟隨了源賴朝的親叔父志田義廣舉兵反對源賴朝，真是讓人捉摸不透。

源賴朝既然想要稱霸關東，就必須要降服常陸國的佐竹氏，再加上佐竹氏長年來與千葉常胤爭奪相馬御廚的領地，此舉也可以收買千葉常胤，順便穩定千葉常胤的後方，讓他安心追隨自己打仗。

第四章　鎌倉成立之卷

第八節　金砂城合戰

　　十月二十七日，富士川合戰結束後一週，源賴朝率軍從鎌倉出發，出征常陸國討伐敵對的佐竹氏。十一月四日，源賴朝抵達常陸國的國府，他派出與佐竹氏有著姻親關係的上總廣常前去探聽佐竹氏的動向。

　　此時佐竹秀義在金砂城籠城據守，而佐竹秀義的哥哥佐竹義政則被上總廣常騙出城，在大矢橋遭到伏擊戰死。很快地，源賴朝兵臨城下的消息就傳遍了常陸國，許多原本追隨佐竹氏的武士們要麼投降源賴朝，要麼偷偷地逃亡，佐竹氏陷入孤立無援的境地。最後，源賴朝命土肥實平、下河邊行平、和田義盛、熊谷直實、平山季重等武士率領三千人的軍隊將金砂城包圍了起來。

　　金砂城位於今日的茨城縣久慈郡金砂鄉町，西金砂神社也坐落在這個地方，到現在依然可以看出當初金砂城的城廓遺跡，這是一座修築於斷崖之上、十分易守難攻的城池。

　　包圍金砂城的次日，源賴朝想趁著佐竹氏守備尚不完備之際攻打金砂城，派出平山季重作為先鋒。可是金砂城的地勢險要，鎌倉軍足足攻打了一整天，除了己方軍隊傷亡慘重以外，根本無法取得戰果。

　　眼見攻城的傷亡巨大，土肥實平便向源賴朝表示：「金砂城城高牆厚、地勢險要，佐竹氏又兵精糧足，要是強攻的話，一時半會難以攻下不說，只怕我方也會傷亡慘重，不如想個計策智取。」

　　儘管如此，土肥實平也只是嘴上說說，並沒有什麼計策。

　　這時，曾和佐竹氏關係密切的上總廣常開口說道：「佐竹秀義的伯父佐竹藏人義季狡詐貪財，要是我等予以重禮，想必他定會背叛家族投靠我們的。」

第八節　金砂城合戰

　　上總廣常的計策可行性不錯，要攻打一座防禦力極高的城池，從內部將其破壞是最好的選擇，攻城方也不必付出太多傷亡。源賴朝當即拍板決定採用此計，上總廣常立即派出使者與佐竹義季私通，表示現在東國的武士大多從屬源賴朝，要是佐竹氏堅持籠城抵抗，只怕會招致滅亡。不如找機會殺死主戰派佐竹秀義，加入源賴朝麾下，源賴朝也會將佐竹氏的領地賞賜給佐竹義季繼承。

　　佐竹義季身為佐竹家庶流，無緣佐竹家的家主，被上總廣常以重利收買後，偷偷打開了金砂城的後門諸澤口的大門，帶著上總廣常的軍隊殺進城內。敵軍闖入城內後，守城的軍隊陷入了混亂，此時負責正面攻擊的下河邊行平、熊谷直實等人也開始攻城，雙方裡應外合，堅城金砂城就這樣落入了源賴朝的手中，佐竹秀義棄城逃亡花園城（花園城所在地一說在陸奧國，一說在常陸國）。

　　十一月七日，源賴朝對金砂城合戰中立功的武士下賜恩賞，將佐竹義季收為自己的御家人，還面見了源氏一族的志太義廣與源行家。志太義廣本名源義憲，與源行家同為源為義之子，都是源賴朝的叔叔，以常陸國志太郡為根據地，自稱志太三郎先生。不過這一次的會面，卻讓源賴朝不是很高興，因為這兩位叔父似乎並沒有把自己放在眼裡，源賴朝也看出了二人日後可能會成為鎌倉的心頭大患。

　　十一月八日，源賴朝將沒收的佐竹氏領地封給諸將，千葉氏如願以償地得到了相馬御廚的領地，源賴朝還買一送一將下總國三崎莊也賜給了他們；宇佐美氏獲得了原佐竹氏的領地多珂郡、佐都東郡；二階堂氏獲得了久慈東郡、久慈西郡；伊賀氏獲得佐都西郡；大中臣氏獲得了那珂東郡、那珂西郡。除此之外，世矢鄉、大窪鄉、鹽濱鄉三鄉被源賴朝寄進給了鹿島神社；而那個背叛自己家族的佐竹義季，當然也「如願以償」地獲得了佐竹氏的「舊領」，僅僅只受封一個小小的佐竹鄉。

第四章　鎌倉成立之卷

在源賴朝瓜分佐竹氏領地期間，還發生了一個小插曲，據說源賴朝的屬下俘虜了幾名佐竹家的武士，有個叫岩瀨太郎的佐竹家家臣一直哭泣不止，源賴朝便詢問他為何哭泣。

岩瀨太郎看著源賴朝，止住了哭泣：「我只是痛惜我主冤死、慘死而已。」

「哦，原來如此。」源賴朝說道，「真痛惜的話，為何不追隨你家主公去呢！」言下之意，源賴朝似乎有些瞧不起這名武士。

岩瀨太郎聽聞源賴朝如此發問，不卑不亢地回答道：「殿下要誅殺我家主公，我等理應為其戰死。但是我之所以沒為主公殉死，就是為了與源賴朝殿下見上一面，好當面陳述我的想法。源賴朝殿下不以討伐平氏為重，反倒來攻打我佐竹家，殿下的敵人在平安京，大可以上京去與平家決一死戰，可是殿下卻反過來攻殺自己的親族，這種親者痛仇者快的事，難道不正是平家想看到的嗎？殿下誅殺光親族，以後誰還會為殿下效力？就算如今殿下手下猛將如雲，前來歸附的武士數不勝數，恐怕他們也只是畏懼殿下的威勢而並不心服吧？殿下此舉，難道不怕被後人詬病嗎？」岩瀨太郎說得頭頭是道，以至於源賴朝無言以對，他沉思了一會兒，便命人將這幾位佐竹家的武士放了回去。

十一月十日，在返回鎌倉的路上，源賴朝在位於小栗御廚的小栗重成的家中借宿。小栗重成是常陸平氏出身，在源賴朝攻打佐竹家時，他獨自一人脫離親族參加了源賴朝的軍隊，因此源賴朝才會如此重視他。

源賴朝在北關東的軍事勝利不久就傳遍了東國，然而他的勝利卻引起了一個人的不快，此人即是源賴朝的堂兄弟、以信濃國為根據地的木曾義仲。木曾義仲於十月十三日自信濃國率軍殺入關東的上野國，朝著父親的舊領多胡莊進軍，他此舉除了是想與源賴朝競跑外，還有繼承父親的遺產多胡莊以及對足利俊剛的上野侵略做出回應的意義。

第八節　金砂城合戰

　　木曾軍進入上野國以後，多胡、那和、桃井、佐位、木角等上野國的強力武士均前往木曾義仲處參戰，說明在關東武士的眼中，源賴朝也不是唯一的選擇。

　　十一月十七日，源賴朝返回鎌倉，命令和田義盛出任負責統率家臣作戰的「侍所」長官「侍所別當」。十二月二十二日，上野國的源氏名門新田義重姍姍來遲前往鎌倉覲見源賴朝，同行的還有他的兒子山名義範、孫子里見義成等等。

　　新田一族的參戰，使得源賴朝的勢力也擴張到了上野國，與木曾義仲的勢力正式接壤，源賴朝與木曾義仲爭奪河內源氏嫡系的鬥爭正式展開。

　　前文已經介紹過源平合戰初期並立日本的三大源氏勢力中的源賴朝與甲斐源氏，那麼，最後一個敢與源賴朝爭奪嫡系的勢力信濃源氏，又是如何在內戰中發展起來的呢？

第四章　鎌倉成立之卷

第五章　諸國內亂之卷

第五章　諸國內亂之卷

第一節　信濃源氏舉兵

在以仁王的令旨廣泛頒布至日本東國之時，除了伊豆的源賴朝、甲斐源氏舉兵以外，信濃國的源氏武士也舉起了打倒平家的大旗。

信濃源氏的代表是河內源氏出身的源義仲（下文統稱木曾義仲）。木曾義仲是源義朝的兄弟源義賢的次子，幼名駒王丸，與源賴朝是堂兄弟的關係。然而，在平安時代末期，清和源氏一族內部紛爭不斷，尤其是河內源氏這一脈，源為義與源義朝的父子關係極其惡劣，以上野國至武藏國北部為勢力範圍的源義賢站到了父親源為義的一方，與以鎌倉為據點的兄長源義朝的勢力對抗。

久壽二年（西元1155年），源義朝的長子源義平突然襲擊了位於武藏國大藏的源義賢的住處，將源義賢殺害，大藏據說就是木曾義仲的出生地。源義賢戰死後，他的長子源仲家前往京都，成為了攝津源氏源賴政的養子，並參加了後來以仁王的舉兵。時年二歲的木曾義仲就沒那麼幸運了，遭到了堂兄源義平的追殺。幸好搜捕木曾義仲的武士畠山重能動了惻隱之心，放了他一條生路，祕密將木曾義仲藏在自己的住處。

恰好這段時間齋藤實盛因公務路過武藏國，畠山重能便將此事告訴了齋藤實盛。可是，自從源義賢敗死後，武藏國的武士大多追隨了源義朝，將木曾義仲藏在武藏國終究不是辦法，遲早有一天會被人發覺。最後，齋藤實盛臨走時將木曾義仲帶走，將其送到了信濃國，託付給木曾義仲乳母的丈夫、信濃國權守中原兼遠撫養。在《源平盛衰記》之中，這個中原兼遠還是平家的家臣。

木曾義仲少年時生活在信濃國的一個小村子裡，位於現在的長野縣境內，這個村子也因為他的關係被命名為「日義村」。在信濃國長大的木曾義仲，像囚人源賴朝一樣，身邊也聚集了一批有勇有謀的武士，有中

原兼遠之子、以信濃國西築摩郡樋口谷（另一說是上伊那郡樋口）為根據地的樋口兼光；樋口兼光的弟弟、以西築摩郡今井為根據地的今井兼平；以信濃國佐久地方為根據地的根井一族的根井行親（保元之亂中，根井行親參加了源義朝的軍隊）；據說還有中原兼遠的女兒、被稱為巴御前的女武士。

信濃國的武士們聚集在了木曾義仲麾下，組成了一個頗有影響力的勢力，其中樋口兼光、今井兼平兄弟，根井行忠、楯親忠兄弟（根井行親之子）四人也被稱為「木曾四天王」，在《源平盛衰記》裡根井行忠、楯親忠兄弟則被他們的父親根井行親以及高梨忠直二人代替。

在《平家物語》的記載中，自從平治之亂以後，源氏出身的武士地位一落千丈，大權被平氏奪取。為此，木曾義仲前往石清水八幡宮，仿效自己的高祖父源義家的舊事，自行舉行了元服禮，取名木曾次郎。當以仁王的令旨抵達信濃國之時，木曾義仲召集了一千餘人馬準備起兵。這個消息很快傳到了平宗盛的耳朵裡，平宗盛找來了中原兼遠，先是喝斥了一頓，再命令他將木曾義仲逮捕縛送京都。中原兼遠佯裝答應平宗盛的要求，返回信濃國之後非但沒有逮捕木曾義仲，反而讓木曾義仲前往根井行親處招募兵馬準備起兵事宜。

木曾義仲舉兵的史料和記載相對源賴朝來說較少，因此想要確定信濃源氏舉兵的具體時間較為困難。不過，在《吾妻鏡》的記載中，治承四年（西元1180年）九月七日在信濃國發生了一場合戰，當時信濃國的平家家臣笠原賴直發兵攻打信濃源氏井上一族的村山義直，村山義直向木曾義仲發出了援軍請求。這件事大概就是木曾義仲反抗平家的直接導火線。

木曾義仲與樋口兼光、今井兼平從木曾口率軍北上，在市原與笠原賴直交戰並將其擊退，隨後又殺向了善光寺平。而被木曾義仲擊敗的笠

第五章　諸國內亂之卷

原賴直狼狽地逃往了越後國，去依附越後國平家的有力家臣城長茂（城助職）。

在《平家物語・卷八・鼓判官》之中寫到，木曾義仲自稱在市原合戰以前，曾在信濃國國府周邊的麻績御廚、會田御廚有過戰鬥。如果不算直接與平家敵對的話，推測在當年八月底至九月初時，木曾義仲就已經開始進行軍事行動了。

第二節　畿內的烽火

在各國反平氏勢力蜂起時，平家的大本營京畿和西國也出現了動盪的局勢，平家的統治地位受到了極大的威脅。十一月五日，在富士川合戰落敗的平家主帥平維盛回到了京畿，不敢前往福原面見平清盛。平清盛得知討伐軍大敗，大怒不已，想要驅逐平維盛，斬首伊藤忠清，多虧了其他家臣的求情，這才沒有實行。

對平家來說，富士川合戰的失敗代表了原本想將源氏的舉兵行動掐死在搖籃裡的策略失敗了，而在平家政權內，反對遷都的呼聲也越來越高。以早先就對遷都福原持反對態度的平宗盛為首的一群平家武士，與平清盛就「還都」問題產生了衝突。平家在富士川合戰的落敗，連帶也使得原先堅如磐石的平家一門產生了裂痕，平家內部已經出現了兩極化的傾向，這也間接影響了日後平家對源氏的征伐作戰。

十一月七日，平家再度請得討伐源賴朝、武田信義謀反的宣旨，讓平維盛二度就任追討使。朝廷的宣旨中將源賴朝與武田信義列舉在一起，說明此時的平家已經認定平家討伐軍的討伐對象是武田家與源賴朝的聯合勢力了。在二次討伐前的軍事會議上，平時忠提出了一個分化源氏的計策，他指出可以先將美濃國的源氏武士拉攏到己方，從內部破壞源氏的團結。不過平清盛卻拒絕了平時忠的提議，平時忠只能加強監視美濃源氏的動向，沒有對他們施行招撫策略。果然，十一月十七日，美濃國、尾張國的源氏武士受到源賴朝的影響後，紛紛起兵反抗平家的統治。

濃、尾源氏武士的起兵，波及到了離平安京近在咫尺的近江國。九條兼實的日記《玉葉》裡記錄了：「十一月二十日，近江國的源氏武士山本義經以及其子柏木義兼，在勢多埋伏襲擊了前往伊勢國的平家有力家

臣伊藤景家和他的郎黨,並在勢多橋將其斬殺。」不過在諸多《平家物語》的版本中,還有伊藤景家出家為僧以及在水島之戰依然追隨平家出戰的不同說法。

伊藤景家便是當初直接討伐以仁王的平家軍隊大將(將以仁王射殺的伊藤景高是他的兒子),因此山本義經埋伏他很可能是為了表示自己在為以仁王復仇。

近江源氏的行動引起了甲斐源氏的注意,為了乘勢從平家手裡奪取近江國豐富的物資,甲斐源氏的首腦武田信義向山本義經派出了使者,表示自己近期將會率軍增援近江國,讓山本義經暫緩對平家的攻勢,等候援軍。可以看出,治承四年(西元1180年)這年諸國源氏起兵之後,甲斐源氏在東海道、東山道等地的軍事影響十分巨大。在之後的十二月二十四日,武田信義之子武田有義的妻子在平安京被殺害,首級被人斬下。雖然這件事的犯罪嫌疑人無法確定,但是很可能與甲斐源氏、近江源氏的聯合有些關係,大概是平家為了報復甲斐源氏,才派出殺手將武田有義的妻子殺害。

除了源氏武士以外,京畿的延歷寺也是反平家的一大勢力。延歷寺作為鎮守平安京鬼門的寺院,一旦都城遷走,其存在保護朝廷與平安京的任務就喪失了意義,地位自然一落千丈,福原遷都事件從根本影響到了延歷寺的既得利益。在當年的九月底,就有寺院的僧徒上書朝廷,請求朝廷還都平安京。

十月下旬,因為平家在東國的節節敗退,源氏在各地起兵反平,延歷寺的僧徒底氣越來越足,上書的言辭也愈加激烈起來,甚至向朝廷表示,若是不終止遷都的行為,朝廷將會喪失對山城國、近江國的有效支配。

延歷寺的恫嚇是不是單純的威脅呢?明顯不是的,延歷寺是掌握京

畿北部山城國、近江國、若狹國等地宗教勢力的北嶺寺院之首，在後來的歷史發展過程中，都對日本政治與宗教的走向有著極大的影響，而僧徒們向朝廷的上書，與其說是威脅朝廷，倒不如說是表達若朝廷一意孤行，自己可能與朝廷決裂的預告。

除了延歷寺、平宗盛，高倉上皇在遷都福原之後也身患重病，表示想還都平安京。再加上此時平家的當務之急是平定平安京附近的叛亂，若是繼續將政治中心設定在福原，很不便於討伐叛亂。對此，平清盛不得不做出還都平安京的決斷，這個決定可以說足以影響平家生死的。

十一月二十一日，在高倉上皇的殿上會議中，朝廷做出了從福原還都平安京的決定，二十三日，平清盛就與安德天皇共同上路，於二十六日再度進入平安京。近幾十年來一直以平安京守衛者姿態出現的平家還都京都，大大安定了平安京以及附近百姓與武士們的人心。

還都平安京是平清盛為了討伐源氏而做出的艱難決定，自然不能白吃這個虧。早在十一月二十二日，平清盛還未從福原出發還京之時，還在福原的高倉上皇就向延歷寺發出了追討謀反者的命令，近江國的一大宗教勢力石山寺開始警戒寺院周邊的地域，並且要給予平家的軍隊通過寺社領地的權力。

此時的平安京有傳聞說美濃源氏將要率軍進入近江國，支援近江源氏。對此，一進入十二月以後，平家就開始針對近江國的源氏展開反擊，想趁東山道、東海道的源氏勢力還未入侵京畿前就平定近江國。十二月一日，平家的家臣平田入道家繼從伊勢國、伊賀國率軍殺入近江國，次日，平知盛也率領平信兼、平盛澄等軍隊自平安京出戰，擊破了近江源氏山本義經與柏木義兼的軍隊，並在十二月六日攻下了近江國的矢倉城。

近江源氏武士完全抵擋不住平家在近江國的反擊，最後一個負隅頑

第五章　諸國內亂之卷

抗的源氏武士山本義經想以園城寺為據點夜襲六波羅府，卻在十二月十三日遭到了平知盛、平資盛軍隊的攻擊。山本義經屬下戰死二百餘人，被俘四十餘人，他隻身逃往馬渕城躲藏，最終連馬渕城也待不住了，狼狽地逃往東國依附鎌倉的源賴朝。

第三節　南都燒討

　　鎮壓了近江國的源氏以後，源氏勢力對平安京的威脅暫時得以解除，平家這才開始將工作重心轉移到了平安京的防衛上來。為了在最壞的情況下也可以拒源氏於東國，平家需要在院宣發出時能夠及時調集兵糧以及徵調朝廷大臣、莊園主領主等人的兵力。為此，平家構築了一套前所未有的都城防衛體系，讓原本準備派遣至東國討伐源氏的平重衡、平經正二人擔任新的內裡護衛，建立起如盾牌一樣的「京中在家」制度——一種臨時防禦用的軍事體制。

　　雖然全新的軍事體制目的在於保衛都城，但是平家也不願意放棄都城以外的領地，所以，平家便想利用一些地方勢力來牽制源賴朝等暫時無法討伐的源氏勢力，與陸奧國、出羽國的藤原秀衡、越後國的城助永等地方勢力組成了「源氏包圍網」，將甲斐源氏、信濃源氏、鎌倉源氏包圍起來。

　　此時的關東盛傳越後國的城助永將與奧州的藤原秀衡聯合出兵關東的謠言。城助永在越後國積極地平定反抗平家的叛亂，並向朝廷請命討伐信濃源氏與甲斐源氏，甚至在請願書上揚言：「僅僅憑我一人也可以將甲、信平定」。

　　治承四年（西元 1180 年）十二月中旬左右，近江國源氏的起兵已經被平家鎮壓。雖然說近江源氏的起兵可能是受甲斐源氏的影響，但是畢竟遠水救不了近火，在京畿支持近江源氏起兵的依舊是園城寺與興福寺的僧徒們。近江源氏起兵之際，兩寺及其下屬的寺院均有大量的武裝力量參與到近江源氏的軍隊中，因此在平定近江源氏的叛亂之後，平家的注意力自然而然地就轉移到了園城寺和興福寺的身上。

　　早在十二月十一日，平家就聽聞山本義經與園城寺勾結，準備發兵

第五章　諸國內亂之卷

攻打六波羅府，所以在討伐山本義經前，平重衡就率領軍隊先行攻打了圓城寺，還在寺內放火燒討。平家對圓城寺發起的攻擊，無疑是對京畿的宗教勢力下了戰書，並且矛頭很快就指向了南都興福寺。

平清盛為了征討南都，先是派出了心腹妹尾兼康前往大和國擔任檢非所別當，地方的檢非所相當於平安京內的檢非違使廳，負責擔當一國的治安警察。然而，興福寺的僧侶們拒絕平家的勢力滲透到南都來，公然襲擊了妹尾兼康的下屬，砍下了六十多位平家武士的首級不說，還將這些首級擺在猿澤池旁示眾。

一般的說法是，興福寺囂張的敵對行為大大地激怒了平清盛，以致招來了報復。不過近年來的研究顯示，興福寺在近江源氏被討伐、平家占有優勢時如此輕舉妄動實在不合常理，因此這件事很有可能只是平清盛故意編造出來的謠言。因為這樣一來，興福寺殺害地方檢非違使的行為，就不光是向平家挑釁，而是公然與朝廷敵對。平清盛用這件事堵住了反對出兵興福寺眾多公卿們的嘴，並給予向南都進軍討伐興福寺的平家大軍一個大義名分。

十二月二十五日，平清盛以平重衡為大將，平通盛為副將，率軍向南都出發。南都興福寺的僧人們為了應付平家的討伐軍，派出了僧兵在南都各地的路口設立防線，並在奈良坂、般若坂修築了防禦用的城池。根據《平家物語》的記載，實際上這些所謂的「城池」的築法，其實只是在道路上掘出壕溝，用石頭與盾牌並列著圍起來修築柵欄、同時將粗大樹幹的一頭削尖，然後將尖的一端朝向敵人的簡易城寨。壕溝、柵欄、以及類似鹿角的「逆茂木」都是用來防禦騎馬武士的設施，從這便可以看出源平合戰時期攻城戰的大致形態。源平合戰時代的這些城寨和後來中世紀中後期修築的城堡相比，與其說是城廓，倒不如說是防禦工事，在當時並沒有出現如戰國時代那樣符合真正字面意義上的城堡。

第三節　南都燒討

十二月二十七日，平家討伐軍的前鋒阿波成良，在泉木津與興福寺的僧兵開始交戰。次日，平重衡率領討伐軍突破了奈良坂、般若坂的防線，攻入了南都興福寺，這場戰鬥便是日後讓平家惡名滿天下的「南都燒討」事件。第一個在興福寺放火的人是平家麾下播磨國的福井莊下司二郎大夫友方。

在大部分版本的《平家物語》裡，「南都燒討」其實只是一場意外，平家討伐軍的武士們為了能夠在昏暗的地方作戰，因此點起了火把，最後不慎引發了大火。然而在《延慶本平家物語》之中，這次的燒討卻是一場有預謀的縱火。前文曾提到，在以仁王舉兵謀反之時，源賴政就有將自己宅邸燒毀的紀錄，這說明在合戰之時放火並不是什麼奇怪的事情，所以平重衡在與興福寺的僧兵們作戰時縱火，也只是一種基本戰術而已。不過，平重衡在興福寺附近的民宅放火之後，大火的延燒卻超出了平重衡所能控制的範圍，興福寺、東大寺的佛殿都受到了波及，如此大規模的火災，只怕也不是平重衡的本意。

平重衡率領討伐軍進行的這場「南都燒討」，可以說是京畿宗教勢力的一大劫難。興福寺是公卿藤原氏的家寺，想當年縱使如桓武天皇如此強勢的天皇也不得不遷都以避開南都勢力的影響，如今被公卿們百般歧視的武士竟然也敢率軍「燒討」興福寺，不得不說時過境遷，物是人非啊。

興福寺內的大部分堂宇都在此次劫難中遭到焚毀，許多僧人以及大量的佛經、佛像也在大火中燒成了灰燼，令人痛心。在東大寺那邊，除了正倉院等稍微離戰場偏遠的堂宇以外，包括大佛殿等主要建築則幾乎全都在大火中燒毀。東大寺是聖武天皇建立的寺院，攻打東大寺已是不敬，而興福寺更是作為藤原氏的家寺而存在的，家寺被燒毀，使得朝廷裡的皇族與公卿們彷彿祖墳被刨了一樣對平家怒目而視。

第五章　諸國內亂之卷

　　根據《百鍊抄》的記載，平家在「南都燒討」中共斬殺了二百餘名僧人，而在《源平盛衰記》裡寫的是七百餘人，《平家物語》則是高達千餘人。燒死的人數也亦各有不同，《吾妻鏡》之中，在戰火中被燒死的人僅有百餘人，但是《平家物語》卻為三千五百人，《源平盛衰記》則為兩千四百餘人，長門本《平家物語》更是驚人地描寫共燒死一萬兩千三百餘人。在上述史料中，公卿們編寫的史料都極度地誇大了「南都燒討」中南都的損失人數，用以凸顯平家的滔天罪惡，間接也可以看出即便在平家滅亡以後，藤原氏出身的公卿們也依然因為家寺被燒而對平家恨之入骨。

　　十二月二十九日，平重衡帶著砍下的四十九顆首級得意洋洋地回到了平安京。就這樣，因為東國動亂而在京畿出現的源氏叛亂，以及發生在平安京周圍的反平家的叛亂，都被平家以絕對優勢的軍事力量一一平定。平定了京都附近的叛亂以後，平家便不再擔心會有後院起火的狀況，開始專心地發兵征討各地的源氏武士們了。

　　值得一提的是，這場被後世稱為「源平合戰」的戰爭裡，雖然源賴朝在關東舉兵，武田信義、木曾義仲等源氏也均揚起了反平氏的大旗，但是這次的「園城寺燒討」以及「南都燒討」卻是平家與京畿寺社勢力之間的戰爭，而非源、平的交戰。可以看出，「源平合戰」並不是一場徹頭徹尾的單純源氏武士對決平氏武士的戰爭，而是一場將全國各地的各種勢力都捲入其中的一場大內亂，這也是為什麼史學界習慣將「源平合戰」稱為「治承·壽永內亂」的原因。

第四節　西國的動亂

在「治承・壽永內亂」中，除了東國與京畿以外，還有很多地方也都陸續出現了反平家的叛亂。例如在前文「以仁王的叛亂」中提到的熊野權別當湛增，在該年十月以後，也出現了公開反對平家的舉動。據說是湛增和自己的弟弟湛覺產生了矛盾，平家為了確認事情的真偽所以召喚湛增進京，而湛增則認為平家想要謀害自己，不但拒絕了平家的命令，還在當地築起了城池，派出兵勇四下掠奪，起兵對抗平家。

湛增的起兵原因是為了追求自己的利益，因此他的行為與反平家勢力有沒有掛鉤尚且不好判斷，為了應對熊野神社的叛亂，平清盛派出了平維盛作為追討使，率軍前往紀伊國討伐湛增。

另外，公卿九條兼實在日記《玉葉》裡在治承四年（西元1180年）九月十九日那天記載：「傳聞築紫也出現了叛亂的人，據說禪門（平清盛）私自派遣了追討使……」築紫指的是九州北部的築前國和築後國一帶，從九條兼實的記載中可以得知，此時九州島北部也出現了反平家的叛亂。從《玉葉》同年十一月一日的紀錄中還可以發現，這場發生在鎮西的叛亂直到這時仍然沒有得到鎮壓。

在《玉葉》裡提到的築紫反叛者，指的應該就是平安時代後期肥後國的在地勢力菊池隆直。菊池隆直在九州發起了反抗平家統治的叛亂，並與肥後國的武士阿蘇惟安、木原盛實等人一同襲擊了北九州的大宰府。在《玉葉》當中還提到，平家討伐源賴朝時，討伐軍是冠以「官軍」的頭銜出戰的，而在這次九州的叛亂之中，卻是平清盛私自派出的追討使。那麼，平清盛為什麼要將九州的這場戰爭私人化呢？

其實，不是平清盛不想再以「官軍」名義前往九州，實在是此時的日本已經四處著火，讓平家首尾不得兼顧。十一月十七日，熊野權別當湛

第五章　諸國內亂之卷

增向平家送去了自己的兒子湛顯作為人質，表達歸降平家的誠意，平家在赦免湛增的同時，順便把菊池隆直的罪過也免了。可是與湛增不同的是，菊池隆直並沒有表現出對臣服平家的熱情，平家也沒有說明免除菊池隆直謀反罪的理由。

究其原因，大概是因為此時平家為了全力應付京畿、東國的叛亂，沒有多餘的兵力可以派遣至九州島作戰。然而菊池隆直襲擊大宰府已經世人皆知，為了保存自己的面子，平家才不得不赦免菊池隆直的罪過，來掩蓋自己無力西征的事實。

該年年末，四國島伊予國的武士河野通清也發起了反抗平家的叛亂，在河野通清的舉兵過程中，其實是可以看到源賴朝、木曾義仲等源氏舉兵的影子的。在當時諸國的源氏家族裡，四國島上也有一個不能忽視的源氏勢力，即是被流放到土佐國介良莊的源賴朝弟弟——源希義。治承四年（西元1180年）十一月末，源希義疑似加入了源賴朝的舉兵陣營發起叛亂，但是最終不敵平家敗走，於土佐國長岡郡的年越山被平重盛的家臣蓮池家綱、平田俊遠討伐。

像源賴朝在伊豆國一樣，土佐國也有相對源希義來說類似北條時政這樣的武士，然而與源希義關係密切的當地武士夜須行宗的援軍卻遲了一步，使得源希義最終在沒有援軍的情況下不幸戰死。在源希義身亡以後，夜須行宗也受到了蓮池家綱和平田俊遠的追擊，最終不得不率領一族武士從海路逃脫，前往紀伊國。

源希義在四國的叛亂簡直可以說是源賴朝的翻版，兩人的身分同樣是被流放的囚徒，並且都有當地的武士支持他們舉兵反抗平家，最終，源賴朝在石橋山、源希義在年越山都被有絕對兵力優勢的平家大軍擊敗，之後源氏敗軍又一樣走海路逃竄，以躲避平家的追擊。唯一不同的就是，年越山的源希義並沒有像源賴朝那樣的好運，直接被平家的武士

第四節　西國的動亂

斬殺了，要是源希義也從年越山脫逃出來，那樣的話西國源、平之間的戰爭就和東國沒什麼兩樣，反而會更加有意思起來。

在離京畿不遠的若狹國，十一月末也出現了在廳官人舉兵反抗平家的情況，幾乎與近江源氏的舉兵如出一轍。到了次年，甚至連北陸道的反平家勢力也蠢蠢欲動，東山道、東海道、北陸道都出現了源氏叛亂的局面。此時的平家連京畿的安穩都不能完全保證，同樣是清和源氏・河內源氏等出身的武士，以河內國石川莊為據點的武士團石川源氏，也呼應攝津源氏而舉兵武裝割據，反抗平家的統治。

平清盛忙於應付各地的叛亂，終於感到疲憊了，在這一年年底他開始後悔之前廢止後白河法皇院廳的舉動了，便上書請求後白河法皇復出執政，協助平叛。然而後白河法皇不是傻子，院廳不是平清盛想開就能開的，再加上誰知道平清盛葫蘆裡賣的是什麼藥，因此後白河法皇便開始推託，直到平清盛再三請求後，才重新開設了院廳。平清盛將美濃國與贊岐國作為供給院廳運作的代價獻給了後白河法皇，並將平家的大小事務委託給平宗盛打理。

可是，此時的局面已經連後白河法皇都控制不了了，在治承四年（西元1180年）這一年的下半年，全國性各種規模的反平家叛亂此起彼伏，從京畿到關東，再到東海道、東山道、四國島、九州島，都出現了源氏武士舉兵反抗平家政權的統治。平清盛主導下的日本因為在平治之亂後任用親信、肆意打壓源氏勢力、壓制源氏武士的地位，終於遭到了源氏武士派系的反噬，此時各地源氏武士的舉兵，說明源氏與平氏之間的大規模交戰已經是不可避免的了。

149

第五章　諸國內亂之卷

第五節　「總官」體系

　　治承五年（西元1181年，是年七月改元養和元年，然而源賴朝卻依舊採用治承年號），因為前一年十一月至十二月平家構築了一套新的、以平氏為中心的平安京防衛體系，因此在這年正月，身為平家一門總領的平宗盛出任了畿內近國的「總官」一職。

　　正月八日，平宗盛接收到了「總官」任命的書信，十九日院廳便正式下發院宣，該詔書收錄於《警固中節會部類記》（引自藤原定長的日記《山丞記》）以及《延慶本平家物語》之中。「總官」這個職位非常特殊，早在「長屋王之變」爆發兩年後的天平三年（西元731年）就有任命新田部親王出任畿內總官以及諸道鎮撫使的先例，此次也是仿效前人，任命平宗盛出任畿內總官，負責五畿內（山城國、攝津國、河內國、和泉國、大和國）以及伊賀國、伊勢國、近江國、丹波國等諸國的治安巡查，鎮壓暴徒的掠奪行為。

　　「總官」這個特殊的職位以及特殊的許可權，形式上依舊是由高倉上皇的院廳發下宣旨任命的，但是此時的高倉上皇卻因為先前遷都之事病重，已經是風中殘燭的狀態了，因此實際上很可能是平家擅自操控高倉院廳所下發的旨意。平宗盛獲得了「總官」這個古代只任命過親王的官職，實際上意味著平宗盛獲得了作為武家棟梁的統治地位，武士的時代就此開始。

　　同時，平宗盛還獲得了在畿內諸國招募士兵以及徵收兵糧的許可權，平氏一門希望透過藉助朝廷的權威，將傳統貴族階級拉攏到平家的一方，在京畿建立一個新的統治模式。不過，朝廷之內的公卿們也十分忌憚平宗盛出任總官，儘管已經是既成事實，但是他們仍然想要忤逆時代潮流，不願意武士爬到自己的頭上，比如九條兼實為了防止平家趁機

第五節 「總官」體系

將九州島收為自己的領地，就將九州數國置於九州太宰府的屬下，防止這些分國被納入平家的總官體系。

治承五年（西元1181年）三月，平宗盛開始對位於大和國光明院領內的七座莊園進行訴訟糾紛的裁定，隨後在《高山寺文書》中收錄的推測是當年十月十七日淡路守平清房的請文，則是關於河內國田井莊與河內國國府之間徵收兵糧的訴訟文書，平清房的官職是淡路守而非河內守，此舉表明平清房身為平宗盛的家臣，透過平宗盛的總官許可權，進而獲得了受理徵收兵糧相關的河內國田井莊與國府之間糾紛訴訟的權力。

總官設立的目的，除了要建立平家在畿內的新地位以外，還要在內部建立不同於平清盛時代的新體系，進而強化身為平氏一門總領的平宗盛地位。平家內部的一元化，使得平宗盛擁有絕對的軍事動員權，這有利於保障平家的利益。而平宗盛出任的總官職，也是日後鎌倉幕府的幕府將軍、守護制度以及六波羅探題制度的雛形。在源、平兩家的鬥爭中，一套以武士為中心的新形式政治體系逐漸誕生，並在接下來的幾年內得到完善。

臥病在床的高倉上皇在這年的正月十四日不治而亡，受到平清盛再三請求的後白河法皇重開院廳，然而此舉並不意味著後白河法皇的院廳政治復活，而是平家想以後白河法皇作為安德天皇的後見人，進而確保平家政權的正統性，甚至在討伐各地的叛亂過程中能夠獲得大義名分，所以是不得不作的安排。然而，閏二月四日，平清盛也緊隨著高倉上皇病逝，平家在一個月內接連失去了兩個重要人物。

從此之後，平宗盛一面強化平家在畿內的總官戰時體制，同時還試圖包圍分割東國的源氏勢力。正月十六日，院廳向越後國的城助永發出了針對武田信義、源賴朝的討伐宣旨，次日，朝廷又向奧州的藤原秀衡發出了討伐源賴朝的宣旨。

第五章　諸國內亂之卷

　　二月七日，院廳又發布任命平家的重要家臣平盛俊出任丹波國諸莊園總莊司的院宣。院廳直接下令任命莊園在地的武士出任莊司十分少見。此時丹波國的國內局勢還不算十分緊張，任命平盛俊出任總莊司的原因大概是平家想在近期發起針對東國源氏的大規模征討行動的準備，由平家的家臣出任一國莊園的總莊司，可以確保大軍所需的兵糧供給。而在籌備軍費方面，平家在平安京內向富人們徵收「有德錢」，將其用在出征的軍費上。

　　平家一邊建立戰時體制，一邊開始向東國的源氏武士發起了反擊。正月十八日，平家大軍入侵美濃國，二十日，平通盛就攻下了美濃國反平家勢力的據點浦倉城，壓制了美濃國全境。

第六節　墨俣川合戰

　　進入二月以後，院廳向伊勢國伊勢神宮發出了徵召領內的水手以及各式船隻前往尾張國墨俣渡口的院宣。值得注意的是，這紙院宣雖是由朝廷派出的使者送去的，但是平宗盛卻將平家的家臣藤原盛經也隨同派去了伊勢國，命藤原盛經在伊勢國負責院宣的具體施行，這也是平宗盛施行自己總官許可權的行為。

　　美濃國安八郡是木曾川、墨俣川（長良川）、揖斐川三支河流的交會處，在這個交會口形成了一個沙洲墨俣，自古以來就是交通要道。這個地方同時也在美濃國、尾張國兩國的國境上，墨俣這個易守難攻的地方是分割東西日本的要地，因此，西日本的平家大軍與東日本的源氏大軍即將在此相會。

　　從正月末到二月的這段時間，平家陸續受到了以源行家、安田義定為首的源氏勢力即將入侵尾張國的情報，因此平家才急忙調集了伊勢國的水手充當平家水軍前往尾張國，同時平家也預想以墨俣為交戰之地，期待在此一舉擊潰源行家的這一支源氏勢力。

　　而此時的源賴朝呢？二月中旬，京畿內又出現了新的謠傳，說因為源賴朝並沒有擁立以仁王為主，因此關東的許多武士都背離了源賴朝。不過，這只是一則謠言而已，此時源賴朝的鎌倉政權代表著整個關東武士團的利益，關東武士又怎麼會背離他呢？二月二十七日，源賴朝從安田義定處得知平通盛、平維盛、平忠度等人率領平家數千軍隊向尾張進軍的消息，次日源賴朝便派出了和田義盛作為援軍前去支援。

　　源賴朝向甲斐源氏派出援軍，也可以看出這是雙方的一種軍事合作模式，不過另一方面來看，當年閏二月七日，後白河法皇的院廳竟然向甲斐源氏的武田信義發出了討伐源賴朝的院宣。雖然武田信義與源賴朝

第五章　諸國內亂之卷

表面上並非敵對關係而是合作關係，但是可以從中看出，甲斐源氏與鎌倉源氏之間為了爭奪源氏總領之位，雙方都將對方視作己方的潛在威脅，遲早會產生裂痕。對於源賴朝來說，雖然能夠仰仗驍勇善戰的甲斐源氏軍隊來頂住平家大軍的進攻，讓他在鎌倉好好經營，但是甲斐源氏的自立以及甲斐源氏強大軍力的存在，也可能從盟友變成威脅，必然會動搖自己的源氏嫡系地位。

就在伊勢平氏與河內源氏大張旗鼓地將日本瓜分為幾塊對峙的緊張局勢下，閏二月四日，因為平安京爆發了熱病瘟疫的關係，平清盛也不幸染上惡疾，因病去世，享年六十四歲，結束了自己波瀾壯闊的一生。

平清盛死前留下遺言，讓平宗盛不要為自己大舉操辦佛事，應當以平定東國為首要任務。為了實現平清盛的遺願，閏二月十五日平家派遣平重衡前往美濃國；十七日，得到和田義盛作為援軍的安田義定抵達遠江國的濱松，同時源賴朝還要求叔叔源行家派遣弟弟源義圓作為援軍，這便是墨俣川之戰源、平兩家的主要軍隊構成。

三月十日午夜，源、平兩軍終於在墨俣爆發了大規模交戰，《延慶本平家物語》當中記載平家的軍隊共三萬人，源氏軍隊則是六千人，《玉葉》裡記載的源氏軍隊則為五千人，《源平盛衰記》中的人數較少，平家僅有七千餘人，而源氏更是僅有千餘。雖然兩軍具體的人數無法肯定，但是從兵力來看，平家占有絕對優勢應該是不爭的事實。

戰鬥的具體經過並不明確，但傳聞是源氏軍隊想強行渡過墨俣川夜襲平家大營，而發現源行家想趁夜色奇襲的平家大軍奮起反擊。結果，兵力占優的平家大軍擊破了源氏的奇襲前軍，而深入敵陣的源義圓則被平家的家臣平盛綱擊殺，源行家之子源行賴被平忠度手下的武士俘虜，源氏軍隊大敗而逃。公卿吉田經房的日記《吉記》記載，這一戰源氏方共有三百九十人被割取了首級。

第六節　墨俣川合戰

　　源氏軍隊大敗的原因，是因為源行家與源義圓兩員武將爭功，二者都想搶奪前鋒的位子，不顧己方陣型便向平家的軍隊發起無腦的突襲，指揮的混亂直接導致源氏軍隊稍微受挫後就陣腳大亂。因為是渡河作戰，源氏軍隊的背後是一片低溼地，後撤困難，導致損失慘重。

　　源氏軍隊戰敗以後，源行家布置敗軍在三河國矢作川防禦，隨即也被平家大軍趁勢突破，在這之後源行家便行蹤不明，直到後來才又出現在木曾義仲的軍中。不過，在《吾妻鏡》中，源行家在戰敗以後曾向伊勢神宮奉納祈求消滅平家的告文，但是神宮的神官卻拒而不受。隨後，源行家又向比叡山延歷寺送去了通牒，請求延歷寺起兵幫助源氏討伐平家，也被延歷寺拒絕了。而在《延慶本平家物語》中，墨俣川戰敗以後的源行家逃往了相模國居住，並且為了確保自己的兵糧徵收，請求源賴朝封賞一國之地給自己，但是卻遭到源賴朝的拒絕。源賴朝並不看好源行家的能力，對他沒有太大的期望，在此之後，源行家便背離了源賴朝，前往信濃國依附木曾義仲。

　　墨俣川合戰以後，平家大大打擊了東國源氏的軍隊，此時平家軍隊原本可以乘勝追擊攻入三河國、遠江國等地，但是平宗盛卻讓大軍返回了平安京。在《平家物語》當中，平家大軍的退卻是因為平知盛在軍中患疾，不過根據《玉海》與《吾妻鏡》所記載，早在二月分平知盛就已經因病返回平安京了，他並未參與墨俣川合戰。而《源平盛衰記》裡則記載說，源行家雖然在墨俣川戰敗，但是他及時收攏殘部布置了防線，平家大軍將七千人分作五隊攻來，前四隊都被源行家擊退。當平重衡、平維盛率領第五隊軍隊出發，與前四隊合兵一處大舉攻來時，源行家寡不敵眾，方才退守三河國矢作川。

　　在矢作川防禦期間，源行家派出幾名武士裝成進京的民夫，故意被平家大軍逮到。

第五章　諸國內亂之卷

　　隨後平家武士問幾人道：「你們看見源氏的敗兵了嗎？」

　　幾人答道：「看見有四、五百名武士往東去了。」

　　平家武士又問道：「那你看到有東國的武士前來嗎？」

　　幾人又答道：「看見了，東國的武士已經西進了，漫山遍野都是，不知道有多少人。」

　　平家武士得知以後，十分懼怕，便上報給了主帥，於是才退軍返回平安京。而平家退軍之時，源行家還派出使者前往尾張國、美濃國，聲稱平家大軍不戰自潰，若是兩國的武士裡有看到平家軍隊退軍卻不發一矢的話，就是源氏的敵人。兩國的武士不敢招惹源氏，只得攔路伏擊平家的退軍，把平家大軍打得狼狽而逃。

　　《平家物語》失實，而《源平盛衰記》的記載則有些誇張，源行家在墨俣川打了敗仗，平家在濃尾的軍勢正盛，怎麼可能他還有臉向兩國武士派去使者請求追擊平家，而兩國的武士又怎麼可能有人會真的傻乎乎地去招惹平家大軍呢？

　　實際上，平家此時擔心的還是後勤不足，除了兵糧及軍餉的問題以外，平家也如同《源平盛衰記》中記載那樣，擔心萬一逼急了源氏，源賴朝會親自率軍前來與甲斐源氏合流。此時平家的攻勢有很大一部分是為了表明平宗盛實現平清盛遺願的決心，征討東國的準備並不完備，若是兩源氏會合，平家未必是二者的對手。為了保守起見，平家決定暫緩攻勢，先籌備兵糧，專心鞏固以平安京為中心的「京畿專守防衛體制」，這樣至少能保證日本是平家支配西國、諸源氏支配東國、藤原氏支配東北的三足鼎立之勢。

第七節　橫田河原合戰

　　墨俁川合戰的獲勝，使得平家暫時擺脫了源氏沿著東海道西進的危機，然而，這個時候，平家暫時還無法喘一口氣，除了甲斐源氏以外，北陸道也受到了信濃源氏木曾義仲的威脅，平家不希望在甲斐源氏、鎌倉源氏這兩個成型的勢力之外，再冒出來一個信濃源氏的敵對勢力。

　　木曾義仲自從起兵之後，暫時與甲斐源氏、鎌倉源氏的關係都還算和平，與另兩家相比，木曾義仲受到的直接威脅並非西進的平家，而是越後國的豪族城氏。城氏出自以余五將軍自稱的平維茂後人，大約在十一世紀後半期從出羽國遷到了越後國，擔任攝關家在越後國的白河莊代官，並以此地為據點發展興盛起來的家族。

　　治承五年（西元 1181 年）正月十六日，朝廷向城助永發去了宣旨，不過旨意卻不是討伐信濃國的木曾義仲，而是希望城助永從越後國發兵攻打源賴朝與武田信義。可是，城助永若是想攻打武田義信，就不得不借道自家所在的越後國與武田家所在甲斐國之間的信濃國。雖然後來被查明是誤報，但是在閏二月的中旬就已經有城助永發兵入侵信濃國的謠言在平安京裡傳開了。然而，城助永在此時已經患病，三月左右就病死了，在這以後，城助永的弟弟城助職才代替他的哥哥率領城氏一門與越後國的軍隊入侵信濃國。

　　到了五月左右，越後城氏與信濃國源氏才真正開始爆發小規模的衝突，到了六月分的時候，城助職將越後國的白河莊將原本要上交給攝關家的年貢米作為出征的兵糧，在這以後的六月十三日，城助職才與木曾義仲於橫田河原交戰。不過在《吾妻鏡》以及《平家物語》中，雙方的交戰時間被改到了壽永元年（西元 1182 年）的十月。橫田河原是千曲川的河水沖積成型的平地，此地以戰國時代的武田信玄與上杉謙信之間的五

第五章　諸國內亂之卷

次「川中島合戰」而聞名，歷來都是防止越後國軍隊南下的要地，此地一旦失守，越後國的軍隊便可隨意進出信濃國。

木曾義仲在小縣郡的白鳥河原集結了約兩千餘騎的軍隊，在《玉葉》裡稱木曾義仲的軍隊是由木曾黨、佐久黨與甲斐武田黨組成的。木曾黨便是指木曾義仲手下的直屬士兵，佐久黨則是指滋野氏一族的軍隊，甲斐武田黨自然指的就是武田氏一族。不過奇怪的是，信濃源氏將信濃國各地勢力的兵力集結起來對抗入侵的越後勢還更能夠理解，但是其中卻出現了與信濃源氏互不相統轄的「甲斐武田黨」。因此，按照《玉葉》的說法，橫田河原合戰很有可能是信濃源氏與甲斐源氏結盟後，甲斐源氏向信濃源氏派出援軍共同參戰的一場戰鬥，與之前的富士川合戰、墨俣川合戰一樣。

可是，《玉葉》的說法也不一定就是對的。九條兼實人在平安京，是很容易聽到一些謠言的，況且朝廷之前發布的旨意也是討伐武田信義，因此九條兼實聽到錯誤的消息或者會錯意也不是沒有可能。從木曾義仲的勢力範圍來看，如果說除了信濃國以外還有哪些國的軍隊也參加了橫田河原合戰的話，那可能性也只有上野國的武士了。早先木曾義仲就曾率軍出入過父親的舊領上野國，因此在這一場戰鬥中，木曾軍的軍隊裡是很有可能有西上野國諸如那和、桃井、佐位、瀨下、木角等武士家族的軍隊參戰的。

城助職率領的越後部隊入侵信濃國時號稱己方有四萬餘騎，一說是六萬餘騎，雖然有些誇張，但是越後國的優勢兵力大舉入侵卻是事實。城助職動員起來的軍隊，大多數是以舊朝廷權威下動員起來的「驅武者」，上文提到平維盛擔任統率的富士川合戰時，討伐軍也是多數由驅武者組成的。當然，城助永這支軍隊的毛病和平維盛的狀況一樣，因為大都是由驅武者組成，再加上從越後國大老遠地遠征來到信濃國，因此

第七節　橫田河原合戰

雖然軍隊龐大，但是卻都已經顯現疲憊狀態並且戰意不高，士氣相當低弱，與人數雖少但是卻同仇敵愾的信濃源氏相比，還沒開戰，越後方的氣勢就輸了一大截了。

城氏率領的討伐軍浩浩蕩蕩地向橫田河原殺來，木曾義仲早就料到了城氏的行動，率軍從信濃國的依田城出戰，先派出井上光盛率軍三千人從東北方向攻擊城氏的軍隊。在《平家物語》裡，橫田河原的交戰過程是這樣的：井上光盛率領的軍隊舉著平氏的紅旗北上，城助職見到這支紅旗招展的軍隊以為是支持平家前來參戰的勢力，所以沒有防備。當井上光盛靠近以後，突然命令手下的武士們將紅旗丟棄，豎起了源氏的白旗，突擊城助職的軍隊。越後的討伐軍沒有料到這是敵人的計策，猝不及防，在遭到突襲以後全軍陣腳大亂，就在這個時候，木曾義仲率領著主力軍前來，與井上光盛合兵一處，殺得討伐軍全軍崩潰，大敗而逃。據說在橫田河原之戰當中，井上光盛將手下的軍隊分成了七隊，木曾義仲認為此舉可以帶來好彩頭，從此以後的合戰當中，便也經常將軍隊分為七隊進軍。

第八節　北陸道與平家

　　橫田河原之戰以木曾義仲方壓倒性的勝利而告終，越後討伐軍的那些戰意不高的武士們紛紛返回了領國，而城助職逃回越後國以後，則要面對在廳國人中反平家武士們的叛亂。城氏統領越後國，完全是仰賴平家的強勢，自身對越後國的影響力並不強，在橫田河原大敗之後，平家在越後的勢力大減，城氏在越後國落入了劣勢。一度嘗試往會津逃亡的城助職，因擔心會遭到藤原泰衡的攻擊，只得在自家的領地阿賀野川北部的地域籠城防守，自此之後的戰爭中再也見不到城氏的影子，直到後來的奧州征伐為止。

　　另一方面，擊破了越後討伐軍的木曾義仲，率軍一路追擊，殺到了越後國的國府，越後的武士們大多望風而降，隨後木曾義仲便朝著日本海沿海進軍，於阿賀野川與城氏對峙了一陣子。木曾義仲進入越後國，代表著他揮出了制霸北陸道的第一拳，也是木曾義仲霸業的第一步。

　　值得一提的是，城助職所依靠的領地是越後國攝關家的白河莊，在《九條家文書》中收錄的〈白河莊各年作用註文案〉記錄的在治承三年（西元1179年）到建久七年（西元1196年）之間，白河莊的作田（可以耕作的田地）、得田（收穫的田地）與損田（沒有收穫的田地）之間的數量也在戰亂中發生了變化。除了治承四年（西元1180年）這一年的年貢被城助職當做軍糧充公，沒有記載以外，從橫田河原之戰以後到治承五年這段時間裡，城氏管轄的白河莊的損田數量大幅度地增加，這大概就是因為城氏戰敗後引起的連鎖反應。在戰爭的年代，一旦當地領主捲入了戰爭之中並且戰敗，想要自己的領地保持完整是很難的，即便是在自己領內的土地，也沒有十足的支配權，時常遭到敵人的破壞。從另一方面來看，對公卿們來說，戰亂導致莊園經營惡化，農田欠收，他們不得不開始仰

仗武士來停止戰亂，以維持莊園年貢的穩定。

在鎌倉這邊，源賴朝得知木曾義仲在信濃國打了個大勝仗，便開始向朝廷進行政治交涉，試圖讓朝廷承認自己在關東的地位，鞏固自己的勢力基礎不被信濃源氏或甲斐源氏取代。

七月，源賴朝寫了一封密信給後白河法皇，《玉葉》中提到源賴朝的宣告：「我（源賴朝）絕對沒有想要謀反，僅僅是想起兵消滅後白河法皇的敵人，恢復舊日源、平並存的局面，西國由平氏來負責，東國則交給源氏來管理。」

源賴朝動搖了討伐平家的決心，同時也擔心自己辛辛苦苦打下來的江山將為他人做嫁衣，不得不向朝廷和平家遞出橄欖枝。當然，源賴朝也是有資本的，他的起兵雖然被定義為謀反，但是卻儼然在關東已經成為了當地的一大地主，相比朝廷更有能力控制關東的土地。

源賴朝不僅僅向朝廷派出了使者交涉，同時自己也計劃了上洛的日程。八月初，九條兼實就由從駿河國上洛而來的人口中得知，源賴朝已經命令在鎌倉前往京都需要經過的各國修築屋敷，並在各地徵調糧米作為上洛時使用物資的傳聞。

後白河法皇也贊同讓日本恢復往日由源、平兩家共同侍奉朝廷的局面，他向平宗盛打探平家的意思，可惜的是，平宗盛堅守父親平清盛的遺志，主張武力剿滅朝敵，十分果斷地拒絕了源賴朝的提議。

不過，此時平家所擔心的並不是遙遠的源賴朝，而是木曾義仲在橫田河原大勝之後，形成連鎖反應而引起北陸道反平家勢力的起兵。平家不得不向北陸道派出大軍鎮壓這些勢力，八月十五日派遣平經正前往北陸道，十六日又派出平通盛。平家在北陸道有著許多的知行國，為數眾多的領地導致北陸道與瀨戶內海沿岸以及九州島一起成為平家的主要經濟來源，保障北陸道的平靜才是平家要面對的首要問題，沒有了錢，無

論想討伐誰就都只是一個空談而已。

在《吾妻鏡》當中記錄，此時平經正、平通盛前往北陸道是為了討伐木曾義仲，結合二者前往北陸道以後遇上了信濃源氏的軍隊，並且木曾義仲在北陸道大為活躍，似乎這件事確實很符合邏輯。然而，結合其他史料來看，平經正與平通盛前往北陸道，很可能不會只是討伐木曾義仲那麼簡單。

從七月下旬開始，加賀國與能登國反平家的勢力紛紛起兵，並流放了平家在當地設定的代官。在進入八月以後，平安京裡更是流傳說，能登國的國守平業家的郎黨被能登國起兵的逆賊用斧頭砍去了頭顱，引得京都裡人心惶惶。在這樣的情況下，平家方才派出平經正與平通盛，前往北陸道安定北陸諸國。

在平通盛抵達越前國國府的八月二十三日，加賀國的源氏就已經起兵在大野、坂北兩鄉燒殺擄掠，可以看出，在木曾義仲殺進北陸道諸國擴張勢力以前，北陸道反平家的勢力就已經起兵，雙方的矛盾與衝突早已浮出水面，進而交戰。這些北陸道反平家勢力的組成，大多數都是北陸道諸國的源氏武士，以及各地的宗教勢力，他們起兵並非響應木曾義仲，而是想趁著局勢混亂舉兵反抗平家的統治。

《吾妻鏡》與《百練抄》等後世編纂的史料將平家此次進入北陸道解釋為「是為了討伐木曾義仲」，而在源平合戰同一時代的《玉葉》與《吉記》等書中卻並沒有出現「木曾義仲」的名字，說明了朝廷與平家此時尚且還沒有決定討伐木曾義仲，派出平經正與平通盛前往北陸道僅僅只是為了安定北陸道的領地，順便監視木曾義仲的動向。《吾妻鏡》的編者站在事後諸葛亮的角度，很可能誤解了當時的局勢，認為平經正與平通盛是為了討伐木曾義仲才前往北陸道的。

當然，平經正與平通盛也沒想到，他們進入北陸道的同時，木曾義

第八節　北陸道與平家

仲竟然也率軍殺進了北陸道。木曾義仲的出現，可是在平家的意料之外，平家為了鎮壓北陸道的反叛勢力，在八月十四日力排眾議，任命在地武士城助職為越後國的國守，給予城助職大義名分，希望城助職能夠透過越後國來將木曾義仲的勢力壓制在信濃國，好解決平定北陸的後顧之憂。然而，此時的城氏已然成了驚弓之鳥，城助職從阿賀野川北上，前往小河莊的赤谷，舉辦了詛咒源氏的法會，除此之外並沒有實質性的行動。

第五章　諸國內亂之卷

第九節　養和年的窘境

養和元年（西元1181年）八月十四日，在城助職任官的同一天，雄踞奧州的藤原秀衡也被任命為陸奧守。平家的算盤打得很好，藤原家雖然占據日本東北多年，但是一直沒有名分，這下等於是賣給奧州藤原氏一個巨大的人情，順便請求藤原秀衡一同攻打源賴朝，即便藤原秀衡沒有動作，關東的源賴朝也會猜疑接受任官的藤原氏，不敢輕舉妄動。

九月以後，平通盛率領的平家討伐軍就與越前國、加賀國的叛亂者交戰了。九月六日，平通盛自己坐鎮越前國國府，命令平清家為大將，統領平家討伐軍前往越前國的水津與叛亂軍作戰，然而戰鬥一開始，從屬平家一方的越前國的國人新介實澄、平泉寺的長吏齋明就背叛了平家，倒戈投敵，平家討伐軍大敗，平通盛的郎黨共有八十餘人戰死在水津合戰中。

在《吾妻鏡》中，水津合戰時，木曾義仲軍與平通盛交戰，木曾軍的先鋒根井太郎率軍突破了平通盛的本陣，才導致合戰的勝利。然而，此時的木曾義仲雖然已經進入了北陸道，但是人卻身在越後國的國府，離越前國有著十萬八千里遠，並且上文也提到，平通盛並未參戰，而木曾義仲可能僅僅也只是對叛亂者派出了援軍而已。若脫離了「源平史觀」，就會發現實際上交戰的雙方應該是平家討伐軍與越前國、駿河國的叛亂者，《吾妻鏡》當中對這天的描述十分模糊，站在鎌倉立場修撰的史書很可能是因為關注點不在北陸的戰鬥上，因此才會籠統地歸結為是平家討伐軍與木曾義仲軍的交戰。

在平家討伐軍戰敗以後，平通盛也不得不離開越前國的國府，退至敦賀防守，而平家在收到平通盛的求援以後，於九月十一日派出了平教經、平行盛等人作為援軍前往北陸道。然而，平通盛卻等不及援軍，九

月十二日平通盛就放棄了敦賀城，逃往了山林裡打游擊去了，而和平通盛一起出戰越前國的平經正，則一直都待在越前國的鄰國若狹國，絲毫沒有舉兵越過國境平叛的動向。可以看出，在木曾義仲正式參戰以前，平家在面對以越前國、加賀國在地國人為主力的叛亂軍時就已經是採取守勢了。

北陸道陷入一片亂戰當中，為了給予北陸道的反平家勢力一定的軍事壓力，平家派遣平維盛進入近江國，隨後又決定派遣平知盛、平清經進入越前國，但卻因為出征的時間多次延期，導致最終計畫擱淺。然而，感受到平維盛出兵近江國威脅的源賴朝，也做好了向遠江國派遣足利義兼、土肥實平、土屋宗遠、和田義盛、源義經等人的準備。不過因為平維盛等人延期出征時間，最終源賴朝也取消了派遣計畫，導致源義經與平家直接交戰的時間又大大往後推遲了一年多的時間。十一月二日，平通盛等人返回平安京，北陸道的戰況陷入膠著狀態，同時，冬天帶來的大雪，也讓所有人都暫緩了軍事行動。

在北陸戰況陷入膠著的同時，紀伊國的熊野神社也開始蠢蠢欲動起來，之前就與平家鬧出矛盾的權別當湛增再度與平家對抗。九月初，湛增向源賴朝表達了自己會加入鎌倉方的意願，同時向後白河法皇送去了自己並非謀反的書信，到了九月末，熊野神社的勢力就以占據鹿背山的行動響應源賴朝的舉兵。

面對熊野的反叛，平家派遣平賴盛作為平定熊野的追討使，後來又改任平賴盛之子平為盛為追討使。十月十一日，紀伊國北部的親平家勢力湯淺黨率軍於鹿瀨峠與熊野神社的軍隊對峙，不過平家的軍事威脅顯然沒有對熊野神社造成影響，此時的熊野神社已經堅定地站在了反平家的一方。

不過，湛增的反叛主要原因依舊是因為熊野三山的別當之位。熊野

神社分為三個神社，所以又被稱為熊野三山，而世襲熊野別當之位的家族分為兩支，一支是新宮別當家，另一支則是湛增出身的田邊別當家。承安四年（西元1174年），新宮別當家的範智出任熊野別當，而湛增只得出任熊野權別當輔佐新宮家。新宮別當家原本是親近源氏的，因此在以仁王舉兵時，覬覦別當之位的湛增才會向平家舉報，可是新宮範智之子行命卻一反常態地站在平家的一方，與整個家族敵對。新宮行命在本家遭受孤立，不得不隻身逃往京都依靠平家，而行命的兒子與郎黨則全都被熊野的反平家勢力討伐。

在《熊野別當各代次第》中，新宮行命靠著平家的支持坐上了熊野別當之位，惹怒了新宮別當家的宗族，同時也激怒了想出任熊野別當的湛增，因此才會在熊野得不到支持。而湛增在行命逃亡以後，也順便驅逐了與自己不和的弟弟湛覺，進而成為了熊野三山的實際領導者。根據《熊野別當系圖》的記載，湛覺後來前去依附木曾義仲，並在木曾義仲與後白河法皇之間的法住寺合戰中戰死。

第十節　平家的戰備

　　養和二年（西元 1182 年，是年五月改元壽永元年），這一年日本爆發了「養和大饑荒」，各地的饑荒導致平家暫緩了對各地叛亂的鎮壓，因為軍事行動不光只靠武士和武器。俗話說，兵馬未動糧草先行，平家需要籌集足夠的糧草，才能夠發起大規模的軍事行動。說起來也是天亡平家，在平安京附近的路上到處可見餓死的人，感受到上天降下災禍的朝廷不得不下旨改元為壽永元年，以期消除上天的怒火。

　　在這段期間，木曾義仲也開始朝向北陸道發展自己的勢力，從養和元年末到養和二年初的這段時間裡，他以越後國的國府為根據地，逐步建立起一個龐大的北陸道木曾勢力圈，而平家任命的越後國國司城助職，卻絲毫發揮不到箝制木曾義仲的作用。

　　從鎌倉時代殘留下來的文書中可以得知，養和二年二月左右，木曾義仲曾任命礪波郡的武士藤原定直前往越中國石黑莊廣瀨村擔任下司職役，可以看出，在這個時候，木曾義仲至少已經能夠有效地統治越中國了。像源賴朝對待南關東的武士們一樣，木曾義仲保障北陸道領主階級武士們的利益，進而換取他們的效忠，帶領這些反抗平家統治的領主們繼續與平家作戰。

　　進入三月以後，平家在北陸道的影響力被木曾義仲大大壓制。為了鎮壓北陸道的叛亂，平家開始對可控制的領內發起大規模的軍事動員指令，平家操控後白河法皇發出院宣，派遣檢非違使前往諸國徵收糧草作為軍糧。同時，平家的軍事動員還不僅僅局限於籌集兵糧，在向興福寺發去的文書裡提到，朝廷徵集兵糧的同時，還要徵召興福寺在大和國和束杣莊與山城國天山杣莊的杣工（伐木工）作為出征北陸道的「兵士」。

　　以砍伐木材為生的杣工被徵召作為出征的士兵在當時十分罕見，按

第五章　諸國內亂之卷

照文書中所言，這些杣工完全不習兵事，連弓都拉不開，戰鬥力可謂十分低下，那麼平家為什麼會想要召集這些杣工前往戰場呢？實際上，在源平合戰的時代，當時的城廓大多數都是一些小寨子，多以壕溝或柵欄、鹿角等圍成一圈或者擺在某處交通要道為主，目的在於阻攔敵軍。若要修築一座以木材為主要材料的防禦工事「城」，就需要這些杣工去砍伐樹木了，杣工前往戰場並不是作為打仗的士兵，而是擔任修築工事的「工兵」角色。

可以看出，在源平合戰的時期，日本軍隊的組成分子發生了巨大改變，軍隊成員不再全是作戰的武士，而是由各式各樣的兵種所組成。不過，這種以總動員為前提的軍役，在較為和平的鎌倉幕府時期就相對少見了。

不過，作為替興福寺修房子的杣工們自然不想上戰場送命，他們紛紛向興福寺提出免除軍役的要求，因此平家徵召非戰鬥人員作為技術兵種的想法實際上在施行的過程中也面臨重重困難。同時，因為向各國臨時徵集大批糧草，許多地方也紛紛爆發了反抗平家的抵抗行動，平家政權彷彿陷入了一個惡性循環，為了鎮壓叛亂，就必需出兵，為了出兵，就得在各地徵集糧草，而越是徵集糧草，各地反抗平家的叛亂就越來越多。

這一年，京都流傳著菊池隆直在九州的叛亂已經被平定的消息，而後來證實這只是謠傳，此時的九州依然陷在平家與菊池隆直的戰火之中。平貞能鎮壓九州的最大難題，實際上也是兵糧問題，早在養和元年前往九州的途中，九月六日平貞能在經過備中國時就向朝廷發出了提供兵糧的要求。高山寺的殘留文書裡記載，十一月平貞能在九州築前國的野介莊徵收兵糧，而當地人們為了逃避上交糧米竟然紛紛棄家逃走。到了次年三月，為了討伐作亂的菊池隆直，平貞能下令沒收肥後國國內的

第十節　平家的戰備

公私物品，一切充公，到後來甚至乾脆將貴族們在肥後國任命的代官驅逐出肥後國，親自統領肥後國。這件事被公卿吉田經房寫進了日記裡，肥後國是吉田經房的知行國，吉田經房作為被平家徵收兵糧的直接對象，又敢怒而不敢言，只能唉聲嘆氣地將這件事寫進了日記裡，以待日後復仇。

平貞能的做法雖然霸道，但是卻十分有效，肥後國在他的統領下軍事效率大大提高，到了四月左右，菊池隆直的叛亂就被平貞能平定了。五月十一日，消息傳到了平安京，九條兼實在他的日記《玉葉》裡寫下：「西海的安定，令全天下都感到高興……」

平貞能在戰後於九州獲得領地，並在此留了下來。不過平貞能在肥後國的舉動顯然嚇到了公卿們，在豐後國也爆發反平家的叛亂後，豐後國的知行國主藤原賴輔竟然親自從平安京一路跑到了豐後國，親自前去平定叛亂。平貞能身為朝廷任命的追討使，在當地徵集糧草顯然遭到了公卿們的忌憚，他們擔心一旦武士們習慣了這種權力，就會得寸進尺進一步侵犯他們的莊園。不過，在遠離根據地的地方徵收糧草確實不是一件容易的事，後來木曾義仲便是亡於後勤糧草，而源賴朝派出討伐平家的大將源範賴在西國作戰的時候，同樣也陷入了糧草後繼無力的窘境。

七月二十八日，曾經是以仁王近侍的武士前馬允行光，在近江國高島被平宗盛與平重衡的家臣們逮捕。九條兼實在《玉葉》裡提到，行光的目的地是東國，近江國的高島位於琵琶湖以西，因此根據推測，這個東國指的應該是北陸道。再加上八月十一日，以仁王倖存的兒子在乳母的丈夫藤原重季的護衛下前往北陸，結合這一連串發生的事情，可以得知以以仁王旨意為大義旗幟起兵的木曾義仲可能想擁立以仁王的遺孤為皇位繼承人，保障他討伐平家的大業。

而此時的平家竟然沒有做出任何回應北陸淪陷的措施，九月十四

日,平家在平安京開始準備安德天皇的登基大典。不過,綜合來看,平家終止向北陸派遣討伐軍,轉而擁立新天皇的舉動實屬無奈,此時各地徵召士兵與徵集糧草的計畫都陷入了困境,再加上嚴重的饑荒,平家元氣大傷,無力出征北陸。從另一方面來看,木曾義仲此時如日中天,軍事實力十分強大,沒有十足的把握,平家也不敢輕易派出討伐軍,否則和添油戰術無異,屬於兵家大忌。

九月二十日,北陸的叛亂軍一度殺進了近江國,而在平經正返回平安京以後,若狹國的局勢也變得動盪起來。在平家還沒有真正派出討伐軍前,北陸就已經完全淪陷了,落入了反抗平家的在地武士手中,而他們在日後又紛紛效忠於木曾義仲,這也為木曾義仲在後來能夠藉由北陸道快速上洛占領平安京提供了堅實的基礎。

第六章　義仲上洛之卷

第六章　義仲上洛之卷

第一節　野木宮合戰

　　在平家直接面對木曾義仲的威脅時，各方勢力終於渡過了多災多難的壽永元年，步入了新的一年之中。這一年（西元1182年）二月，源賴朝所在的關東率先爆發了反抗源賴朝的戰事，源賴朝的叔叔志太義廣試攻擊鎌倉，舉起反旗。

　　志太義廣起兵之前，下野國的有力武士小山朝政曾經向其表示自己會支持他，然而當志太義廣的軍隊從常陸國進入下野國之後，小山朝政卻突然變心，在下野國的野木宮布下了防禦工事，抵抗志太義廣。小山朝政是源賴朝信賴的御家人，因此這次志太義廣的舉兵很可能是中了源賴朝的引蛇出洞之計。

　　二月二十三日，志太義廣與小山朝政在野木宮交戰，《吾妻鏡》記載，此時源賴朝的弟弟源範賴也在小山朝政的部隊之中，這是源範賴初次在《吾妻鏡》中登場，很有可能此役就是他的首戰。

　　源範賴是源賴朝同父異母的弟弟，他的母親地位低下，是遠江國池田宿的一個遊女（妓女），據說他自幼被後白河法皇的院別當高倉範季收養，後來元服拜領了高倉範季名字中的「範」字，取名源範賴。不過源賴朝的這幾個弟弟，包括源義經在內，皆因母親的身分地位不高，導致史料對他們童年的記載十分模糊。

　　北關東的武士們諸如長沼宗政、結城朝光、下河邊行平、八田知家、小栗重成、宇都宮信房等人均已成為了源賴朝的御家人，因此在野木宮合戰中紛紛加入了小山朝政的軍隊中，實力大大超過了志太義廣。志太義廣軍寡不敵眾，傷亡慘重，志太義廣孤身一人敗逃，前往依附源賴朝的堂兄弟木曾義仲。下野國的平家家臣足利忠綱在野木宮合戰中支持志太義廣一方，可是他沒有趕上交戰，在得知志太義廣戰敗後，他也

第一節　野木宮合戰

帶著家人們逃出了關東，前往平安京依附平家，而足利忠綱的領地足利莊則被源氏出身的足利義兼領有，源氏足利家正式取代藤原氏足利家在關東立足。

野木宮合戰導致源賴朝在關東的統治力進一步加強，二月二十七日，捷報傳到了正在鎌倉鶴岡八幡宮祈禱勝利的源賴朝耳中。次日，源賴朝便開始論功行賞，在攻伐了佐竹家以後，其實常陸國反對源賴朝的勢力依然存在，這些矛盾如果不趁早解決，只怕日後會導致後院起火，而志太義廣的起兵剛好給了源賴朝口實，他沒收了志太義廣以及支持志太義廣的武士們的領地，將許多御家人安插進了常陸國，將自己的勢力完全滲入了常陸國的基層領主之中。

不過，這一場看似小小的野木宮合戰，不僅僅對源賴朝來說意義重大，對木曾義仲也有著深刻的影響。志太義廣在戰敗後逃往木曾義仲處，木曾義仲也毫不避諱就將其收入麾下，加上之前與源賴朝不和的源行家也是在關東待不下去後加入了木曾義仲方，使得源賴朝與木曾義仲的關係大大惡化。木曾義仲儼然已經成為在源氏武士派系中反抗源賴朝武士們的保護傘，今天他可以收留謀反的志太義廣、與自己不和的源行家，明天木曾義仲就有可能聯繫關東的反源賴朝勢力，揮師東進，與自己爭奪源氏嫡系之位，這是源賴朝萬萬不能接受的。

源賴朝決定敲打一下木曾義仲，三月，源賴朝派出軍隊前往木曾義仲父輩的領地上野國，這裡是木曾義仲這支源氏家族的根據地，對木曾義仲來說意義重大。雖然從治承四年（西元1180年）開始，木曾義仲就因為一邊要發展勢力，一邊要與平家交戰而極力避免與源賴朝產生衝突，甚至擔心遭受源賴朝的猜疑而沒有再進入過上野國，但是此時源賴朝已經是一副撕破臉的樣子，受到侮辱的木曾義仲此時說不定也想和這位堂兄弟過過招。

第六章　義仲上洛之卷

可是，木曾義仲這個時候的大敵依舊是平家，平家渡過前一年的饑荒以後，經過大半年的籌備，隨時都有可能朝著木曾義仲全力發展勢力的北陸進軍，木曾義仲本來兵力就不算多，同時兩線作戰顯然也不現實，因此他只得將兒子木曾義高送往源賴朝處作為人質表示誠意，與源賴朝議和。暫時穩住源賴朝以後的木曾義仲，就開始專心經營攻略北陸，並下定決心向京畿和西國發展勢力，日後再找源賴朝算帳。

第二節　平家追討軍出陣

　　果然，四月的時候，平家就已經召集了大量的軍隊與糧草，下定決心奪回北陸道。四月九日，平家在伊勢國的神社祈願平定北陸的法事結束，四月十七日，平維盛率領的平家討伐軍從平安京出發，向北陸前進。

　　《延慶本平家物語》中記載：「軍隊十萬餘騎，大將軍六人，宗族郎黨共二十餘人，前陣後陣暫時沒有決定，大家都抱著各自的想法進軍。」平家為了征伐北陸出動了十萬大軍，雖然略顯誇張，但是根據《玉葉》的紀錄，討伐軍共有四萬餘兵馬，這在當時已經算是一支十分龐大的軍隊了，足以見得平家平定北陸亂軍的決心。不過，從另一方面來看，討伐軍的「前陣和後陣暫時沒有決定，大家都抱著各自的想法進軍」則可以看出，此時的平家討伐軍與富士川合戰時並沒有太大的區別，依舊是平家以及平家一族或家臣與朝廷徵召的「官兵」混編在一起，這樣一支軍隊雖然龐大，可是卻也只是烏合之眾罷了，同樣這支平家討伐軍也有富士川合戰時討伐軍的弱點——士氣低落，尤其是以朝廷公權召集來的士兵，連帶著影響了平家武士。

　　平家終究還是沒有學乖，他們完全沒有意識到自己之前失敗的重要原因，反而一再想利用朝廷的權威將自己打造成「官軍」，將源氏打造成「賊軍」，卻不曾想到，在這個武士初次登上舞臺的時代，朝廷所謂的「官軍」會有多少影響力呢？況且源氏一方也有自己的大義名分「以仁王的令旨」，打的是清君側的旗號，平家只一味地想為自己謀求最大利益，跟平安時代的皇族與公卿們一樣，忽視了在地武士們的利益，而這樣拼湊起來的一支討伐軍，除了平家武士與家臣們，又會有多少人是真心實意地想要出征討伐源氏呢？

　　《平家物語》經常塑造出一種「平家已死，源氏當立」的歷史觀，將雙

第六章　義仲上洛之卷

方的矛盾點放在平家武士沉醉於紙醉金迷的平安京，不習武藝，而源氏武士雖然遠在蠻荒之地，卻不忘初心，驍勇善戰。實際上平家的軍隊中也有許多諸如齋藤實盛、足利忠綱這樣能征善戰的關東武士，源氏的軍隊裡也有不少京畿甚至西國的士兵，因此這根本不能成為矛盾的關鍵所在。

此次平家的出擊，顯然沒有意識到木曾義仲的崛起，他們這次朝著北陸的出征，目的依舊是平定北陸的反平家勢力，並沒有把木曾義仲放在眼裡，要討伐的主要對象也依舊是源賴朝與武田信義。不過，木曾義仲雖然是最近崛起的勢力，卻是敲響平家喪鐘的第一個人，很快平家的討伐軍就會在北陸遇上這個勁敵了。

平家的討伐軍從平安京出發以後，兵分兩路，一支從敦賀越過木之芽峠，另一支則從近江國進入越前國，經由櫪木峠進軍。四月二十六日，兩支軍隊在越前國合流，四月二十七日，平家討伐軍與占據燧城防守的平泉寺長吏齋明以及越前國、加賀國的利仁流藤原氏出身的源氏方武士交戰，燧城位於越前國的要道今莊，四面環山，源氏又在日野川興建水壩，造出了一個人工湖防守。平家面對早有準備的燧城守軍，陷入了苦戰，湖水大大阻礙了平家攻城的步伐，不過幸好齋明在交戰途中叛逃出城，並將人工湖的祕密告訴了平家討伐軍，眾人破壞了堤壩以後，人工湖消失，燧城就這樣被攻下了。齋明在前一年的戰爭中原本歸屬於平家，後來叛逃依附了源氏，這次又再度回歸平家的懷抱，究其原因，只是因為在地的勢力在大戰當中來回搖擺是常態。

此時平家討伐軍在五月二日進入加賀國，相繼攻陷了林氏、富樫氏防守的城池，兵力劣勢的北陸源氏武士們趕忙向處於越後國國府的木曾義仲發去了求援信。為了應付平家的討伐軍，木曾義仲派出了今井兼平率軍六千在越中國的婦負郡吳羽山布陣，相對的，平家也派出平盛俊率軍五千在越中國的般若野布陣。平盛俊曾經出任過越中國的國司，他對越中國的地形也更為熟悉，有地利之便。

第三節　礪波山合戰

　　五月九日上午六時左右，木曾義仲軍與平家討伐軍在般若野交戰，戰鬥持續到了傍晚，平家討伐軍戰死兩千餘人，被木曾軍殺得大敗，於半夜朝著俱利伽羅峠敗退。隨後，木曾義仲緊追其後，持續攻擊敗退的平家討伐軍。

　　然而，在般若野合戰後的戰鬥細節，諸本《平家物語》記載都有所不同，按照《玉葉》裡的紀錄推測，越中國、加賀國交界處的礪波山（俱利伽羅峠）是北陸道的交通要道，對平家來說，礪波山是防止木曾義仲軍向西進軍的重要防線，若是礪波山失守，那麼北陸道西部甚至平安京，將都會受到木曾義仲的威脅。《源平盛衰記》裡記錄，平維盛作為總大將親自率領七萬大軍防守礪波山，而平通盛、平知盛則率領三萬騎武士朝著能登國的志保山前進，當然，如前文所述這個兵力數量是誇張描述的。

　　礪波山這個天然屏障，竟然成為木曾義仲展現自己戰術技巧的舞臺。在平家討伐軍進軍越中國後，木曾義仲從越後國出發，率軍進入了越中國的國府，並且越前國的本莊氏、樋口氏、齋藤氏；加賀國的林氏、富樫氏、井上、津幡多氏；能登國的土田氏、關氏、日置氏；越中國的野尻氏、川上氏、石黑氏、宮崎氏等在地武士紛紛加入了木曾義仲的軍隊當中。雖然軍隊成分也很複雜，但是這些新來參戰的武士們都只有一個目的——驅逐平家，保障自己的利益。

　　木曾義仲為了早已計劃好的夜襲行動暫緩了攻勢，同時為了討個彩頭，他將手下的五萬軍隊如橫田河原之戰一樣分為七隊，自己率領三萬人作為本隊，而根井小彌太率領兩千騎、今井兼平率領兩千騎、餘田次郎率領三千騎、巴御前率領一千騎包圍了在礪波山的平家討伐軍，另派出樋口兼光率領三千騎繞道平家布陣的後方，再派源行家率領最後一支

第六章　義仲上洛之卷

一萬人的軍隊前往志保山攻打平家的偏軍。此時的木曾義仲，為了營造自己手下軍隊眾多的假象，特意命人多豎起許多源氏的白旗。

準備完成後的木曾義仲於五月十一日夜裡，命令軍隊敲著太鼓、吹著法螺從三個方向突襲式地向平家討伐軍發起進攻。平家討伐軍遠道而來，在越中國又剛打了敗仗不久，遭到木曾軍的夜襲之後陣腳大亂，朝著唯一一個沒有木曾軍的方向逃竄，即礪波山的南面，一個被稱為「地獄谷」的地方。

混亂之中，平家的討伐軍人馬互相推搡踐踏，有許多武士在夜色裡紛紛失足跌落谷底摔死，場面慘不忍睹。傳聞木曾義仲在此戰用了「火牛計」嚇得平家討伐軍的士兵們自亂陣腳，實際上這只是從中國的古代傳說中移花接木的一個故事而已。木曾義仲巧妙地利用夜色作掩護向平家討伐軍突襲，並有意將討伐軍趕往地獄谷才是此戰的關鍵。戰後，平維盛帶著兩千餘殘兵往加賀國逃竄，五月二十五日撤退至加賀國安宅以後，平維盛方才穩定了軍心，收攏了失散的殘軍，在加賀國的平岡野布陣，等待木曾義仲的到來。

此時木曾義仲擊退了平維盛的大軍，可是他派出的源行家卻在與平家討伐軍的偏軍之間的交戰中落了下風，遭到討伐軍的追擊，最終木曾義仲不得不派出今井兼平率軍前去支援，方才擊退了平家討伐軍。《玉葉》五月十六日那天記載著「木曾義仲與源行家擊破了官軍」，因此此戰發生的時間應該是在五月十六日以前，而這也是木曾義仲的名字初次出現在公卿們的口中。源行家在墨俁合戰中就曾經大敗於平家，源賴朝獨具慧眼，看出了這個人並沒有什麼才能，因此不用，而木曾義仲卻傻乎乎地接受了這位叔叔，還委以重任，這才拖了自己的後腿。

第四節　篠原合戰

　　在礪波山戰敗的平家討伐軍退到了加賀國，壽永二年（西元1183年）六月一日，木曾義仲率軍追至加賀國篠原，與在此防守的平家討伐軍交戰，平家軍再度敗北，平知度於此役中戰死。

　　值得一提的是，平家討伐軍中的一員、年過七十歲的齋藤實盛也在這場戰鬥中被木曾義仲軍中的武士手塚光盛取下了首級。齋藤實盛在富士川合戰之後曾經被人嘲笑為膽小，因此他早已做好準備在此戰中證明自己。齋藤實盛的領地原本在越前國，後來轉移到了武藏國的長井莊，在出征前，他曾經面見平宗盛，對平宗盛說越前國乃是自己的故鄉，希望平宗盛賜予自己衣錦直垂，達成「衣錦還鄉」的願望，這樣一來自己就算戰死在北陸，也沒有遺憾了。在那個時代的日本尚且還流行「一騎討」（單挑）的行為，篠原之戰中平家軍隊敗退，唯獨齋藤實盛一人迎敵而上，遇上了諏訪武士團的統領手塚光盛，手塚光盛報上自己的姓名之後，詢問齋藤實盛的名諱可是齋藤實盛卻不回答，只說：「讓木曾義仲看看就知道我是誰了。」

　　早年齋藤實盛一直是源氏的郎黨，曾跟隨源義朝參加了保元之亂與平治之亂，在那之後，平家十分器重這位武士，將他納為己用。久壽二年（西元1155年）時，源義朝之子源義平率軍襲擊了叔叔源義賢在武藏國大藏的住處，斬殺了源義賢，而在這之後，源義平試圖殺死源義賢之子駒王丸（木曾義仲），齋藤實盛不忍心殺害駒王丸，違背了源義平的意思，將其送往信濃國木曾谷躲藏。

　　對木曾義仲來說，齋藤實盛其實是自己的救命恩人，在檢驗敵將首級的時候，木曾義仲看到了曾經的恩人的首級，可是齋藤實盛年紀已老，這個首級的頭髮卻是黑色的。木曾義仲知道樋口兼光認識齋藤實

第六章　義仲上洛之卷

盛，連忙命人找來了樋口兼光。樋口兼光一看果然是齋藤實盛的首級，他對木曾義仲說道：「早年曾聽齋藤實盛說，年老以後上戰場為了不被年輕的武士嘲笑，要把自己的頭髮染成黑色，想必他一定是照著那樣做了。」木曾義仲用水沖洗了齋藤實盛的頭髮後，果然露出了白髮，確定首級是自己的恩人齋藤實盛的之後，他不禁抱著首級嚎啕大哭，最後命令手下將齋藤實盛厚葬。

齋藤實盛死去的加賀國筱原後來還一直流傳著有關齋藤實盛的傳說，室町幕府時期的史料《滿濟準後日記》中記載說，應永二十一年（西元 1414 年），齋藤實盛的亡靈在筱原出現，同時因為齋藤實盛亡靈的作祟，導致當地發生了大規模的蟲災。

平家討伐軍在北陸道敗北以後，九條兼實在壽永二年（西元 1182 年）六月五日的日記《玉葉》裡寫下：「前飛驒守有安來拜訪，偷偷告訴我官軍戰敗了。四萬餘騎齊裝滿員的武士，大概只剩下四、五騎了。官軍過半死傷，剩餘的都丟盔棄甲，爭相逃進了山林裡，然而大多還是被敵軍捕殺了。」

九條兼實同樣在日記裡提到，平家討伐軍戰敗的原因是因為朝廷徵召的軍隊與平家的郎黨互相不服，可以看出，平家討伐軍成分複雜導致指揮系統混亂，才會導致一場戰役失敗之後引發骨牌式的連續敗仗。不過，九條兼實的日記《玉葉》的內容是在平安京裡聽別人說的，在這段時間裡，他所得知的般若野之戰、礪波山之戰、筱原之戰等一系列的戰事戰敗的消息實際上也有些混亂，同樣後來的軍記物語也有這樣的毛病，將北陸的戰事寫得十分雜亂。

六月六日，在北陸道大敗的平家討伐軍返回了京都，與出發時的意氣風發相比，此時回到平安京的討伐軍人數減少了將近一半。在這之後，六月十日，木曾義仲率軍從越中國出發，在十三日抵達了近江國。

木曾義仲率軍上洛的消息在京都傳開的同時，結束了在九州戰事的平貞能也帶著平家的希望率軍返回了京都。

然而，平貞能於六月十一日抵達福原，在十八日率軍進京，其麾下的軍隊人數卻大大出乎了平家主從的預料，原本平家認為平貞能會率軍數萬東進，然而當他上洛之後，方才發現，此時平貞能手下的軍隊實際上僅僅只有千餘人，在木曾義仲大軍的面前只是杯水車薪罷了。

第六章　義仲上洛之卷

第五節　木曾義仲上洛

　　進入近江國以後的木曾義仲，在此處稍作了休整，同時派出使者與平安京的地頭蛇延歷寺交涉。不過，延歷寺的態度十分模稜兩可，一方面表示會加入源氏方，另一方面又試圖勸說木曾義仲與平家議和，對此，木曾義仲命令手下的右筆大夫房覺明向延歷寺送去了牒文。

　　牒文的內容大致是：我等今日要從比叡山附近進京，但是我尚且有個疑問。爾等延歷寺的僧徒們是想加入源氏呢？還是想加入平氏？若是協助惡徒平氏的話，那我只好與爾等交戰了，一旦交戰以後，那就是延歷寺滅亡之時。

　　大夫房覺明是信濃國滋野黨的領袖海野幸親之子，曾經在奈良興福寺擔任過學僧，最早以最乘房信救為名字。在前幾年以仁王舉兵之際，他曾經執筆寫了一封給園城寺的牒文，並在牒文裡大罵平清盛。以仁王舉兵失敗以後，覺明遭到平家的追捕，不得已逃回老家信濃國，在木曾義仲舉兵後又加入了木曾義仲方，成為木曾義仲這群土包子的軍師一樣的角色。礪波山合戰時，覺明也曾為木曾義仲寫了祈禱勝利的祈願文，送進了埴生八幡宮。

　　木曾義仲進軍京畿的同時，平家也向延歷寺發去了起請文，希望與延歷寺、日吉社締結氏寺、氏社的關係，爭取讓延歷寺加入己方。然而，此時的平家對延歷寺的態度雖接近於卑躬屈膝，其臨時抱佛腳的舉動卻並不被延歷寺接受，延歷寺已經做出了加入源氏的決定。

　　不過，雖然看似木曾義仲與延歷寺的交涉取得了成功，實際上延歷寺卻十分不滿木曾義仲牒文的用字遣詞。木曾義仲送給延歷寺的牒文句句都帶著恐嚇的意思，此時延歷寺與木曾義仲的合作，並不是因為要協助木曾義仲攻打平家，而只是畏懼木曾義仲的軍隊以求自保罷了。與木

第五節　木曾義仲上洛

曾義仲的暴力威脅、恐嚇相比，同一時期的源賴朝也與延曆寺有來往，比如請求延曆寺為自己辦祈福的法事、保證延曆寺在關東的莊園年貢不被侵犯等等，鷹派作風的木曾義仲與傳統宗教勢力延曆寺的關係，自然落在了鴿派源賴朝之下；而延曆寺在相比驕橫的平家與強硬的木曾義仲之後，自然願意更加親近鎌倉的源賴朝。

七月十一日，木曾義仲率軍抵達近江國的瀨多，十四日，源行家進入伊賀國。七月二十二日，木曾義仲率軍渡過琵琶湖，從東坂本進入了比叡山的東塔，而源行家則往大和國的方向進軍。《平家物語》裡描述，源行家與木曾義仲一直都是共同行動的，然而實際上雙方此時是分開進軍，各自有作戰的計畫。

木曾義仲軍進入京畿後，畿內震動，京畿已經許久都沒有出現過平家以外的強大勢力了，七月九日，大和國金峰山的僧徒們響應了源賴朝的呼籲起兵反平，而面對畿內的反旗以及上洛的木曾義仲，平家卻絲毫沒有應對的舉措。

平宗盛已經被嚇懵了，為了抵抗木曾義仲的進軍，後白河法皇直接下令平資盛與平貞能率軍前往近江國，這是後白河法皇親自下的旨意，並沒有經過平宗盛的同意，也是平宗盛擔任總官後，第一次有人越過他派出軍隊出戰。同時，從這時候開始，平清盛長子平重盛一族的平氏小松家也與平家一門若即若離，開始脫離家族獨自行動了。

面對木曾義仲的進軍，平宗盛不得不做出決斷，是在平安京死守，還是放棄平安京出逃呢？儘管平知盛、平忠度力主在平安京迎敵，但是經過北陸道的一系列敗仗之後，平家的兵力想在短時間內恢復過來顯然不可能，以一支敗軍迎敵，究竟會是繼續慘敗還是哀兵必勝，誰也沒有底。同時，被流放到安藝國的多田行綱陰謀反叛平家，平家從九州運往京畿的年貢米在澱川和尻川被多田行綱手下的太田太郎賴助扣押了。再

第六章　義仲上洛之卷

加上平安京內平資盛與平貞能等小松家的一族與郎黨又對平宗盛抱有二心，於是在仔細考慮後，平宗盛認為此時的平家不足以守住平安京，決定放棄平安京，暫且前往平家領地同樣眾多的西國避避鋒芒。

平宗盛放棄平安京並不意味著就要去西國與源氏分割日本而治了，實際上，他還是做好儘早奪回平安京的準備，一旦平家以西國的領地為資本慢慢恢復，依舊有足夠的實力與遠道而來的木曾義仲在京都一戰。然而，平宗盛的計畫卻出現了一個環節的失誤——平家政治權力的正統性，來源於後白河法皇與安德天皇，平家必須保證控制住這兩個人。可是七月二十四日深夜，後白河法皇祕密逃出了法住寺，前往比叡山避難，平家失去了對後白河法皇的控制。

七月二十五日，木曾義仲已經近在咫尺，平家燒毀了六波羅府和西八條府，帶著安德天皇與三件神器逃離京都，朝著平清盛曾經苦心經營的福原而去。平宗盛沒有想到的是，這一次放棄平安京的決定，竟然是平家最後一次活著待在平安京裡。

在放棄平安京的這段時間裡，平氏小松家出現了與平家一門完全不統一的舉動。在之前平資盛、平貞能奉後白河法皇之命出陣近江國以後，平宗盛以平資盛等人手下的軍隊也是平家一門，不能單獨行動為由，將他們召回了平安京內。不過平資盛卻依然想歸附後白河法皇，與後白河法皇保持著男色關係並十分受寵的平資盛嘗試與在蓮華王院的後白河法皇接觸，雖然最終沒有成功，但是足以見得平資盛此時已經不大瞧得起自己的叔父平宗盛了，有了想自立門戶的傾向。再後來，接觸失敗的平資盛於次日加入了平家的本隊，朝著福原前進。

平貞能在這段時間內則祭拜了平重盛的墳地，命人將其屍骨送往高野山，將墳土倒進賀茂川之中。而在七月二十九日，以伊藤忠清等為首的小松家家臣們則拒絕隨平宗盛離京，選擇削髮出家。平家一門的平重

盛一系與平宗盛一系之間的裂痕，在這個時候完全表現出來了。

平家棄守平安京以後，七月二十七日，後白河法皇從比叡山延歷寺回到了法住寺。在《平家物語》裡記載，木曾義仲擁戴著後白河法皇還京，實際上，木曾義仲與後白河法皇進京完全沒有聯繫，木曾義仲在次日才獨自率軍進入了京都，而源行家也從伊賀國經過宇治川進入了平安京。

第六章　義仲上洛之卷

第六節　三分天下

　　進入平安京的木曾義仲軍以源行家、木曾義仲聯軍為主力，志太義廣、石川義兼等參戰勢力為輔助。木曾義仲與源行家等人並沒有締結主從關係，而僅僅只是因為討伐平家的共同目的，又都是源氏出身，這才走到了一起。相比源賴朝的絕對獨裁，木曾義仲顯然對親族血緣看得更重些，敢愛敢恨、重情重義的木曾義仲，自然也被後世包裝成了當世英雄，要不是他晚節不保的話，或許名聲還會更好一些。

　　距離上一次東國武士大量出現在平安京的平治之亂已經過去二十多年了，這時平安京的百姓與公卿們大多數都是初次見到東國的武士，他們就如同觀看狂歡遊行一樣來到路邊看著這支進京的源氏大軍。《愚管抄》裡寫到，此時的貴族們見到木曾義仲的軍隊，紛紛感慨：「東國的武士從侍到民夫人人都帶著弓箭，難怪平家不是他們的對手。」

　　公卿與百姓們見慣了在平安京裡早已風雅得如同公卿一般的平家武士，初次見到木曾義仲率領的東國武士自然感到十分新鮮，不過很快的，他們就會感受到這群東國鄉巴佬的威力了。

　　平家帶著安德天皇離開了平安京，對朝廷來說，今後何去何從總得想個辦法。壽永二年（西元1183年）七月二十八日，後白河法皇在院廳召集了群臣商議，可是眾位公卿的意見卻不統一，藤原經房、藤原實家、藤原實定等人認為，應該立即頒布討伐平家的院宣，而藤原忠親、藤原長方則表示，安德天皇和三件神器尚在平家的手上，應該以招安為主，將天皇與三件神器迎回京都。

　　後白河法皇最終決定下發討伐平家的院宣，隨後便向木曾義仲、源行家頒發了命令，然而此時的木曾義仲與源行家之間，卻隱隱約約藏著巨大的矛盾，源行家認為自己輩分大，理應地位要比木曾義仲高，然而

第六節 三分天下

木曾義仲的實力又比源行家強大非常多。

不過雖然後白河法皇命令木曾義仲與源行家前去西國討伐平家，在他的心中，取代平家成為新的武家棟梁的人物早就內定為鎌倉的源賴朝了。在向木曾義仲與源行家發去討伐平家命令的同一天，後白河法皇派出中原康定作為使者前往鎌倉，在七月三十日，則商議出將平家趕出平安京的功勳所屬，源賴朝為第一，木曾義仲、源行家分別列第二與第三，後白河法皇期盼著源賴朝能夠響應自己的號召上京，他並不看好平家與木曾義仲等人。

然而，此時占據平安京的軍隊是木曾義仲手下的，後白河法皇也不可能完全忽視木曾義仲的存在。八月一日，後白河法皇任命木曾義仲為京都守護，命其手下的源氏軍隊在平安京以及平安京周圍部署，防衛都城。

此時木曾義仲手下的源氏武士也達到了一定的數量，比如有攝津源氏的源有綱（源賴政的孫子）；美濃、尾張源氏的源廣長、高田重家、泉重忠、葦敷重隆；甲斐源氏的安田義定；信濃源氏的村上信國；近江源氏的山本義經、柏木義兼；甚至連信濃國平氏出身的仁科盛家也在木曾義仲的軍中。

八月十日，後白河法皇的院廳任命木曾義仲為從五位下左馬頭、續任越後守。然而到了八月十六日，木曾義仲的越後守又突然改為了伊予守，這個轉變很有可能是木曾義仲不滿自己被封為已經是自己根據地的越後國國司的原因。越後國現在牢牢掌控在木曾義仲的手上，有沒有越後守的官職都改變不了這個事實，而改任其他國，諸如伊予守等的國司，則可以讓木曾義仲染指這些分國的大義名分，伺機擴張勢力。

在《平家物語》裡，後白河法皇下發了任命木曾義仲為「朝日將軍」的院宣，不過在其他的史料裡卻沒有見到這樣的紀錄，懷疑是《平家物

第六章　義仲上洛之卷

語》根據謠傳編造的內容。「朝日將軍」作為木曾義仲的別稱尤為出名，很可能是木曾義仲的自稱，而《平家物語》的作者卻誤以為這是院廳封給木曾義仲的官位。

另一方面，志大才疏的源行家自從上洛以後，只封了個從五位下備後守的位階與官職，並且論功行賞方面處處位於木曾義仲的後頭，使得他這個「叔父」非常沒有面子，源行家的不滿，埋下了日後二者決裂的種子。

同時，平家往西國的逃亡，使得後白河法皇面對著一個重大的政治難題——大義名分，要知道，後白河法皇自己雖然有著足以維持朝廷日常運作的院廳，但是其院廳的統治基礎卻是建立在天皇父祖輩的大義名分之上。此時平家帶著安德天皇與三件神器西逃，理論上來說，擁有三件神器的安德天皇與平家才是正統的朝廷，所以後白河法皇下發討伐他們的院宣其實等同謀反宣告一般。即便後白河法皇能夠安排其他皇子親王即位，沒有三件神器的新天皇正統性也得不到保證，因此後白河法皇在宣布討伐平家，剝奪平家一門所有人的官職之際，並沒有解除平清盛的小舅子平時忠的大納言官職，他希望在平家裡能有一個人作為雙方交涉的中間人。

然而，後白河法皇的熱臉卻貼上了平時忠的冷屁股，八月十日，後白河法皇的使者來到了贊岐國的屋島，見到了平時忠，表示希望平家能夠歸還三件神器，這樣的話也許日後之事還可以商量著辦。平時忠卻果斷地拒絕了使者的提議，平時忠態度強硬地表明，此時的平家尚且在西國還有著強大的實力與軍力，並非到了窮途末路的地步。九條兼實得知後白河法皇的使者在平時忠那裡碰了一鼻子灰之後，暗暗在日記《玉葉》裡寫下：「當今的天下分為三國了啊……」此時在朝廷公卿們的眼裡，平家割據西國、木曾義仲割據京畿與北陸、源賴朝割據關東，三股勢力

第六節 三分天下

水火不容，儼然是三足鼎立的局勢。不過九條兼實卻忽視了在奧州的藤原氏，顯然對公卿們來說，位於窮鄉僻壤的藤原氏暫時還入不了他們的法眼。

此時，平家準備在西國建立根據地，於備前國的兒島布下了防禦，阻止反平家勢力的西進，隨後平家又率軍抵達九州大宰府，擁立安德天皇住進了九州武士原田種直的家中。

九州島是傳統的平家勢力所在，並且在治承·壽永內亂早期就派遣了平貞能在九州征戰多年，平定了各個反平家勢力，理應有許多支持者。然而，許多武士卻在此時態度開始變得曖昧不清起來，平家一方的緒方氏、臼杵氏等豐後國的武士，並沒有率軍前來參戰的動向，豐前國的宇佐八幡宮也沒有表態，而肥後國的菊池氏，更是直接躲進了自家的城池裡籠城防守，也拒絕奉詔。作為平家長久以來的勢力所在地，平家在九州島原本有許多武士團與寺社的支持，然而平宗盛在失去了對平安京的控制以後，權力來源的正統性也產生了動搖，因此這些勢力紛紛不敢表態，甚至背離了平家。

第六章　義仲上洛之卷

第七節　鄉巴佬義仲

回到平安京這邊，雖然平家拒絕歸還三件神器，安德天皇也被平家挾持而走，但是新天皇卻不得不立，不然院廳的正統性也會動搖。八月十八日，院廳召開會議商量新任天皇的人選，就在這個時候，木曾義仲不合時宜地跳到了前臺來，表示應該讓以仁王的遺孤，也就是北陸宮親王繼承皇位。木曾義仲表面上表示這是為了實現以仁王的遺志云云等大義，實際上他作為北陸宮親王的後見人，一旦北陸宮親王坐上了皇位，那朝政還不是由木曾義仲一人說了算？

木曾義仲插手皇位繼承之事，大大出乎了後白河法皇的意料，他沒想到這個鄉下武士才上京幾天就敢這麼大膽，才剛趕跑了一個平家，卻又來了個比平家還不要臉的木曾義仲。不過後白河法皇礙於面子，並沒有駁回，而是對木曾義仲表示，皇位的傳承應該憑天意，而不該由在場的人指定。

後白河法皇自然不會讓木曾義仲實現自己的野心，在他的操控下，表面上是由抽籤選出新的人選，實際上早就被動了手腳，按他的意思抽中了高倉天皇的另一個皇子尊成親王。八月二十日，尊成親王舉行了登基儀式，即後鳥羽天皇，這也是日本史上第一次發生沒有三件神器的天皇登基儀式。

在後鳥羽天皇登基的同一天，朝廷將從平家處沒收的五百餘處官領莊園封賞給了眾臣，其中，木曾義仲受封一百四十餘處，源行家則受封九十餘處。表面上，木曾義仲雖然沒有在政治上獲得上風，卻得到了許多莊園作為經濟補償，可是這五百餘處莊園卻大多數都在西國，實際都掌握在平家的手上，木曾義仲實際上等於從後白河法皇處領了許多張空白支票，並沒有獲得實質利益，並且這些空白支票的兌現，還得看他有沒有本事攻下西國。

第七節　鄉巴佬義仲

　　朝廷與木曾義仲之間的矛盾，除了木曾義仲想要插手天皇繼位之事以及在朝廷獲得更大的政治操控權以外，更是因為天皇瞧不起這個來自鄉下的鄉巴佬。《平家物語》的作者很不客氣地在書裡寫道：「（木曾義仲）言行舉止非常粗鄙，畢竟從兩歲開始就在信濃國的木曾山裡一直住到三十歲……」

　　同樣在《平家物語》中記載了兩則故事，話說有一天，中納言藤原光高來到木曾義仲宅邸拜訪，這個藤原光高因為居住在「貓間」這個地方，因此也被人稱為「貓間中納言殿」。

　　於是木曾義仲手下的武士向木曾義仲報告說道：「貓間殿前來拜訪。」

　　木曾義仲聽了哈哈大笑道：「貓也會拜訪人？」

　　家臣連忙解釋道：「大人，是貓間殿，不是貓殿，貓間應該是那位大人的宅邸所在地。」

　　「哦？那就快快有請吧。」木曾義仲這才一副恍然大悟的樣子。

　　貓間中納言殿入座之後，木曾義仲說話卻一直說不清「貓間」，而一直稱藤原光高為「貓殿」。

　　「貓殿難得來做客一次，請務必賞光留下來吃飯。」

　　貓間殿搖了搖頭：「多謝好意，用餐就不必啦。」

　　「貓殿不用客氣，這時候正是飯點，豈有不吃飯之理。」隨後，木曾義仲對著手下叫道：「把『無鹽』的平菇端上來吧。」

　　無鹽在日本特指沒有用鹽醃過的新鮮的魚，木曾義仲久居信濃國山中，誤以為新鮮的食材都可以稱為「無鹽」。

　　貓間殿拗不過木曾義仲，只好答應留下來用餐，結果木曾義仲的家臣用了一個非常巨大的碗，還在碗上裝滿了飯，配上了三個小菜加一碗平菇湯，擺在二人的面前。

第六章　義仲上洛之卷

貓間殿覺得這樣吃飯很不雅，濃濃地帶著一股村野之味，便一直沒有動筷。

「這是我敬佛時用的碗呀。」木曾義仲說道。

貓間殿只好拿起碗筷，佯裝吃飯，結果木曾義仲又開口道：「想必貓殿飯量小，可是也不用像吃貓食一樣呀，大口地吃呀……」

貓間殿在木曾義仲家中「享用」了一餐以後，連要前來和木曾義仲商量的事都沒提，就匆匆離開了木曾義仲的宅子。

除了與貓間中納言的這則笑話以外，木曾義仲還有一次相當滑稽的乘車事件被寫進了《平家物語》之中。

話說木曾義仲升官以後，因為不能穿著武士的直垂任官，而需要穿著狩衣戴著烏帽子，乘著牛車任職。但是木曾義仲卻穿著鎧甲背著箭袋持著弓箭，彷彿騎馬一樣坐在公卿的牛車裡出行。

木曾義仲的牛車是平宗盛以前使用的，並且趕車的「牛飼」（車伕）也依舊是當時平宗盛手下的牛飼，牛車被木曾義仲繳獲後，牛飼和牛車都被他留下來自己用了。不過這位牛飼對新的「鄉巴佬」大人明顯非常不滿，在牛車出門的時候突然在牛屁股上重重地打了一鞭子，結果牛痛得突然飛奔起來，坐在牛車裡的木曾義仲猝不及防，失去重心，兩隻手像張開翅膀的蝴蝶一樣亂舞著，最後四腳朝天地摔在車內。

「哎呀！拉車的！哎呀！拉車的！」木曾義仲不懂得要叫車伕為「牛飼」，而是在車內大聲地叫著「拉車的」，牛飼以為木曾義仲叫他快走，急忙趕著車走了五、六町的地。直到木曾義仲的家臣今井兼平騎馬從後方趕來，牛車才放慢速度。

「為什麼把車趕得這麼快？」今井兼平質問牛飼到。

牛飼嚇得只好回答說：「牛不受控制。」而後又對車內摔得鼻青臉腫

的木曾義仲說道：「車內有個扶手，木曾殿可以扶著那個扶手，就不容易摔倒了。」

木曾義仲握著扶手，果然不再容易摔倒了，連忙稱讚道：「這東西真厲害，真好用啊。拉車的，在這裡安裝扶手的主意是你出的，還是平宗盛出的？」

在到達目的地後白河法皇的御所以後，木曾義仲哧溜一下從車後掀開簾子就下車了，在御所周圍的人連忙教木曾義仲道：「牛車應該是從後方上車，從前方下車的。」

木曾義仲回答道：「反正都是下車，從哪裡下都一樣。」

在這之後，京都的人們紛紛將木曾義仲搭牛車的滑稽模樣當成茶餘飯後的笑談，嘲笑木曾義仲是個什麼都不懂的鄉野村夫。

在我看來，木曾義仲雖然是粗俗了點，帶著些鄉下人氣息，同時也愛做雞犬升天的美夢。但是他的心眼並不壞，他並不是一個壞人，至少在車伕把他摔得人仰馬翻的時候，他非但沒有責難車伕，還稱讚車伕讓他扶著車內的扶手是個好主意。

木曾義仲的行為在當代人看來其實沒什麼，可是在當時以公卿引領時尚潮流的日本來看，就是個實實在在的鄉巴佬。木曾義仲是個英雄，而且是性格十分耿直的英雄。可惜動盪的年代並不會容納他這樣的人存在，很快，木曾義仲便遇上了難題。

第六章　義仲上洛之卷

第八節　十月宣旨

　　壽永二年（西元1183年）八月，木曾義仲軍上洛沒多久，平安京附近的治安變得越來越差，盜賊橫行，公卿們開始懷疑木曾義仲是否有能力保障京都附近的治安。到了九月，貴族們更是開始在日記裡記錄下了木曾義仲手下的士兵在京都裡搶劫偷盜的惡行。木曾義仲性格魯莽，他根本就搞清楚前一年平家為何不出兵北陸。此次雖然上洛，可是木曾義仲卻沒有帶齊上洛所需的糧草，兵糧不足導致木曾軍的士兵們只得靠劫掠才能維持生計。

　　實際上，劫掠糧草並非木曾義仲的意思，但是公卿們卻都把罪名甩給了木曾義仲與他的郎黨們，公卿們十分期望鎌倉的源賴朝能夠取代平家與木曾義仲，為他們帶來安逸和平的生活。九條兼實在日記《玉葉》的八月二十七日那天提到京都風傳源賴朝即將上洛，九月五日，九條兼實又在日記裡滿腹牢騷地寫下了為了制止木曾義仲手下的士卒到處搶劫，京都的人們都強烈希望源賴朝能夠上洛之事。

　　九月十九日，後白河法皇向木曾義仲發出了討伐平家的院宣，此時的平家已經從「官軍」變成了「朝敵」，木曾義仲在接到命令之後，於次日率軍出發前往播磨國。木曾義仲這麼著急出征，一方面是後白河法皇與公卿們急著催他西進，想趕他離開京都，另一方面也是因為手下軍隊極度缺乏糧餉，再這樣靠士兵們自給自足，遲早會鬧出民變出來，不如加緊向西國出發，前往占領已經在木曾義仲名下那些平家在西國的莊園，從中徵收糧草供給大軍。當然，那些跟著木曾義仲上洛的武士們也不能白幹，木曾義仲準備將新占的西國土地封賞給立功的武士們，和他們結成類似源賴朝與關東御家人那樣的主從關係。

　　十月四日，後白河法皇派去關東邀請源賴朝上洛的使者中原康定從

第八節 十月宣旨

關東返回了京都，帶來了源賴朝的回覆。源賴朝十分聰明，他投其所好地向朝廷上奏了三個請求：其一，歸還寺院、神社的領地；其二，將平家占領的公卿、攝關家、院廳的領地歸還給原主；其三，平家的郎黨要是前來投靠的，可以視情節從輕處罰。

源賴朝的提議瞬間在平安京裡炸開了鍋，所有人都紛紛讚揚源賴朝和他爹不一樣，是個忠君愛國的武士，相比之下，木曾義仲與平家就顯得十分不受人喜歡了。朝廷這邊欣喜若狂，認為自己選對了人，連忙在十月六日派出使者加急向關東送去了允許源賴朝討伐木曾義仲的旨意，後白河法皇急切地想在保障朝廷與院廳的利益基礎上將平家與木曾義仲一網打盡。十月九日，後白河法皇又下令恢復源賴朝的從五位下的位階，向源賴朝示好。

然而，源賴朝在收到後白河法皇的命令之後，卻依舊窩在鎌倉，沒有動向。按源賴朝的解釋說，關東尚且有佐竹家的殘黨存在，東北又有藤原秀衡這樣一支勢力對關東虎視眈眈，他擔心一旦大軍西進，鎌倉會變成一座空城，遭到這兩股勢力的攻擊。再加上派出數萬軍隊上洛也不是一件容易的事，為了避免重蹈木曾義仲的覆轍，源賴朝也要好好準備一下糧草輜重，宣布一下軍紀。

源賴朝表面上說得言之鑿鑿，十分有理，實際上源賴朝是擔心讓後白河法皇占據政治的主導權，源賴朝此時已經有建立關東政權的意向，他這麼做無非是向後白河法皇表示自己上洛是必然之事，並不是完全響應院宣的號召。

十月十二日，木曾義仲率軍殺入了備中國，在這裡遭逢到了妹尾兼康的阻擊。妹尾兼康原本是平清盛的家臣，在礪波山之戰中成為木曾義仲麾下加賀國倉光成澄的俘虜，倉光成澄知道妹尾兼康是個有名的武士，不忍心殺他，將他派往弟弟倉光成氏的麾下效力。

第六章　義仲上洛之卷

　　妹尾兼康曾深受平清盛器重，他佯裝投降，很快就取得了倉光成氏的信任，在木曾義仲西進時，他故意向倉光成氏表示自己的領地妹尾莊水草肥沃，慫恿倉光成氏向木曾義仲請求封賞妹尾莊，而自己可以做嚮導，帶著新的領主前往妹尾莊接收領地。倉光成氏果然向木曾義仲討要了妹尾莊，並與妹尾兼康一起先行西進，在這期間，妹尾兼康之子妹尾宗康也率軍前來迎接，眾人抵達備前國時，妹尾兼康趁倉光成氏酒醉時將其殺死，又襲擊了源行家在備前國任命的在廳官人，招募了一部分忠於平家的武士，抵抗木曾義仲的西進。

　　木曾義仲得知妹尾兼康背叛了自己，十分憤怒，派遣今井兼平率軍三千人攻打妹尾兼康，妹尾兼康不敵今井兼平，只得退守備中國。在這時，追兵又殺到了備中國，妹尾兼康的救命恩人兼仇人倉光成澄也在追兵之中。妹尾兼康與倉光成澄是仇人相見分外眼紅，雙方搏鬥了一番，妹尾兼康殺死了倉光成澄，奪取了倉光成澄的馬匹逃走。只是妹尾兼康的兒子妹尾宗康體態肥胖，又摔傷了腳，無法行走，妹尾兼康原本已經逃走，又因不忍心兒子返回了戰場，在被追兵包圍的情況下，妹尾兼康親手殺死了受傷的兒子，隨後殺進木曾軍中，砍死數人後力竭被殺。

　　木曾義仲在西國作戰的同時，朝廷也沒有閒著，他們眼看著源賴朝賴在關東不動，知道源賴朝這是不想當第二個木曾義仲，在和朝廷討價還價。無奈，十月十四日，朝廷只得下發一張新的宣旨，內容只有兩個：「一、東山道、東海道、北陸道的所有的私人莊園、國衙領地都交由源賴朝調遣；二、如果有人不服從命令，源賴朝有權討伐他。」當這張宣旨下發以後，朝廷無疑是承認了源賴朝在東山道、東海道、北陸道等地的軍事指揮權，並在確保這幾個地方年貢的條件下將這些地方的莊園交給源賴朝處置。不過，朝廷頒發的宣旨將木曾義仲的地盤也全都劃給了源賴朝，這也引來了日後木曾義仲對朝廷的仇恨。

第八節　十月宣旨

　　在《延慶本平家物語》中，在這份十月宣旨頒布的同時，還出現了任命源賴朝就任征夷大將軍的院宣，不過這顯然是時間上的記錄錯誤，源賴朝正式就任征夷大將軍的時間應該是在十年後的建久三年（西元1192年）。不過這份宣旨的意義卻與源賴朝就任征夷大將軍基本相同，都代表了朝廷正式將公權交予源賴朝。

第六章 義仲上洛之卷

第九節　水島合戰

　　十月宣旨下發之後的下半月，平安京裡流傳著源賴朝已經從鎌倉動身，會在十一月一日抵達平安京的謠言，這些謠言的流傳使得木曾義仲無心繼續在西國作戰，急切地想動身返回平安京。然而，奉命出征的木曾義仲若是在此時返回平安京，無異於是抗命，原本想擴大地盤並加強自己實力的西國征伐，反而變成了制約木曾義仲的征程。

　　此時的平家也不安寧，雖然在壽永二年（西元1183年）四月左右就平定了九州島的菊池隆直之亂，但是如前文所述，九州島並不是平家的地盤，此時的平家在九州島遭到了豐後國的武士緒方惟榮的攻擊，陷入了困境。緒方惟榮原本是平重盛的家臣，但是在平家丟失平安京西逃之後，也站在了反平家的一方。

　　十月，平家帶著安德天皇逃離了大宰府，前往築前國的山鹿莊避難。山鹿莊的領主山鹿秀遠是被稱為「九國一之強弓」的武士，然而此時山鹿秀遠也挽救不了平家，在緒方惟榮的追擊下，平家只得再度逃離山鹿莊，於豐前國的柳浦登船，經過長門國的彥島，再往贊岐國的屋島逃去，平家此時猶如喪家之犬一般，四處逃竄，只為尋求一處安身之地。

　　在這次出逃的過程中，一直跟隨平家的平貞能脫離了平家的大隊伍，獨自出逃。平貞能家族代代服侍平家，他曾被平清盛稱讚為唯一可以信得過的人，可是在面對源氏強大的攻擊時，平貞能所服侍的平氏小松家（平重盛家）與一門總領平宗盛產生了裂痕，再加上平貞能活躍的戰場一直都是九州島，平家放棄了九州島，使得平貞能徹底對平家的前途感到絕望。平貞能在此之後，前往關東下野國依附宇都宮朝綱，隨即在關東定居了下來，如今北關東有著許多平重盛的墓塚，大多都是由平貞能一族建立的。

第九節　水島合戰

　　平家在屋島建立了據點之後，木曾義仲進軍的方向便從九州島改為朝向屋島，他派出了足利義康之子矢田義清作為大將，信濃國的海野行廣作為侍大將，率軍七千騎在備中國的水島駐紮，準備進攻屋島。在木曾義仲看來，只要他再加把勁，如風中殘燭一樣的平家就會在他的鐵騎之下灰飛煙滅，然而事實真的會如此嗎？

　　閏十月一日，不願坐以待斃的平知盛、平重衡、平教經率領一千餘艘平家的戰船，朝著駐紮在水島的木曾軍發起了進攻。在這一戰中，平家用木板將戰船互相連接起來，保持船隻的穩定，向木曾軍發起突襲，而木曾軍僅僅只有五百艘船隻，匆忙上船迎戰的木曾軍被平知盛殺得大敗，主將矢田義清、副將海野行廣都戰死在這場戰鬥中。

　　在《平家物語》中，水島合戰是發生在妹尾兼康之戰前，但是在《一代要記》裡記載的時間則是在之後。對於平家來說，水島合戰是一場大勝仗，一方面挫敗了連戰皆捷的木曾義仲，打破了木曾軍不可戰勝的神話，使得平家武士士氣大振，一瞬間恢復了面對源氏武士的信心，並顯示平家仍然有可能打敗源氏，奪回平安京。《平家物語》卷八〈水島合戰〉中提到：「平家在水島獲得的勝利，就像是為會稽之仇雪恥一樣」。

　　水島合戰的戰敗也使得木曾義仲亂了陣腳，勝敗原本乃兵家常事，但是木曾義仲此時陷入了政治困境之中，與平家作戰的大敗使得他的立場急遽惡化，木曾義仲生怕平安京會拋棄他這顆棋子而選擇源賴朝或平家，於是愈加想要返回平安京。此時的木曾義仲陷入了兩難的境地，遠離根據地不說，在西國又打了敗仗，平安京內的後白河法皇時不時還會在背後捅他幾刀。

　　閏十月九日，朝廷再度頒發了十月宣旨的補充，將北陸道從源賴朝的支配地中去除，這大概是考慮到了木曾義仲的關係，木曾義仲對朝廷許可源賴朝占有北陸道等地表現得極度不滿，朝廷不敢惹這個一方霸主，因此才出現朝令夕改的情況。

第六章　義仲上洛之卷

第十節　木曾軍分裂

　　源賴朝的勢力確實開始向平安京伸手，閏十月時，源賴朝曾經離開鎌倉西進，施行十月宣旨許可的權力，在東國徵收年貢，向平安京進貢。然而，閏十月八日，源賴朝在相模國國府與平賴盛見面，在這之後，源賴朝又以兵糧不足為理由返回了鎌倉，改派弟弟源義經與國衙在廳下級官人出身的中原親能代替自己上洛。此刻是源義經真正開始出現在源平合戰的舞臺之上，此時源義經上洛的目的，仍然不是打倒平家，而是作為源賴朝的代官將東國進貢的年貢送往平安京。

　　源義經在閏十月的下半月抵達伊勢國，平安京的皇族與貴族們得知這個消息之後喜不勝收，他們最關心的就是在這場內亂之中，被武士們趁機占領奪走的莊園與年貢能否恢復到戰前的局勢，因此他們非常急切地盼望身為源賴朝代官上洛的源義經的動向。在十一月左右，九條兼實、吉田經房都分別在日記《玉葉》與《吉記》裡提到了源義經的名字，並且平安京城內流傳著源義經奉了源賴朝之命帶領著數萬騎上洛的謠言，而實際上源義經身邊僅僅只有五、六百騎的武士護送年貢品而已。

　　可是，平安京城裡既然流傳著這樣的謠言，木曾義仲沒理由不會知道，對木曾義仲來說，源義經上洛無疑就是一個明顯的警示訊號。

　　壽永二年（西元1183年）閏十月十五日，木曾義仲在西國接到了源行家向後白河法皇進讒言要除掉自己的消息，連忙率軍返回平安京。源行家原本在上洛之後就與木曾義仲不和，趁著木曾義仲離開平安京的這些日子，他在京都裡大肆發展自己的勢力，並向後白河法皇靠攏，試圖抱住後白河法皇的大腿。

　　此時的局勢對木曾義仲非常不利，前進西國與平家的戰事不利，後方源行家和後白河法皇在平安京捅他刀子，最嚴重的問題是，源義經又

第十節　木曾軍分裂

率軍上洛，遠離根據地的木曾義仲頓時陷入了孤立狀態。閏十月十九日，平安京內流傳著木曾義仲即將攜走後白河法皇與公卿百官前往北陸的謠言，次日木曾義仲親自向後白河法皇與公卿百官表示這是源行家散布的謠言。然而，此時的木曾義仲，內心說不定已經有點退縮，想要回到北陸去重新整頓勢力也說不定。

沒幾天，平安京內又流傳出了木曾義仲準備與平家媾和的謠言，說木曾義仲想與平家聯手討伐源賴朝，控制朝廷。雖然這則消息是否屬實無法判斷，但是在這個時候木曾義仲即便是想與平家議和也不是什麼匪夷所思的事情，他先是要求後白河法皇封叔叔志太義廣作為征討平家的追討使，自己則希望留在平安京。不過志太義廣是被源賴朝驅逐的人，後白河法皇現在巴不得與源賴朝同穿一條褲子，又怎麼可能任命此人擔當這麼重要的職務呢？因此在二十六日，後白河法皇再度下發了院宣，表示平家追討使別人都做不了，只有你木曾義仲能做，實際上院廳是想快些將木曾義仲趕出平安京，好迎接源義經的鎌倉勢力上洛。然而，在閏十月二十七日，河內源氏的石川義兼率軍離開了木曾軍，返回了河內國的領地，隨後，木曾義仲對興福寺發出了攻擊源賴朝的命令，也沒有人理睬他。

十一月七日，源義經與中原親能一起抵達了近江國，雖然此時源義經上洛的目的如前文所述，並非討伐木曾義仲，而是作為源賴朝的代官運送年貢。然而已經對木曾義仲十分厭惡的朝廷公卿們與後白河法皇，都希望身在源賴朝軍隊的源義經能夠將木曾義仲趕出平安京，因此便想將討伐木曾義仲的任務交給源義經。

十一月八日，與木曾義仲不和的源行家率領二百七十騎從平安京出陣，前往西國討伐平家，他之所以敢率領這麼少的軍隊出陣，是因為在此之前就已經獲得山陽道與南海動員武士的權力，在《延慶本平家物語》

第六章　義仲上洛之卷

中這份命令是十一月十一日發下的，但是《延慶本平家物語》將閏十月九日頒布「十月宣旨」記成了十一月九日，因此這份給源行家的命令應該也是被《延慶本平家物語》搞錯了時間。後白河法皇將討伐平家的任務交給了源行家，使得木曾義仲十分憤怒與焦慮，才會有前文得知源行家進讒言便返回平安京的事情。

另一方面，平家此時也因為前一場勝仗之後，發起對西國的反攻，十一月九日，平重衡率領三百騎武士在備前國的東川與備前國檢非違所的檢非違使交戰，取得勝利之後朝著播磨國的室泊前進。播磨國的東邊便是攝津國的福原，福原到平安京的距離，可以說是朝發夕至了。

第十一節　法住寺合戰

　　得知平家捲土重來的後白河法皇對抗命的木曾義仲失去了信心，在十一月十七日對木曾義仲下達了命令表示：你要麼就去西國討伐平家，要麼就東進與源賴朝合戰，反正不准待在京城裡。後白河法皇的這條命令無疑是對木曾義仲下達逐客令，木曾義仲接到命令之後也徹底爆發了，在這一天他將以仁王的兒子北陸宮親王控制在自己手上，只要握著一個有皇位繼承權的皇子，他隨時都可以將皇子扶上大位與後白河法皇決裂。

　　同一時刻，後白河法皇也知道木曾義仲並不是靠政治手段就可以化解的了，做好了要與木曾義仲交戰的準備。在《平家物語》中，後白河法皇身邊的近侍，有著「鼓判官」之稱的檢非違使平知康奉命前往木曾義仲軍中傳達院廳要求制止木曾軍劫掠行為的命令，卻遭到了木曾義仲的侮辱。憤怒的平知康返回了後白河法皇的院廳，將此事轉告給後白河法皇，因此後白河法皇才會下定決心要與木曾義仲交戰。實際上，木曾義仲的行為要想激怒後白河法皇這隻老狐狸還是相當困難的，其實在當時的政治環境下，後白河法皇本身應該是已經想要討伐木曾義仲了。此時源義經與源範賴還沒有上京，後白河法皇決定在鎌倉勢力上洛之前先對木曾義仲發起攻擊。

　　為了討伐木曾義仲，後白河法皇下達了召集延曆寺、園城寺僧兵的命令，源平合戰早期經常登場的僧兵再次出現在了戰場上。與此同時，後白河法皇為了擴充院廳的軍隊，還徵集了平安京裡的地痞無賴、寺院的低階法師等等烏合之眾加入了院廳的軍隊，當然，其中也有不少背離了木曾義仲的武士。

　　得知後白河法皇在進行戰鬥準備的今井兼平、樋口兼光向木曾義仲

第六章　義仲上洛之卷

諫言不要以院廳為對手交戰，這樣會失去大義名分，而憤怒的木曾義仲卻拒絕了今井兼平等人的建議，下定決心要與院廳交戰。

在《平家物語》中，木曾義仲在這個時候說道：「我自從信濃舉兵以來，每次參加合戰，從來都沒有將背後展示在敵人眼前過。即便是十善帝王（後白河法皇）在我面前，我也不會脫下鎧甲放下弓箭投降。難道守護京都的人連馬匹都不能騎嗎？只不過是割了一些田裡的青苗餵馬，法皇就對他們降罪。那些年輕的武士，為了守護京都，因為糧草不足，去都城的郊外奪取些財物充當軍用，這又有什麼錯呢？」雖然這段話很有可能是出自於《平家物語》的創作，但是確實也站在木曾義仲的角度上來考慮當時的情況，當時氣昏了頭的木曾義仲，即便說出這樣的話也不是什麼奇怪的事。

十一月十九日上午，木曾義仲對著後白河法皇的御所法住寺發起了進攻，然而在法住寺合戰開始之前，許多看出木曾義仲氣數已盡的北陸武士都脫離了木曾軍，木曾義仲的軍隊僅僅剩下六千到七千騎左右。木曾義仲為了取礪波山之戰時的彩頭，將軍隊分成了七支，向法住寺進攻。

正午時分，木曾義仲軍向法住寺的西門前進時，在此守衛的後白河法皇親信平知康，竟然穿著鎧甲，一隻手拿著薙刀，一隻手舉著金剛鈴搖著，對木曾軍喊道：「大逆不道的人向法皇射出的箭是無法射中的，全都會反彈射死自己。」平知康在西門的這種奇怪姿態，可以看出此時他對木曾義仲抱著極大的怨恨，這很有可能就是因為之前傳達命令時被木曾義仲侮辱的原因。

眼看平知康在「做法」的木曾義仲也十分憤怒，他下令點起火矢射向法住寺，沒多久，法住寺就燃起了大火，在一片大火之中，驍勇善戰的木曾軍突破了法皇軍的防禦，僅花費了兩、三個小時左右便殺進了法住

第十一節　法住寺合戰

寺，擊潰了後白河法皇的軍隊。混亂中，平知康偷偷丟下軍隊逃走，天台座主明雲法親王與園城寺的長吏圓惠法親王（後白河法皇之子）則被木曾軍的士兵殺死，後白河法皇則被木曾軍俘虜，隨後被送往位於五條大道的近衛基通宅子裡軟禁，而後鳥羽天皇也被木曾軍關進了內裡。「法住寺合戰」與源平合戰期間的其他合戰不同，是歷史上首次出現的武士與院廳的合戰。之前的源賴朝、以及上洛前的木曾義仲都只是打著「清君側」的旗號進攻平家，到了這時木曾義仲卻因為私怨公然與院廳敵對，足以看出院廳權威的下降。

十一月二十日，天台座主明雲法親王以及園城寺長吏圓惠法親王的首級被放在五條河原示眾，木曾義仲軍在平安京愈加肆無忌憚起來。二十一日，木曾義仲剝奪了後白河法皇近臣共四十九人的官職，要知道在治承三年（西元1179年）的「治承政變」中，平清盛方才解除了院廳的四十三名近臣，此次木曾義仲解職的人數竟然超過了平清盛。《平家物語》中提到：「昔日平家也方才解職四十三名大臣，此次木曾義仲解職四十九人，其惡行已經大大超過了平家。」前關白松殿基房，也就是被平重盛派人砸了馬車的那位大人，他的女兒被木曾義仲強娶，因此木曾義仲就順便擁立松殿基房之子松殿師家為攝政。

十一月二十五日，朝廷召開了朝會，商量將從平家處沒收的官領交給木曾義仲之事，十二月二日，在木曾義仲的操控下，院廳下發了將官領交給木曾義仲的命令。在之後，木曾義仲又將受到解官事件波及的近衛基通所有領地收入自己手中，木曾義仲此時已經意識到了兵糧的重要性，這些手段都是他為了確保自己的大軍能夠有足夠的軍糧而不得不用的非常手段。然而，在獲得充足的年貢糧米作為軍糧的同時，木曾義仲還給了源賴朝一個非常好的討伐理由——對院廳、天皇舉兵，視同謀反。

第六章 義仲上洛之卷

第十二節 木曾義仲的補救

在《源平盛衰記》、《平家物語》中記載，木曾義仲在這段期間對將士們說道：「天下大事，現在盡在我手。你們想要做公卿，就可以隨便做，我也想當天皇，可是天皇都是小孩子，我又不可能變回小孩子。想做上皇，可是上皇都是老和尚，我也不想出家。只有攝政和我年紀相仿，做的事也差不多，我想我可以出任攝政，以後你們叫我攝政大人就好了。」

因為在此之前的幾個天皇大多數都是小孩子，因此木曾義仲以為只有小孩子才能做天皇，而上皇木曾義仲也只認識後白河法皇一個，誤以為要當上皇就必須是老人還得出家當和尚，因此找來找去，便覺得攝政這個職位剛剛好適合自己。結果今井兼平聽了，連忙對木曾義仲說道：「攝政從來都是藤原氏擔任的，從來沒有聽說過有藤原氏以外的人擔任攝政的先例。」木曾義仲這才放棄擔任攝政，擁立了小舅子上位。

木曾義仲想了想，問道：「那判官代怎麼樣呢？」

今井兼平回答說：「這可不是什麼大官。」

木曾義仲思前想後，最終一拍大腿：「還是做法皇院廳的御廄舍別當好了，可以有好馬讓我騎，豈不快哉。」於是木曾義仲就這樣為自己封了個「御廄舍別當」的官職，放著大官不做而去當弼馬溫，這自然也成為後世公卿們嘲笑他是鄉巴佬的一件蠢事。

不過若是從當時的時代背景來看，「御廄舍別當」其實是院廳的親衛隊長，實際上「御廄舍別當」是平安京內的最高軍事長官。

而此時的源賴朝與平家、木曾義仲相比，簡直就是傑出青年的代表，既沒有對朝廷、院廳、攝關家表現出敵對態勢，又保障了他們的收入，同時還沒有插手天皇皇位繼承人之事，並且忠君愛國，可以說是武士中的典範了。原本源賴朝還在發愁不知道用什麼理由攻打控制了法皇、天

第十二節　木曾義仲的補救

皇的木曾義仲，現在倒好，木曾義仲自己送了一面大義旗幟給他。

可以看出，忠厚老實的木曾義仲其實根本一點都不了解朝廷、院廳的鬥爭。與在京都待過的源賴朝相比，木曾義仲確實就是個鄉巴佬，憑著自己的性子在京畿胡鬧，雖然他的所作所為可以理解，但是畢竟是夾在老狐狸後白河法皇與小狐狸源賴朝之間，木曾義仲的前途一片黑暗。

很快的，盛極而衰的木曾義仲就將遭到鎌倉勢力的攻擊，當然木曾義仲早就對此有所準備，畢竟源義經率領大軍上洛的謠言早就在京畿傳開了。不過他萬萬沒想到的是，木曾軍竟然會比被討伐的平家更早滅亡。

木曾義仲與後白河法皇決裂以後，便下定決心正面對戰鎌倉的源賴朝，為了能夠抽出足夠的兵力對付源賴朝，木曾義仲甚至準備與平家議和。

十一月二十九日，之前與木曾義仲分開的源行家獨自出兵西國討伐平家，在室山與平知盛、平重衡率領的軍隊交戰。在室山合戰中，源行家低劣的軍事能力表現得淋漓盡致，脫離了木曾義仲以後宛如軍事弱智一般，被平家打得大敗，百餘位的郎黨戰死以及被俘，源行家本人也灰溜溜地從海路逃到和泉國的石川城。源行家本人在和泉國有著一定的影響力，逃回和泉國即表示此時除了老家，已經沒有地方接納這個人了。

室山合戰的勝利使得局勢又變得模糊起來，平安京內流傳著平家將要返回京都的謠言，而平家的武士與支持者們也紛紛想要返回平安京，主張乘勝追擊順勢上洛的平知盛甚至與平宗盛產生了爭吵。

而在木曾義仲這邊，因為室山合戰敗於平家，東邊的源義經又即將上洛，陷入了四面楚歌的境地。感覺鎌倉才是首要敵人的木曾義仲在十二月對平家發去了起請文，希望能夠與平家達成和解，共同對抗源賴朝。和談的結果自然是以失敗告終，木曾義仲的名聲一直都不怎麼樣，

第六章　義仲上洛之卷

再加上平家此時在軍事上連戰皆捷，士氣大振，大有重返京都的趨勢，政治上還有三件神器以及安德天皇作為大義旗幟，自然沒有答應木曾義仲和談的理由。

十二月十日，在木曾義仲的操縱下，院廳向奧州平泉的藤原氏發出了命令其與木曾義仲一起討伐源賴朝的院宣，在尋求與平家和談的同時，木曾義仲還希望與奧州藤原氏的藤原秀衡建立起共同戰線。木曾義仲的種種行為從某個角度說明了：源平合戰其實並不僅僅是源氏 vs. 平氏那麼簡單，這場內亂不過是想要爭權奪勢的武士因為一己私利而發起的而已。

然而，小富即安的奧州藤原氏並沒有南下關東奪取天下的野心，藤原秀衡想要的無非和之前的安倍氏、清原氏一樣，在東北建立起一個相對獨立的政權而已。因此無論是平家還是木曾義仲向平泉發出的請求，都像石沉大海一般，沒有任何回應。

第十三節　鎌倉勢上洛

在《平家物語》中記載，壽永三年（西元 1184 年，四月改元元曆）正月十三日，源義經在伊勢國布陣備戰，麾下有安田義定、大內惟義、畠山重忠、佐原義連、梶原景時、熊谷直實、佐佐木高綱、涉谷重助、平山季重等兩萬五千餘兵力；而源範賴則在近江國瀨田布陣，手下有武田信義、一條忠賴、加賀見遠光、坂垣兼信、稻毛重成、榛谷重朝、土肥實平、小山朝政等三萬五千餘騎武士。儘管《平家物語》中源範賴與源義經麾下的軍隊略有誇張，但是這兩支源賴朝的軍隊都擺出了面向平安京的攻勢。

前文提過，源義經原本只是作為源賴朝的代官上洛護送給公卿、皇族們的年貢而已，手底下的人僅僅只有五、六百人，而在源賴朝命令源範賴率領鎌倉的軍隊上洛之後，也委託源義經統率部分軍隊，這些兵力應該是從源範賴帶出關東的軍隊裡分出來的。

不過學者川合康氏根據《源平盛衰記》研究得出的結論，說源義經在與源範賴分開以後，進入了伊勢平氏的發家地伊勢國，並得到了伊勢平氏的武士平信兼以及伊賀國的平家家臣平田家繼的支持，在獲得了這些在地武士的支持以後，方才組織起了一支軍隊上洛。平信兼是源賴朝舉兵時殺死的伊豆國代官山木兼隆的父親，不過山木兼隆與平信兼父子不和，所以平信兼會投靠鎌倉也不是什麼怪事。而平家的家臣平田家繼之所以加入源義經軍隊的原因，則是因為他與自己根據地相近、以近江國甲賀郡為根據地的柏木義兼不和，兩家在當地多有爭鬥，而柏木義兼此時加入了木曾義仲一方，因此平田家繼才會在平家喪失了京畿主導權以後加入源義經軍，對付以木曾義仲為靠山的柏木義兼。

在《源平盛衰記》中，源義經上洛途經伊勢國鈴鹿郡，沿著大和街道

第六章　義仲上洛之卷

向伊賀國的柘植、倉部前進，隨後經過伊賀國上野的野田抵達南山城的笠置，朝著宇治川北上。在《源平盛衰記》中，源義經的動向並非是作為源範賴的偏軍策應主攻部隊，而是到伊勢國、伊賀國動員當地的在地武士，隨後帶領著他們上京作戰。

與此同時，木曾義仲這邊雖然戰勝了後白河法皇的烏合之眾，卻也只是柿子挑軟的捏而已。在源義經、源範賴布陣近江國、伊勢國的前三天，即正月十日，平安京內再度流傳著木曾義仲將要綁架後白河法皇等皇族一同逃回北陸的傳言。正月十六日，九條兼實又記錄下木曾義仲命令手下的郎黨監視後白河法皇的消息，看來木曾義仲想放棄平安京逃往北陸並不是空穴來風。

木曾義仲在得知源賴朝派遣源範賴、源義經上洛的消息之後，因為自己手下的軍隊兵力不足，因此想放棄平安京，同時為了不在政治上落入下風，他準備帶著後白河法皇等皇族前往北陸，這樣一來，木曾義仲不過又是一個平家而已。

正月十一日，在木曾義仲的強烈要求下，院廳下達了冊封木曾義仲為征夷大將軍的命令。表面上這只是恢復幾百年前最高級的武官官職，實際上則是木曾義仲為了與獲得「十月宣旨」之後取得東國統治權的源賴朝對抗的結果，要知道，當年的征夷大將軍討伐的對象正是東國的蠻夷，木曾義仲想先取得這個官職，日後再出征東國，用朝廷賦予征夷大將軍的公權與大義名分與源賴朝決戰也說不定。

可是在正月十三日源義經以及源範賴抵達京畿以後，木曾義仲卻沒有立即列陣迎戰，想來他之所以不敢輕易離開平安京，有可能是因為西國的平家正在大舉東進，木曾義仲擔心在遠離平安京的地方與鎌倉勢力交戰的話，會被平家趁機攻打京都老窩。第一個上洛卻沒能消滅平家的木曾義仲夾在了鎌倉與平家之間，首尾受敵，十分尷尬。

不過，木曾義仲的考慮其實有些多餘，此時平家想要上洛也不是件容易的事，平安京雖然是個重地，但是卻如同雞肋一般 —— 食之無味，棄之可惜。平家要是在這時候上京，只怕會落入與木曾義仲一樣的下場。平家與木曾義仲的和平交涉失敗後，平家的軍隊仍在丹波國與木曾軍交戰，另一方面，平家也擔心狗急跳牆，要是逼急了木曾義仲帶著後白河法皇逃往北陸，那麼還京的政治意義就小了很多，再加上此時與木曾義仲不和的源行家雖然戰敗躲在京畿，但是動向仍然牽動著京畿的局勢。

第六章　義仲上洛之卷

第十四節　宇治川合戰

　　就在平家、源義經、源範賴都在思索下一步怎麼辦時，木曾義仲率先動手了。正月十九日，木曾義仲派遣了今井兼平率軍前往源範賴進軍的瀨田布防，阻擊源範賴，再派出仁科盛家等人前往宇治抵禦正在朝著宇治進軍的源義經，而木曾義仲自己則率軍護衛後白河法皇的御所。實際上大家都明白，木曾義仲此舉名為護衛，實則是做好戰況萬一不利就立即帶上後白河法皇逃往北陸的準備。

　　《平家物語》中所述，木曾義仲此時的兵力不過一千餘騎。在此之前，木曾義仲軍中就有許多武士脫離了軍隊逃亡去了，一方面是因為木曾義仲上洛已久，卻仍然沒有足夠的糧草供應，根本無法在京畿養活這些武士，另一方面則是在木曾義仲與後白河法皇決裂以後，擔心會跟著木曾義仲越走越黑的武士便偷偷找機會開溜。更雪上加霜的是，此時源行家在河內國舉起了反旗，反抗木曾義仲，並在石川城籠城。得知此事之後，木曾義仲便派出手下大將樋口兼光率領一支偏師前往河內國，大敗源行家與石川義兼，二人在戰敗後灰溜溜地又逃向紀伊國。不過雖然征討源行家與石川義兼進行得很順利，但是木曾義仲的分兵再次導致己方的兵力更加不足。

　　正月二十日，源義經在宇治川對著兵力極度劣勢的木曾軍發起了進攻，在戰前，木曾軍為了阻止源義經部隊的西進，撤走了宇治川的橋板，這是以仁王謀反時在宇治川採用的戰術，同時木曾軍還在宇治川內丟了非常多的漁網，同樣也是因為以仁王謀反時，儘管撤去橋板，卻仍然有平家武士騎著馬越過宇治川，木曾軍想利用河底的漁網來絆住馬腳。

　　冬天的雪水融化，使得宇治川的水位上漲，流速變快，源義經的部

第十四節　宇治川合戰

隊要想渡過宇治川非常困難。可是儘管如此，仍然有立功心切的武士跳進川中，為首的便是梶原景時之子梶原景季以及佐佐木一族的佐佐木高綱。

梶原景季胯下的坐騎磨墨、佐佐木高綱胯下坐騎生食，都是此次出陣之前，源賴朝在鎌倉親自送予二人的名馬。佐佐木高綱看到梶原景季在前，擔心被搶功，便連忙大叫：「梶原殿下，馬的腹帶鬆了。」

梶原景季聽了信以為真，連忙放慢速度檢視馬的腹帶，結果佐佐木高綱搶到了他的前頭。梶原景季得知上當，連忙大叫：「佐佐木殿下，要想立功可要小心河底的漁網啊！」

不過佐佐木高綱沒有上當，而是順利渡過了宇治川，奪取了第一功，梶原景季的馬則被水流沖走，而在宇治川下游上岸，此即《平家物語》中宇治川合戰時，十分有名的「宇治川爭奪先陣」的故事。

雖然《平家物語》是個逸話眾多的軍記物語，很多內容也分不清是不是作者的創作，然而在承久之亂時，佐佐木高綱的姪子佐佐木信綱也有過類似的搶功傳說，因此這些可能是佐佐木一族代代相傳的故事也說不定。

爭奪先陣之事發生以後，源義經部隊中的武士紛紛以二人為榜樣，陸續跳下河渡過宇治川，朝著木曾軍進攻，由於人數的優勢明顯，源義經成功突破了木曾義仲在宇治川布置的防線。不過，源範賴一方攻破瀨田防線的時間卻晚於源義經，因此在源範賴進京之前，源義經早已率軍進入了平安京，源義經與源範賴二人的軍事才能，在這時候就已經能展現出一定的差距了。

雖然木曾義仲在六條河原抵抗源義經的部隊，但是此時根本無法阻止源義經的大軍，木曾義仲手下的軍隊幾乎全部潰散，戰敗的木曾義仲連後白河法皇都來不及挾持，就直接朝向北陸逃去。

第六章　義仲上洛之卷

　　據說木曾義仲原本想進入平安京自盡，但是此時與源範賴交戰後也落敗的今井兼平回到木曾義仲身邊，勸說木曾義仲前往北陸道再做打算，並且表明自己願意為木曾義仲殿後。木曾義仲欣然接受了這個建議，結果在路過近江國的粟津松原時，遭到甲斐源氏的一條忠賴阻擊，在《平家物語》當中描述，木曾義仲的愛妾巴御前此時也跟隨著木曾義仲，木曾義仲不忍心讓巴御前戰死，便令其自行逃去。

　　巴御前不願意獨自求生，木曾義仲只好說：「妳若是落入敵手，敵人會嘲笑我臨死還不忘在身邊帶著女人，會玷汙我的武名的，妳還是快逃命去吧。」巴御前無奈，在殺死武藏國的御田八郎師重後，卸下鎧甲、丟棄武器，獨自朝東國逃走。巴御前在離開木曾義仲以後，改嫁鎌倉幕府的有力御家人和田義盛，並生下兒子朝比奈義秀，巴御前晚年獨自在越中國的石黑出家，並用其餘生為木曾義仲祈禱冥福。

　　在巴御前逃走之後，木曾義仲身邊所剩的士卒寥寥無幾，禍不單行的木曾義仲坐騎的馬蹄又陷入農田之中，就在這時，一支流矢飛來，射中了他的正臉，一世梟雄的木曾義仲就這麼狼狽地死在農田裡。跟隨在木曾義仲身邊殿後的今井兼平看到木曾義仲被流矢射死之後，悲憤地對著追兵大喊道：「看好了，日本第一的勇士在此自盡！」隨後將刀尖對準自己口部，從馬上跌下以刀柄著地的方式自殺。

　　值得注意的是，在《平家物語》與《吾妻鏡》當中，描寫殺死木曾義仲的那支箭是相模國武士三浦氏一族的石田為久所射，但是在《愚管抄》裡，卻記載說割取了木曾義仲首級的是源義經的郎黨伊勢三郎義盛。

　　從木曾義仲戰死之前來看，跟隨他逃往北陸的武士大多數都是信濃國的武士。不過，原本屬於北陸道西南部地區即越前國等地的武士卻很少在這次鎌倉與木曾義仲的交戰中戰死，想來大概是因為木曾義仲的部隊糧草不濟，很多武士早早就離開了木曾義仲返回領地。在這些武士返

第十四節　宇治川合戰

回領地以後，木曾義仲的軍隊組成就發生了變化，從起兵之始的信濃國、北陸道武士為主，變為大多數由當地的在地領主組成。而這些在地領主，加入木曾義仲軍隊的原因也並非臣服，而僅僅是因為木曾義仲勢力龐大，與其同盟罷了，當更強大的鎌倉勢力上洛以後，當然全都毫不意外地加入了源義經、源範賴的軍隊中去了。

第六章　義仲上洛之卷

第七章　討伐平家之卷

第七章　討伐平家之卷

第一節　鎌倉勢西征

　　源義經率軍進京以後，禁止麾下士卒劫掠京都，而這時候後白河法皇待在大膳大夫大江業忠在六條的宅邸裡，源義經便帶著畠山重忠、佐佐木高綱等人前往拜見後白河法皇。大江業忠聽到動靜後，爬上了房子的圍牆查看，見到有幾騎武士騎著馬前來，以為是木曾義仲來了，慌忙地大叫起來。使得宅邸內的後白河法皇等人大驚失色，過了一會兒，大江業忠又說道：「好像不是木曾義仲，似乎是東國的武士。」

　　隨後，源義經抵達正門，下馬對著門裡頭喊道：「我是源賴朝的弟弟源義經，方才已經擊破賊軍，現在前來護駕，請快快開門吧。」

　　大江業忠聽了之後，興奮地不小心從牆上摔下，摔傷了腰，不過他顧不得疼痛，立即向後白河法皇彙報此事，後白河法皇連忙下令召見源義經，並命其守衛此宅。

　　在壽永二年（西元1183年）的十月宣旨當中，源賴朝從後白河法皇處獲得了東國的支配許可，雖然當時其中也包含了北陸道，但是因為木曾義仲的關係，後來一直沒有實現。待到壽永三年（西元1184年）正月時，木曾義仲死去之後，源賴朝便派了比企朝宗作為勸農使前往北陸道，行使自己的支配權力。

　　正月二十一日，源義經向院廳上報了木曾義仲已經被討伐的消息，五天之後，木曾義仲、今井兼平、根井行親的首級被檢非違使帶著在平安京內來回地遊街，遊完街以後，三人的首級被掛在城門上示眾。

　　木曾義仲死後，從河內國返京的木曾義仲手下大將樋口兼光也在二月二日被斬首。原本與樋口兼光交好的武藏國武士團兒玉一族提出將樋口兼光交給他們一族囚禁，放其一條生路的要求，源義經也深以為然，替樋口兼光在後白河法皇處說情。可惜的是，在法住寺合戰時，後白河

法皇身邊的女官被這些武士扒光衣服侮辱，抱著這樣的怨恨，女官們向後白河法皇提出要將樋口兼光斬首，在法住寺合戰時同樣受到羞辱的後白河法皇便下令將其處刑。

正月二十二日，後白河法皇召開了院御所評定，商討接下對平家的討伐方案，評定上公卿們的意見發生了衝突，有許多公卿認為平家此時保有三件神器和安德天皇，仍然握著大義名分，應該以和談為主，讓平家將三件神器引渡回平安京。不過，在二十六日，朝廷依舊向源賴朝下發討伐平宗盛的命令，不過在二十九日，朝廷再度下達了旨意，命令源賴朝優先討伐木曾義仲的殘黨，在掃平木曾黨後，再進行討伐平家的戰事。

此時，領到院宣的源賴朝已經從曾經的朝敵，搖身一變成為討伐朝敵的官軍，在院宣下達以後，源範賴、源義經受命集結了數萬大軍，朝著西國前進，準備討伐平家。鎌倉勢力向西國擺出攻勢以後，西國也陸續出現了反平家的活動，首先是四國島贊岐國的在廳官人壽害進攻備前國下津井莊的平教經、平教盛，結果遭到平教經的反擊，大敗而逃，前往淡路國追隨淡路國的在地武士賀茂義嗣及淡路義久，修築城池防禦，然而當平家的追兵到達之後，城池很快淪陷，反平家勢力共戰死一百三十二名武士。

平家在瀨戶內海經營多年，在沿岸有著極為強大的勢力以及水軍，再加上瀨戶內海沿岸的反平家勢力得不到本州島鎌倉勢力的援助，因此十分容易就被平家討伐消滅。在這樣的背景之下，平家一族進入了平清盛舊日經營的據點福原，為平清盛舉辦逝世三週年的祭祀。因為之前一連串的勝利，平家也產生了可以反攻京都的錯覺，才會在這個時間點率領一門進入離京畿近在咫尺的福原吧。

二月五日，在平家進入福原的第二天，鎌倉勢力進入了攝津國。和

第七章　討伐平家之卷

討伐木曾義仲時一樣，此時的鎌倉勢力分為兩支軍隊，分別由源義經、源範賴帶領，源範賴手下有梶原景時、小山朝政、武田有義、坂垣兼信、下河邊行平、長沼宗政、千葉常胤、佐貫廣綱、畠山重忠、稻毛重成等，號稱有五萬六千餘騎武士，而源義經麾下則有土肥實平、安田義定、大內惟義、山名義範、田代信綱、大河戶廣行、佐原義連、糟屋有季、平山季重、平佐古為重、熊谷直實等，號稱共兩萬餘騎武士。

為了攻取福原，鎌倉勢力決定採用東西夾擊的方式，由源範賴率領主力軍沿著西國街道進軍，自東向西攻打福原，而源義經率領偏師從丹波路繞路到平家的後方，自西向東進攻，雙方約定在二月七日同時對福原發起進攻。

值得注意的是，在鎌倉時代早期創作出來的史料《儒林拾要》裡，有鎌倉勢力動員京畿武士的書信流傳下來。書信中，鎌倉以「追討使源朝臣」為名向攝津國渡邊黨的武士豐島太郎源留、遠藤致信，以及攝關家領地垂水牧內負責維護治安的武士牧權追捕使中原宗景、垂水武者所橘正盛等人發去了催促參戰的命令，並表示如果不在規定的時間內參戰，即視為加入謀反者（平家），將進行處罰。

這些在地的武士以及攝關家領地內的武士，在治承・壽永內亂中紛紛成為源賴朝的家臣，也就是後來鎌倉幕府的御家人。而這位「追討使源朝臣」命令武士們抵達京都的七條口參戰，隨後沿著丹波路進軍前往一之谷，因此這有可能是一之谷合戰前，源義經向在地武士們發去的書信。而這種形式在鎌倉幕府成立後被延續下來，發展成鎌倉幕府時期的守護制度，守護成為將軍在分國的代官，擁有一國的軍事指揮權。

察覺到源義經、源範賴動向的平家立即做出了應對措施，命令平知盛、平重衡在福原東邊的入口生田森布陣防禦，西邊的入口一之谷則由平忠度布陣防守，在兩軍中間是一塊朝著山的低地，此地由平通盛防

守，平家軍隊的總大將平宗盛則帶著安德天皇乘著船待在福原邊上的近海，福原四面環山，萬一失守，從陸路撤軍十分困難，因此讓平宗盛率領水軍在海上保障平家的後路。

源範賴抵達攝津國昆陽野後，擺出了進攻生田森的態勢，而此時的源義經卻在播磨國的三草山遭到了平家小松家（平重盛一族）的平資盛、平有盛、平師盛等人的阻擊，在《平家物語》中，此時源義經的軍隊共有一萬餘人，實際上人數應該更少，不過總歸是大於現在的平家守軍的。

第七章　討伐平家之卷

第二節　一之谷合戰的通說

　　三草山雖然位於播磨國，但是十分靠近丹波國與播磨國的國境線，是一處交通要道，並且此地易守難攻，平家在三草山附近還有自家的莊園福田莊，因此雖然人數少於源義經，卻占有地利之便，兩軍相隔三里地布陣對峙。

　　若是源義經在此地被阻擋，那麼就趕不上二月七日的總攻了。因此，源義經決定對平家的守軍發起夜襲作戰。二月五日夜晚，源義經率軍在三草山附近的山林裡放火，並燒毀附近的民宅，對三草山發起夜襲。平家的守軍完全沒有料到源義經會如此著急地進攻，從睡夢中驚醒的平家守軍在遭到源義經軍的攻擊之後立即潰敗，四下逃散。

　　最終，取得勝利的源義經率軍繼續前進，而平家的敗軍在平資盛、平有盛的帶領下沿著海路逃往了屋島，平師盛則前往福原與平家主力會合。

　　三草山合戰的勝利，意味著源義經的軍隊即將與源範賴配合展開「一之谷合戰」的攻勢了。

　　一之谷合戰是日本史上一場十分重要的戰役，這場合戰充分展現了源義經的軍事才能，並且奠定了源氏取得天下的堅實基礎。同時，通說裡的一之谷合戰的過程更是一場足以載入日本史中的重大合戰之一。

　　在《吾妻鏡》、《平家物語》中的一之谷合戰是這個模樣的：

　　在三草山合戰勝利後，二月六日的黎明時分，源義經將手下的軍隊分為兩支，一支由土肥實平率領，共七千人，從一之谷口的西方向東進攻；另一支則由自己率領，共三千餘人，率軍前往鴨越山麓。

　　到了夜晚，因為道路險峻，不知從何處進軍，源義經命令武藏坊弁慶尋求當地的嚮導，武藏坊弁慶很快找到了一對當地的老夫婦。老頭對

第二節　一之谷合戰的通說

武藏坊弁慶說，自己是當地的獵戶，不過現在年老，已經不方便出門了，可以讓兒子代替他為大軍帶路。

武藏坊弁慶帶回獵戶的兒子以後，源義經以他居住的山鷲尾山為苗字，為他取名鷲尾經春，並賜給他刀具、甲冑、馬匹，命其為大軍帶路。

鷲尾經春回答說：「此地名叫鵯越，可以從此前往一之谷。只是這裡是此山的險要位置，人馬都無法通過。」

源義經問道：「連鹿也不能通過嗎？」

鷲尾經春回答說：「鹿可以通過，人和馬通不過。」

源義經又問道：「山崖下可有平家布置的陷阱嗎？」

鷲尾經春再答說：「此地險峻，平家並未設防。」

源義經了解以後，便傳令諸將說：「只要是鹿能通過的地方，馬一樣也可以通過。」隨後命令鷲尾經春為其帶路，想通過鵯越前往一之谷戰場。

待到二月七日，土肥實平、源範賴率軍自福原的東西兩邊對福原發起進攻，正面的源範賴朝著平家在生田森的防線進軍，而一之谷口，土肥實平手下的熊谷直實、平山季重則在此地互相爭奪首功，朝著平家守軍進攻。

此時平家的守軍兵力充足，並且又熟知福原地形，戰局展開不久就陷入膠著之中，在這個時候，源義經在鵯越的山上看著一之谷口的戰場。

源義經先是命令放行幾匹沒有載人的馬，看看馬匹是否能夠通過這個峭壁，結果有的馬受傷了，有的沒有受傷，源義經便對諸將說：「看吧，讓馬匹自己沿著峭壁奔下也不過如此，要是我們騎著馬，就更不容

第七章　討伐平家之卷

易摔傷了，你們跟著我一起上吧！」

源義經手下的武士們見到地勢如此險峻，不敢上前，紛紛說道：「要是就這樣衝下去，只怕此地就是我們的葬身之處吧？」

這時，相模國三浦黨出身的武士佐原義連拍馬上前，對著諸將說：「各位，這裡的地勢和東國的地勢沒有什麼區別嘛，我們三浦家經常在這種地勢騎馬奔馳，沒有什麼好怕的。」

佐原義連出身的三浦半島確實也是多山之地，武士們聽到佐原義連這麼說，便有了一些信心，在這個時候，源義經、佐原義連等幾名武士更是率先從鵯越躍下，見到有人往下衝，其他武士也擔心落在後頭立不了戰功，連忙也拍著馬就往山崖下衝。

平家的防禦都布置在一之谷口以及生田森口，並沒有對天然的城廓以內做出防禦措施，結果源義經率領的軍隊自鵯越從天而降，嚇得平家守軍四下潰散，自相殘殺無數。源義經順著攻勢下令手下軍隊放火燒營，在海風的加勢下，一之谷口燃起了熊熊大火。

源義經在一之谷口的奇襲，導致平家在西邊的防線徹底崩潰，同時一之谷口的潰敗還順帶著引起了生田森口的潰敗，平家在福原的防線被鎌倉勢力全面突破，守軍一潰千里，死傷慘重。

在一之谷口防禦的平忠度無法制止潰敗，只得帶著一百餘武士往岸邊逃去，可惜的是，平忠度久在平安京，染上了公卿的壞習慣，剃眉染齒的平忠度被源義經手下的軍隊認了出來，被武藏國豬俁黨的武士岡部忠澄砍去了首級。岡部忠澄在平忠度的遺物裡發現了一卷書籍，乃是平忠度平常所創作的和歌，這才知道自己砍下的是平忠度的首級。

當初平忠度離開京都時，曾去找過教自己創作和歌的藤原俊成，給了他一本自己平日創作的和歌，說自己此去只怕沒有機會回來，希望藤原俊成能夠在日後編纂和歌集時摘錄幾首自己創作的和歌，他也就死而

無憾了。藤原俊成邊抹著眼淚邊答應平忠度，後來果然在自己編纂的和歌集裡摘錄了一首平忠度創作的和歌。

除了平忠度，《平家物語》當中還記錄了平敦盛之死的故事。話說源義經麾下的猛將熊谷直實，原本跟隨源義經前往鵯越，但是擔心會在正面戰場落下戰功，便偷偷又跑到土肥實平率領的軍隊裡。在一之谷合戰的前一夜，熊谷直實聽到平家陣地上傳來了一陣陣優雅的笛聲，仔細品味之後，熊谷直實不禁連連稱讚：「想不到敵軍之中也有如此風雅之人，雖然在大戰前夕，笛聲卻絲毫沒有紊亂的跡象，妙哉，妙哉！」

待到第二日大戰爆發，平家在一之谷口的防線由於源義經的奇襲而崩潰，熊谷直實在追擊平家落敗武士之時，看到了一騎身著淡綠色大鎧，頭兜上裝飾著鍬形前立的武士逃向海邊，並騎著馬跳入海中。

熊谷直實猜到對方必是平家的大將，連忙高喊：「身為武士，臨陣脫逃，難道不感到羞恥嗎？為何不回頭與我一戰？」

沒想到，那名武士聽聞熊谷直實此言，竟然立即掉頭揮刀來戰，可是沒幾下就被猛將熊谷直實擊落馬下。

熊谷直實正準備割下對方首級之時，發現敵將只是一位十六、七歲的少年而已，用鐵水染著黑齒，容顏秀麗，很像自己的孩子。

熊谷直實心生憐憫，於是發問道：「你是何人，報上名來，饒你不死。」

少年武士反問道：「你又是何人？」

熊谷直實大笑：「在下行不改名，坐不改姓，武藏國的熊谷直實是也。」

少年武士回答道：「那麼，我倒是不用通報姓名了，閣下只要割了我的首級，自會有人認得我是誰。」

看到如此少年英雄，熊谷直實不禁感到佩服，在心裡盤算道：「這小

第七章　討伐平家之卷

子倒還有些英雄氣概，殺了他，該輸的戰鬥也贏不了，不殺他，該贏的戰鬥也輸不了。」於是，熊谷直實鬆開了抓著少年的手，勸說道：「看你年紀還小，何苦在戰場送命，如今我放你回去，以後不要再到戰場上來了。」

二者僵持之際，土肥實平的追兵已至，熊谷直實見到後，料知即便自己不殺他，他也會被其餘源氏武士斬殺。無奈之下，熊谷直實對著少年說道：「我本想放你一條生路，只是追兵已至，與其被他們殺死，不如讓我動手吧，日後還可以為你祭祀祈禱。」

那名少年倒也不害怕，只是回答道：「那麼，就快快動手吧。」

熊谷直實只得含淚斬下了少年武士的首級，這時，他發現少年武士腰間還別著一支笛子，他不禁感慨：「莫非昨日的笛聲就是從此少年的笛子中傳出的？想我源氏數萬大軍，卻沒有一人有如此風雅，此人之死，頗為可惜啊。」

事後，熊谷直實才打聽到，這名少年武士乃是平清盛的弟弟平經盛的幼子平敦盛。平敦盛的笛子原本是鳥羽天皇賞賜給平忠盛的，後來平忠盛將此笛贈於平經盛，平經盛又傳給了平敦盛，而平敦盛多才多藝，素來愛吹笛子，因此經常將笛子帶在身邊。

熊谷直實感到世事無常，人生百事，宛如夢幻，不禁萬念俱灰，看破紅塵，後來便出家入道，與佛相伴了。

因為平敦盛確實死在一之谷合戰當中，而熊谷直實也確實出家了，這件事流傳到民間以後，就被編成了著名的幸若舞〈敦盛〉，在民間，日本的百姓們甚至將一種蘭花取名為「敦盛草」，以紀念這段悲慘的故事。

約四百年後的永祿三年（西元 1560 年），日本進入了戰國時代，尾張國的大名織田信長在其成名之戰桶狹間合戰的出陣前，也在居城清洲城中跳起了幸若舞〈敦盛〉：「人間五十年，與下天相比，如夢亦如幻，但凡世間萬物，又豈有永生不滅乎⋯⋯」

第三節　合戰的新說

　　《吾妻鏡》、《平家物語》當中的一之谷合戰固然精彩紛呈，並且逸話眾多，非常經典，不過，要是我們想透過歷史來了解一之谷合戰的話，這場戰鬥究竟又是怎麼一回事呢？

　　前文提到，通說中的一之谷合戰完全就是圍繞著源義經一人而展開的，其餘所有的角色不過是源義經展現自己戰術天分的配角而已。

　　不過，近年來的研究，卻對一之谷合戰時，源義經的戰功產生了懷疑，令人感到不解的主要有兩點：

1、源義經是否真的率軍從山崖上往下衝？

2、《平家物語》中源義經率軍奇襲平家的那個懸崖位置究竟在哪？

　　先來談談第一個問題，歷來的通說裡，基本上都是按照《平家物語》中的描述，說是源義經率軍在一之谷後的山上從懸崖往下衝，包括日本的屏風圖、現代的電視劇、電影等都是藉由《平家物語》的描述來稱讚源義經在一之谷合戰的戰功。

　　《平家物語》中是這樣描述的：

　　六日凌晨，源義經將麾下一萬餘騎兵力分作兩路，一路由土肥實平率領，共七千騎，從一之谷的西側進攻一之谷口，一路則由源義經自己率領，前往一之谷背後的鵯越，繞襲敵人的背後⋯⋯

　　《吾妻鏡》中則是如此描寫：

　　七日丙寅，雪降，寅刻，源九郎先引分殊勇士七十餘騎，著於一谷後山，（注）號鵯越，援武藏國住人熊谷次郎直實、平山武者季重等。卯刻偷迂迴於一之谷前路，自海道競襲於館際⋯⋯

　　按照《平家物語》與《吾妻鏡》的紀錄，一之谷口背後的山崖是一

第七章　討伐平家之卷

個叫「鵯越」的地方,源義經正是通過了鵯越,再從山上率軍從懸崖衝下山。

如今的一之谷附近,確實有一座叫作鐵枴山的小山,不過要是到這個地方走一走,就會發現鐵枴山東南方向懸崖的垂直程度,不可能實現所謂的一之谷奇襲,鐵枴山東南方向的懸崖非常險峻,要是騎著馬從這裡往下衝,只怕源義經等人只會變成崖底的肉餅而已。在《平家物語》當中,畠山重忠甚至為了保護坐騎的馬蹄,而下馬背著坐騎的前蹄往下衝,要是「坂落」奇襲地真在鐵枴山的東南懸崖,那就只能感慨畠山重忠運用查克拉的技術真是爐火純青。

可是,《吾妻鏡》與《平家物語》同時都記錄了這件事,難道一之谷奇襲只是這兩本書創作的故事嗎?這就需要解開第二個謎題了,「鵯越」究竟在哪?

《平家物語》、《吾妻鏡》中很明確地將鵯越的位置確定是一之谷背後的山麓,按照現在的地理位置考證,就是一之谷背後的鐵枴山無誤了。然而上文也強調過,鐵枴山的東南面懸崖,是不可能騎著馬平安地衝下來的,那麼這就值得進一步探討,鵯越如果不在一之谷的背後,那麼會在哪?

搜尋地圖可以發現,在距離一之谷口約8公里的位置,有一個叫「鵯聲」的地方,而鵯聲就是學者們考證出來在《平家物語》與《吾妻鏡》中描述的鵯越。只是這個位置並不在一之谷口的背後,而是在一之谷口與生田森口之間平家軍隊的中部位置。平家在福原的防線是這樣的,一之谷口與生田森口的東西距離較遠,而北部防線與海岸之間卻十分近,這大概也是為了更加方便從海上逃亡而布置的,但是這就造成了平家軍隊的布陣將形成一個狹長的長方形,鵯越正好在這個長方形正中央的北面,而在朝向鵯越的平家軍隊布陣位置,是由平通盛負責防守的。

第三節　合戰的新說

源義經不管是身在一之谷口,還是一之谷口的後山,都是不可能脫離大軍這麼遠來到此地進行奇襲擊破平家的,即便在此地奇襲平家,也與《吾妻鏡》、《平家物語》中於一之谷口背後的山上衝下,導致一之谷口的平家守軍崩潰的作戰過程不符。那麼,進攻這個地方的不是源義經,又是誰呢?

在九條兼實的日記《玉葉》裡,壽永三年(西元1184年)二月八日的條目如下:

八日,丁卯,天晴,未明。人走來云,自式部權少輔範季朝臣許申云,此夜半許,自梶原平三景時許,進飛腳申云,平三皆悉伐取了云云。其後午刻許,定能卿來,語合戰子(仔)細,一番自九郎(源義經)許告申,(注)搦手也,先落丹波城,次落一谷云云。次加羽冠者(源範賴)申案內,(注)大手也,自濱地寄福原云云。自辰刻(上午八時左右)至巳刻(上午十時左右),猶不及一時(一時辰,即兩小時),無程被責落了。多田行綱自山方寄,最前被落山手云云。大略籠城中之者不殘一人,但素乘船之人四五十艘許在島邊云云,而依不可迴得,放火燒死了。疑內府等歟云云,所伐取之輩交名未注進,仍不進云云。劍璽內侍所安否,同以未聞云云。

該篇日記對一之谷合戰紀錄部分的大致意思是:由源義經率領的搦手軍先後攻陷了丹波城與一之谷,取得一等功。源範賴率領的大手軍自濱地攻往福原。但是,多田行綱雖然不是最大的一等功,卻是最先從山上攻破山手的,乃是頭功。

作為治承·壽永內亂中重要的一級史料《玉葉》,其作者九條兼實雖然不在戰場,但是卻經由傳聞獲知了戰場的消息,因此記錄下來。當然,《玉葉》裡的紀錄也不一定全都可靠,尤其是傳聞這類的消息,通常都會局限於當時通訊落後的時代環境,例如前文就曾提到九條兼實多次

在《玉葉》裡提到傳聞源賴朝上洛之事。《玉葉》裡將位於播磨國、丹波國邊境、位於播磨國境內的三草山記成了「丹波城」，這大概就是傳聞誤傳所致。不過儘管如此，源範賴從濱地進攻，源義經通過三草山之後進攻一之谷，多田行綱沿山手進攻卻是沒有問題的。值得注意的是，多田行綱進軍的「山手」位置，正是「鵯聲」的所在地，即《平家物語》、《吾妻鏡》中的「鵯越」。日本學者菱沼一憲在其著作《源義經的合戰與策略》中提出，源義經確實是沿著搦手的一之谷口進攻，但是從山崖上往下衝的「坂落」卻是多田行綱進攻一路所作出的攻勢。

第四節　奇襲的真相

　　源義經在一之谷合戰當中確實為攻陷一之谷口立下了戰功，但是這也不過是按照原本的作戰計畫執行，並非因為源義經的奇襲戰術所導致。而在後來與平家的交戰之中，源義經多次採用了精彩的奇襲戰術，以致其「奇襲戰術天才」的身分成為大眾的既定印象，因而後世的人們才會將由多田行綱發起沿著陡峭的山坡率軍往下衝刺，奇襲平家大營的故事，移花接木到了源義經的頭上。再加上前文說過，《平家物語》與《吾妻鏡》一個是站在「治承・壽永內亂是源、平之間的交戰」、一個則是站在鎌倉幕府的角度撰寫的，多田行綱乃是出身攝津源氏，兩書為了突出河內源氏在「源平合戰」中的功勞，自然會讓源義經「冒名頂替」成為「坂落」奇襲的執行者，隱瞞多田行綱的戰績。

　　既然解開了一之谷合戰的真相，那麼我們就來還原一下當時一之谷合戰的過程吧！多田行綱原本是跟隨源義經沿著丹波路進攻，並一起在三草山擊破了平家的守軍。在此之後，多田行綱與源義經的軍隊分開，獨自率軍往南進軍，而源義經則率領著主力偏軍繼續西進，前往一之谷口的西部。身為搦手軍大將的源義經必須按時抵達一之谷口，以配合正面進攻的源範賴，所以他自己是不可能脫離大部隊太遠的，即便在《平家物語》、《吾妻鏡》當中，源義經的奇襲軍與土肥實平軍的距離也僅僅是「一之谷口內」與「一之谷口外」的區別而已。

　　源義經是屬於鎌倉麾下的大將，必須忠實遵守原定的作戰計畫，而相比之下，多田行綱就沒有這樣的顧慮了。多田行綱此時脫離大部隊的原因尚且不知道，不過若此次分兵是源義經的主意，那源義經的戰術天分就實在太高了。然而，從多田行綱本人的行動來看，他分兵南進並不在鎌倉勢力攻打福原的既定計畫之內，若源義經有此眼光，為何不早早

制定此項計畫，反而在行軍途中突然擅自分兵，這要是勝了還好，萬一失敗，就得背負重大的罪過。與源義經、源範賴相比，攝津源氏出身的多田行綱本來就是福原所在的攝津國武士，再加上他長時間在平安京內效力於院廳，熟知京畿與攝津國的地形地貌。同時，身為清和源氏嫡系的攝津源氏，自然也沒有服從河內源氏的必要，因此這次分兵很可能是多田行綱自己的主張。在戰後，多田行綱的軍功被埋沒的原因，一方面是因為他並非真正意義上的鎌倉御家人，另一方面則是因為源賴朝在墨俁川合戰的慘敗以後，非常討厭武將在戰場上因為貪功而擅自行動。

多田行綱在脫離源義經軍以後，從鵯越的山上沿著陡峭的山坡攻向了平通盛的守軍，在低地布陣的平通盛軍猝不及防，被多田行綱殺得陣腳大亂，隨後大敗。而伴隨著平通盛守軍的崩潰，平家在福原的防線被從正中央撕成了兩半，在一之谷口、生田森口防禦的平家守軍腹背受敵，最終也隨著平通盛的戰敗而潰散，福原就此淪陷。

值得注意的是，現今雖然歷史學界將此戰定名為「一之谷合戰」，但是一之谷實際上只是平家在西邊防禦的入口而已，其餘如鵯越的坂落奇襲、生田森口的交戰都與一之谷相隔甚遠，這一仗的主要交戰地應該是包含三處交戰位置的福原，正確的名字應該為「福原合戰」。不過就如同戰國時代的「長篠・設樂原合戰」的原名應為「連吾川合戰」一樣，因為《平家物語》、《吾妻鏡》過於誇大源義經功勞的原因，導致這場福原合戰被二書影響，最終合戰名稱變成了以源義經為主角的「一之谷合戰」。

前文提到，在一之谷合戰平家大敗以後，平忠度遭逢了武藏國豬俁黨的岡部忠澄，在被砍去了右手以後，平忠度的首級被砍下，而以吹笛見長的平敦盛也死在了武藏國熊谷直實的手上。

除了這兩人，平敦盛的哥哥、擅長彈琵琶的平經正也被武藏國的河越重房斬殺。平經正曾經效力於仁和寺，仁和寺的給事守覺法親王曾下

第四節　奇襲的真相

賜名琵琶「青山」給平經正，在平家決定棄守平安京之際，平經正也擔心青山琵琶在戰亂中毀損，而將青山交還守覺法親王，約定日後有機會再見的話，再讓親王下賜一次給自己。同時，平經正的兄弟平經俊也戰死在一之谷合戰當中。

平清盛的弟弟平教盛的長子平通盛被佐佐木俊綱殺死、三子平業盛被常陸國的土屋重行兄弟殺死；平清盛長子平重盛之子平師盛、四子平知盛之子平知章、八子平清房、養子平清貞、家臣平盛俊也都戰死在一之谷。同時，平清盛的五子平重衡在敗逃的途中被梶原景季等人活捉。

在一之谷合戰的慘敗以後，平清盛的嫡孫、平重盛的長子平維盛從平家在屋島的據點逃出，前往紀伊國的高野山參拜，隨後自殺身亡。平維盛對平家的前景是一片悲觀，同時身為被奪嫡的小松家繼承人，他與平宗盛原本關係就不算太好，在福原淪陷以後，認為平宗盛的無能導致平家最終會走向滅亡的平維盛脫離了平宗盛等平家一門，絕望地自殺了。值得一提的是，雖然在《平家物語》等書中，平重盛的次子平資盛一直跟隨平家一門直至戰死，但是卻也有紀錄說平資盛早在平家被趕出九州島時就跟著平貞能一起出逃，並未追隨平宗盛領導的一門眾，最終逃過一劫，這也是為何在後世有許多平資盛的後代存在的原因吧。平維盛的自殺，也是平家一門內部小松家一黨與一門總領平宗盛分裂的公開展現。

第五節　院廳與源義經

　　一之谷合戰當中，平家死守福原的計畫失敗，不僅戰死了多位一門眾，還損失了大量的兵力，基本上是告別奪回平安京的願望了。在這之後，以源賴朝為代表的源氏在源平合戰中徹底占了上風。

　　在一之谷合戰以後，後白河法皇再度向平氏發出了命令，命其交出三件神器，伴隨著後白河法皇的命令而來的是源氏對西國的強勁攻勢。可是平家依舊拒絕了後白河法皇的要求，後白河法皇無奈，再度以平重衡為條件交換三件神器，但還是遭到了平宗盛的拒絕。

　　二月九日，源義經率軍返回了平安京，隨後在二月十一日將一之谷合戰中斬下的平家一門將領首級在京都內遊街示眾。被梶原景季俘虜的平重衡也被押送回了京都，並在三月十日隨著梶原景時一同前往鎌倉拜見源賴朝，雖然被源氏俘虜，但是平重衡卻絲毫沒有顯露出慌亂的神情，這使得源賴朝十分欣賞平重衡。

　　平家戰敗以後，大多數平家一門都逃往了屋島，而除了上文提到的小松家的長子平維盛自殺、次子平資盛很可能也離開了平家一門以外，平重盛的末子平忠房前去依附平重盛的舊臣湯淺宗重。在湯淺城與熊野神社的別當湛增交戰戰敗以後，平忠房被俘，隨後押送到鎌倉並處以斬首，湯淺宗重卻遭到源賴朝的原諒，讓他位列鎌倉幕府的御家人之一。

　　此時，木曾義仲滅亡，平家敗逃，在京畿卻又重新出現了讓後白河法皇頭痛的問題，鎌倉源賴朝的家臣們在上洛之後，同樣也出現了與平家、木曾義仲一樣的問題，許多武士頻繁侵犯公卿與院廳的莊園，奪取年貢米作為軍資。

　　二月十六日，後白河法皇派出了中原親能作為使者前往鎌倉，提出了讓源賴朝上洛的請求，同時後白河法皇還說若源賴朝不上洛，自己就

第五節　院廳與源義經

將親自行幸關東。二月十九日，源賴朝收到了後白河法皇的請求，便發布了禁止武士們侵犯莊園的命令，同時源賴朝還向後白河法皇的使者表示自己需要鎮守鎌倉，維持秩序，暫時還不會上洛，但是委任源義經作為自己的代官，處理武士們侵犯莊園的事件。

源賴朝是個狡猾的政治家，他與後白河法皇之間已經完全不似主君與臣子的關係，而更像是兩個政權首腦之間的外交。源賴朝明確拒絕了後白河法皇的上洛要求，雖然他頒布了禁止掠奪莊園以及讓源義經作為自己在京畿代官的命令，可是要是覺得他是出於好心，那就太高看他了。源賴朝同時還對後白河法皇提出了，要求授予源義經在畿內動員武士豪強的權力。先前在一之谷合戰時源義經就曾動員過攝津國的國人，不過從書信的內容和語氣來看，動員的過程並不是太順利。相對於東國來說，源賴朝在京畿、西國的影響力還是不足，鎌倉勢力麾下的武士大多數依舊是從關東跟隨源範賴上洛的那些御家人。源賴朝希望透過要求後白河法皇下發動員權給予自己的代官源義經，實際上就是授予源賴朝自己在京畿、西國招募軍隊的公權力。

三月一日，源賴朝向九州島九國的武士發了動員命令，命令九州的武士以源賴朝的御家人身分出兵討伐平家。源賴朝並未許可給予九州武士新的領地，而是向他們保證，只要參加了討伐平家的行動，就可以安堵現在的領地，成為鎌倉的御家人，若是拒絕從命，即便在討伐平家過程中沒有追隨平家的舉動，在戰後也必然會遭到清算。

為了掃蕩畿內的平家殘黨，後白河法皇的院廳下令命源義經出任檢非違使的職位，位階也晉升至從五位下。《吾妻鏡》裡認為源義經在沒有得到源賴朝許可的情況下，擅自出任檢非違使，引起了源賴朝的不滿。不過從後來大江廣元協助源義經「升殿」的情況來看，源義經出任檢非違使或許並不是導致其與源賴朝關係惡化的主要因素。

第七章　討伐平家之卷

　　那麼，導致兄弟關係破裂的真正原因是什麼呢？

　　源義經的手下有武藏坊弁慶、伊勢義盛、佐藤繼信、佐藤忠信等並不屬於御家人而忠於自己的家臣，源義經的這些家臣，同樣也活躍在討滅平家的戰爭當中。在《延慶本平家物語》中，武藏坊弁慶是比叡山延曆寺出身的僧兵，不過也有說法說武藏坊弁慶乃是熊野別當湛增之子，雖然有人懷疑武藏坊弁慶的存在，但是在《平家物語》、《吾妻鏡》當中都有武藏坊弁慶的紀錄，想必此人並不是虛構的。後世的文學作品《義經記》裡有這樣的逸話，說是惡僧武藏坊弁慶在五條大橋襲擊過路人，奪取刀劍，不久被源義經打敗之後便成為源義經的忠實家臣。不過這很可能只是《義經記》裡的創作罷了，在治承‧壽永內亂期間，本來就有許多活躍僧兵的身影，並不是什麼特別奇怪的事情，《義經記》作為宣揚源義經英雄形象的藝術作品，創作出一些傳奇故事並不奇怪。

　　源義經的另一個家臣伊勢三郎義盛據說是伊勢國出身，在《平家物語》當中此人乃是山賊出身，在受過牢獄之災後逃往上野國居住，在源義經前往平泉依附藤原秀衡的途中成為源義經家臣。不過此人的出身與經歷並不明確，排除《平家物語》的說法以外，他也有可能是伊勢平氏出身的武士，在源義經上洛討伐木曾義仲的途中，源義經曾經動員過伊勢國、伊賀國的在地武士組成軍隊，伊勢義盛很有可能只是一個伊勢國在地武士，在此役中響應徵召，並成為源義經的家臣也說不定。

　　至於佐藤繼信、佐藤忠信兄弟，前文有提到過，是在源義經離開平泉之時，藤原秀衡派出追隨源義經的家臣。

　　不過，儘管如此，源義經在畿內的軍事動員並不順利。原本接受後白河法皇命令的源義經準備在三月一日出征，討伐逃往屋島的平家。然而到了二月二十九日，源義經卻又推遲了出征的時間，其理由自然是源義經的出征並沒有受到響應，手下的兵力嚴重不足。此時透過後白河法

皇的委派，源義經在京畿已經有了一定的軍事動員權以及行政權，在流傳下來的文書裡表明，源義經在這個期間曾向京畿寺社發出了免除軍役、軍糧徵收的許可。

藉著源賴朝默許、後白河法皇院廳的權威，源義經試圖在畿內建立起自己個人的軍事基礎。木曾義仲敗亡以後，在木曾義仲時代遭到排擠的在京武士們在源義經的支持下逐漸回到京都官復原職，包括院廳的近臣平知康、齋藤友實以及源賴政的孫子源有綱。這些在京武士隨著源義經一起剿滅平家叛黨，逐漸有了締結主從關係的傾向。除此以外，源義經麾下的家臣們也在一之谷合戰以後在畿內、西國獲得了大量的領地。源義經的岳父河越重賴一族中的許多人也都在京都協助源義經處理與在京武士的關係，致力於建構獨立於鎌倉政權之外的「義經武士團」。

跟隨源義經、源範賴上洛的鎌倉御家人對源義經的行為非常不滿，認為源義經這是在招募私兵、徵收私糧。實際上源義經在京畿徵收軍糧、招募士兵的權力來自於院廳許可的國家公權，但是如同曾經的平家一樣，在國家公權喪失的時代，光想靠朝廷的名分來統治地方是十分困難的，源義經也陷入了這樣的困境。並且以源賴朝為中心的鎌倉公權正在逐步建立，因此源義經想依靠院廳籌組自己武士團的行為，被御家人們認為是私自募軍也不奇怪。最終，源義經想要建立起一個直屬於自己軍隊的計畫還是失敗了。讓源義經沒有想到的是，這次籌組武士團的計畫，埋下了日後與源賴朝決裂的伏筆。

不過，對於當時最優秀的政治家源賴朝來說，這一切都是小打小鬧罷了。源賴朝才是真正一步一個腳印，穩紮穩打建立政權的那個人，無論是源義經還是木曾義仲，甚至平清盛、後白河法皇的政治手腕，都不如源賴朝。

第七章　討伐平家之卷

第六節　源賴朝的手段

　　早在壽永二年（西元1183年）十月宣旨的時候，源賴朝就曾經命令親信梶原景時以謀反的罪名殺死功臣上總廣常、上總能常父子，上總廣常並未有謀反的跡象，並且源賴朝也並不是一個鳥盡弓藏的人，那麼這又是怎麼一回事呢？其實，上總廣常是坂東平氏出身，繼承了坂東平氏歷來的獨立願望，他想要源賴朝在東國建立一個獨立於朝廷的武家政權。可是源賴朝卻不是平將門那樣的鄉巴佬，為了遵從十月宣旨，達成自己建立獨立政權的目的，在此時日本未定的情況下，鎌倉必須名義上從屬朝廷，上總廣常自然就成了源賴朝的攔路石，因此才會遭到源賴朝的誅殺。

　　在一之谷合戰後，源賴朝並沒有急著乘勝追擊平家，而是逐步鞏固自己的地位，壽永三年（西元1184年）四月二十一日，源賴朝下令誅殺木曾義仲的兒子木曾義高，二十六日，木曾義高在武藏國入間川被殺害。據說之前與木曾義仲訂有婚約的源賴朝長女大姬得知此事以後，便一直鬱鬱寡歡，不久就病逝了。

　　在殺死木曾義高以後，源賴朝以討伐木曾殘黨為名，命令足利義兼出兵甲斐國、信濃國討伐親近木曾氏的勢力，實則是想趁此機會將鎌倉的影響力擴大到這些地方。此時源賴朝已經有動員東海道、東山道、北陸道的兵員權力了，平家的滅亡勢在必得，在最後的決戰前，源賴朝必須將現在勢力範圍內的潛在威脅先除掉。

　　源賴朝的考量並非沒有道理，五月四日，先前便與源賴朝敵對的叔父志太義廣在伊勢國舉起反旗，志太義廣在與源賴朝對戰失敗以後被逐出關東，依附木曾義仲，在木曾義仲敗亡以後繼續對抗源賴朝。不過志太義廣終究掀不起風浪，在伊勢國的羽取山與大井實春、山內經俊、波

第六節　源賴朝的手段

多野義定交戰之後戰敗身亡。

六月，源賴朝終於對先前的盟友甲斐源氏動手了，甲斐源氏響應以仁王起兵的早期與源賴朝同為互相獨立的勢力，但是與源賴朝不同的是，無論在軍事上還是政治上，甲斐源氏都差既是富二代、也是官二代的源賴朝一大截。在源賴朝逐步壯大以後，甲斐源氏也漸漸變成了依附於源賴朝的勢力，但是這股勢力雖然比不上源賴朝自己，卻也曾獨自在富士川合戰中擊敗平家的討伐軍，不可小覷。因此雖然與木曾義仲、志太義廣相比，甲斐源氏一族並沒有做出敵對源賴朝的舉動，但是源賴朝卻仍要敲打一下甲斐源氏，讓他們認清事實，成為源賴朝的家臣、鎌倉的御家人。

六月十六日，在鎌倉源賴朝的御所內，甲斐源氏出身的武田信義之子一條忠賴遭到源賴朝手下的御家人小山田有重、稻毛重成、結城朝光、天野遠景等人誅殺，同時跟隨一條忠賴的幾名甲斐源氏家臣也一併被殺害。一條忠賴之子在此之後被流放到常陸國，次年也遭到源賴朝的殺害。在源賴朝殺害甲斐源氏的有力一族以後，武田信義等甲斐源氏不得不表態臣服於源賴朝，徹底淪為鎌倉幕府的御家人，源賴朝也自此排除源氏一門中的另一大隱憂。

七月十一日，信濃源氏出身的武士井上光盛也被視為是一條忠賴一黨，在駿河國浦原驛遭到殺害。井上光盛其實並不一定是一條忠賴的同黨，但是其早先曾經追隨過木曾義仲，並且又是信濃國的有力源氏武士，再加上信濃源氏與甲斐源氏本來就有緊密的聯繫，因此源賴朝才將此人誅殺，削弱木曾義仲殘黨以及甲斐源氏的勢力。

經過源賴朝對源氏一族的殘酷清洗以後，源賴朝在清和源氏內部建立起了絕對優勢的地位，連上野國的源義家之孫新田義重都嚇得瑟瑟發抖，不敢妄動。

第七章　討伐平家之卷

五月二十一日，源賴朝向朝廷提出了任命源氏一門為國司的請求，隨後在六月朝廷便任命源範賴出任三河守、源廣綱（源賴政之子）出任駿河守、平賀義信（源義光之孫）出任武藏守。這些分國實際上全都變成了源賴朝的知行國，與從平家沒收的領地一同成為鎌倉幕府的經濟基礎。六月五日，源賴朝又保舉妹夫一條能保出任贊岐守。

值得注意的是，這次的任官推舉中，並沒有源義經的份。舊說裡認為這是因為源賴朝對源義經私自出任「檢非違使」而感到不滿，但也有可能是因為此時的源賴朝需要源義經以「檢非違使」的身分安定畿內的秩序，而「檢非違使」通常不會出任國守，所以源賴朝也沒有替源義經推舉官職。

另外，六月四日河內源氏出身的石川義資抵達鎌倉，向源賴朝提出請求以兵衛尉的身分向朝廷奉公的許可，實際上表示與河內源氏同族的石川義資也願意成為源賴朝的家臣。

透過一系列的肅反以及任官推舉，源賴朝成為位於清和源氏一族最高頂點的那個人，與平家將分國國司都收進自家人口袋裡的做法不同，源賴朝保舉源氏一族、家臣、公卿代替平家出任國司，足以見得此人的政治手段十分高強，其政治魅力自然也導致更多的人甘願服從於源賴朝的鎌倉政權。

七月三日，由於源範賴在西國的戰事陷入膠著，源賴朝再度向後白河法皇進言請求任命源義經擔任討伐平家的大將，這也是源賴朝的一種政治宣告。雖然源賴朝的請求與後白河法皇的命令相同，都是任命源義經作為大將，但是其政治意義卻不一樣，源賴朝的言下之意是告訴後白河法皇，自己才是源義經的主君，而源義經作為鎌倉的代官，只有自己才能指揮。

後白河法皇當然能夠了解源賴朝的意思，但是源義經卻沒意識到源

賴朝對自己產生的警戒心，這個人一意孤行地想成為後白河法皇院廳的直屬武士，不願繼續擔任源賴朝的代官統軍。與通說裡不同的是，源義經最終的悲劇結局，其實都是因為自己的野心所導致，而非源賴朝的刻薄。

　　不過不管怎麼說，此時大敵平家還未討平，源賴朝在鞏固了自己的地位以後，首要的目標還是先將平家徹底拔除掃蕩，至於和源義經的矛盾，只得先暫時放一放了。

第七章　討伐平家之卷

第七節　征討平家的準備

壽永三年（元曆元年，西元1184年）四月二十九日，源賴朝讓派往鎌倉的中原親能返回平安京，同時帶去了要求土肥實平、梶原景時招募兵船的命令。土肥實平在石橋山合戰以後曾經為源賴朝募集過渡海的船隻，有一定的經驗，受命招募水軍的土肥實平也是後來戰國時代瀨戶內海水軍眾之一小早川氏的始祖。

平家雖然在福原戰敗，但是西國仍然是平家的權力範圍，以海上貿易聞名的平家手上掌握著一支強大的水軍，牢牢控制著瀨戶內海的制海權。五月十一日，坂垣信兼入侵備前國，遭到平家的抵抗敗退。六月，平家進軍至室泊，在此地縱火。八月一日，土肥實平在安藝國與平家交戰，不敵敗北。

對於源賴朝來說，要想徹底擊敗平家，就必須保證瀨戶內海的制海權，所以需要準備更多水軍，加強源氏的海上力量。正因如此，八月八日，源賴朝再度派出了源範賴率領軍隊從鎌倉出發，隨後又派出了足利義兼、武田有義、北條義時、千葉常胤、三浦義澄、八田知家、葛西清重等人率軍上洛支援。

值得關注的是，在眾多御家人、一門眾接受源賴朝命令出征討伐平家的時候，源義經卻沒有在這些人的行列當中。按照通說來看，此時的源賴朝與源義經的關係已經產生了裂痕，雙方之間這時候就有了矛盾，因此才故意忽略了源義經，不想再讓其立下戰功。

確實，八月六日源義經私自接受了後白河法皇的左衛門少尉、檢非違使的任官，從這點來看源義經的做法確實會遭到源賴朝的記恨。只是，源義經任官的這天距離鎌倉勢力出征的那天相隔僅僅只有兩天，在通訊並不發達的時代，源賴朝未必能及時收到這則消息。因為源義經親

近後白河法皇的院廳,背叛了鎌倉與御家人的利益,源賴朝看似理所應當地會猜忌他,但是實際上源賴朝卻有另外一項任務交給源義經。

其實,在這一年的七月,源賴朝派遣大內惟義前往伊賀國維持當地治安,卻遭到了伊勢國、伊賀國在地武士的襲擊。北伊勢、北伊賀的武士們以平貞能之兄平田家繼為盟主,開始抵抗源氏的進犯。伊勢國的平家武士平信兼也率領軍隊在鈴鹿關布陣,阻礙源氏軍隊的前進,擺出了抵抗的姿勢。

這些在地武士在當初源義經率軍討伐木曾義仲時大都曾加入過源義經的鎌倉勢力,但也只不過是以同盟的關係討伐共同的敵人木曾義仲罷了。在木曾義仲敗亡以後,這些平家的舊日家臣,為了抵抗鎌倉勢力入侵平家的老根據地伊勢國、伊賀國,紛紛起兵反抗源賴朝。

七月十九日,源氏軍隊在近江國大原莊與平田家繼交戰,雖然最終鎮壓了平田家繼的叛亂,並斬殺了首惡平田家繼,但是源氏軍隊也傷亡慘重,連老將佐佐木秀義都戰死在此戰當中。

眼見京畿的平家殘黨發起叛亂,源賴朝在八月三日就對源義經下令,命其率軍搜捕京畿平家勢力中的有力武士平信兼。源義經上洛時曾途徑伊勢國、伊賀國,並在此地招募了許多武士加入自己討伐木曾義仲,對源義經來說,自己在這兩個分國還是有一定的影響力的,此時源賴朝並未完全對源義經失去信賴,這才會命令源義經前往伊勢國搜捕平家殘黨。

八月十日,源義經也順利地完成了源賴朝的任務,他將平信兼的三個兒子囚禁在自己家裡拷問平信兼的下落,最終三人也被源義經殺害。八月十二日,平信兼在伊勢國飯高郡瀧野城戰死,伊勢國的叛亂也被平定。

源義經從後白河法皇處受封左衛門少尉、檢非違使,並接受院廳討伐伊勢國、伊賀國叛黨的時間是源賴朝下達命令後的八月六日,這可能也僅僅只是院廳配合源賴朝命令的一種行為而已。不過,源義經的任官

第七章　討伐平家之卷

卻不是經過源賴朝的推舉，因此後來才會遭到源賴朝猜疑，最終導致了自己的悲劇結局。

八月二十七日，源範賴率軍進入平安京，二十九日獲得了討伐平家的太政官官符，九月一日出發前往西國討伐平家。另一方面，源賴朝得知源義經私自接受院廳的任官以後非常生氣，但是此時的大敵仍然是平家，因此並未追究源義經。九月九日，源賴朝命令在平安京的源義經處置捕獲的平家家臣，隨後又在九月十四日命令御家人河越重賴將女兒嫁給源義經，並即日上洛，實則是為了監視源義經的動向。此時的源賴朝，仍然在努力地維持兄弟間的關係，不想這麼快就決裂。

為了討伐在屋島據守的平家，九月十九日，源賴朝向讚岐國的家臣發出了命令，要求他們參加討伐平家的行動。在《吾妻鏡》當中，這些響應的武士大多數都是讚岐國中部和西部的武士，其中也不乏有平家曾經的郎從。

與此同時，梶原景時也在西國為討伐平家的戰前準備忙碌著。早在五月的時候，在梶原景時的策劃下，石見國的有力武士益田兼高加入了源氏一方。十月，梶原景時的郎從入侵了淡路國的廣田莊，試圖控制當地的水軍，補充源氏水軍的戰力。

對於源義經與源範賴來說，想要完成討伐平家的任務，就必須保證己方的水軍不輸給平家。武藏國的御家人豐島有經是掌控江戶灣沿岸水軍的武士，因為這層關係，他獲得了紀伊國的兵糧調集以及士兵徵召的權力，有的史料稱他出任紀伊國守護，不過在這個時間點，守護制度尚未成立，所以應該只是權力大致相同而已。

不過，鎌倉在西國並沒有水軍的基礎，要想籌建強大的水軍，不是一天兩天就能完成的，掌握了瀨戶內海制海權的平家，隨時有可能像當初一樣捲土重來。為了不給平家喘息的機會，源範賴只得先行進軍，討伐平家。

第八節　藤戶合戰

　　源範賴在十月率軍抵達安藝國以後，十一月就出現了兵糧告急的情況，平行盛率領平家水軍切斷了源氏的海上補給線，使得源範賴軍士氣低落，大部分士兵都想放棄這次西征。截斷源氏的補給線之後，十二月七日，平行盛率領五百餘位士兵在備前國的兒島修築了防禦城廓。此時源範賴正朝向九州島進軍，平家在位於山陽道的兒島修築據點，使得本就士氣低落的源範賴軍更加寸步難行。

　　為了拔掉平家安插進西國的釘子，源賴朝下令必須要攻下兒島。然而，兒島與海岸之間隔著一道淺淺的海峽，沒有水軍的幫助，源氏的軍隊要想渡過海峽簡直是天方夜譚，相反，平家時不時率軍乘船來到岸上騷擾源氏的軍隊。

　　源範賴麾下的大將佐佐木盛綱在與兒島隔海相望的藤戶布下了軍陣，他也沒有辦法渡過海峽。左思右想，佐佐木盛綱心生一計，他找來一個當地人，並賜予其直垂與小袖，詢問出兒島與陸地之間淺灘的詳細位置。佐佐木盛綱得知實際上有一個足以渡海的淺灘之後，便率領麾下七騎郎黨騎馬渡海。源範賴、土肥實平見到佐佐木盛綱竟然找到了淺灘，便也率軍緊隨其後攻往兒島。沒了大海作為天險的平行盛在遭到源氏大軍的侵襲以後，不敵敗走，不得不退往屋島。在此次「藤戶合戰」中立下大功的佐佐木盛綱後來也被賜予兒島作為封地。

　　在《吾妻鏡》當中，佐佐木盛綱在此戰中的身姿異常武勇，可以說能夠攻滅平家在兒島的據點，完全是依賴他的智謀。然而，在《覺一本平家物語》中記載，佐佐木盛綱在向當地人詢問出渡海地點之後，為了防止此人將渡海地點再告訴其他源氏軍隊中的武將，然後前來爭功，佐佐木盛綱便趁這個人不注意時，拔刀將其殺害。

第七章　討伐平家之卷

元歷二年（西元 1185 年，這年八月改元文治）正月六日，源範賴再度向源賴朝發去書信，請求輸送兵糧以供戰事。源賴朝在收到信以後，立即對東國下令徵收糧草運往西國，同時，還命令源範賴動員九州島的武士參戰，共同討伐平家。

可惜的是，此時源範賴並抵達不了九州島，在長門國彥島，源範賴陷入了與平知盛之間的苦戰。正月十二日，源範賴在完全沒有能力擊破平知盛並渡海前往九州島的情況下，不得不做出了據守長門國的準備，侍所別當和田義盛甚至向源範賴提出了撤軍的請求，要是糧草後勤再跟不上的話，很容易在戰爭中造成一觸即潰的情況，要是被平家抓住機會反攻更加得不償失。

正月二十六日，鎌倉的援軍與糧草雖然沒有到達，但是九州島的武士卻響應了源氏的徵召，豐後國的緒方惟榮在之前便曾舉兵反叛過平家，這時更是率領水軍前來投靠源範賴，同時長門國的武士宇佐那木遠隆也向源範賴軍獻上了糧食以供軍需，暫時解了源範賴的燃眉之急。

在得到當地武士支援以後，源範賴率軍渡海，終於成功地在豐後國登陸，並在二月一日派遣下河邊行平、涉谷重國等武士在葦屋浦擊退了平家一方的原田種直的進攻。二月二日，經過源賴朝的請求，後白河法皇的院廳下發了賞賜豐後國國人領主的文書。

然而，源範賴雖然抵達九州島，狹長的後勤補給線卻造成了鎌倉相當大的壓力，二月十三日，源賴朝命令源範賴退出九州島，直接攻打在四國屋島的平家。二月十四日，源範賴率軍撤離了九州島，再度在長門國駐紮。

另外一方面來看，此時源義經因為沒有源賴朝的命令，只得在平安京留守。然而，源義經卻絲毫不在意源賴朝的不滿，三番五次地向後白河法皇提出讓院廳派遣自己前往西國討伐平家的請求。

第八節　藤戶合戰

　　源義經的舉動無疑是在挑戰以源賴朝為中心的鎌倉勢力的權威，之所以他敢與源賴朝唱反調，其原因不過是因為之前討伐木曾義仲以後，源義經相當受到後白河法皇的信賴。不得不說，源義經這樣的做法相當地作死。後白河法皇知道源賴朝在平安京遍布眼線，面對政治低能兒源義經的請求，他只得以京畿治安混亂，需要源義經護衛京畿治安為理由，將源義經強留在平安京。

　　奈何，源義經的志向並不僅僅局限於維護治安，在他再三請求後，後白河法皇終於同意讓其出征西國。二月十日，源義經率軍離開平安京，通常在《平家物語》等書中都說，源義經此次出征是因為源範賴在西國陷入苦戰，戰局僵持，源賴朝不得不再度派出源義經作為主帥出征討伐平家。不過，從上文的敘述來看，可以得出，源義經此次出征並非由源賴朝下令，而是以後白河法皇的院廳作為公權來源，率軍討伐平家，從此以後源義經在西國的身分就此發生了變化，不再屬於鎌倉系統，而是屬於後白河法皇的院廳。

　　源賴朝得知源義經擅自從院廳請得出征命令以後，感到又氣又笑，氣的是他知道這個弟弟再也不是自己在京畿的代官、再也不值得信賴了，笑的是此時源範賴等人在西國陷入苦戰，源義經的出征確實能夠分擔一些他們的壓力。況且，此時平家未平，源賴朝若是將源義經趕回平安京的話，無疑就是在貶低後白河法皇院廳的公權力，並破壞與院廳之間的關係。源賴朝想要後白河法皇的院廳站在自己一邊，堅決不與平家和談，將平家朝敵的帽子死死扣住，讓其再也無法翻身。

　　為了渡海前往四國島討伐平家，源義經以院廳的公權動員了瀨戶內海沿岸的熊野水軍、伊予水軍等水軍部眾，準備在攝津國的渡邊津渡海前往四國島。四國的屋島是平家最後的防禦據點，只要攻下屋島，平家就再也無處可逃了。

第七章　討伐平家之卷

第九節　源義經渡海

從源義經決定進軍屋島的這個時間關鍵點開始，接下去的合戰實際上變成了院廳麾下的源義經與鎌倉合作討伐平家的一場戰爭，實際上屋島合戰也是源義經獨自進行的一場軍事行動。

《平家物語》中在開戰前，源義經與鎌倉的諸將在渡邊浦召開了軍事會議，會上源賴朝的親信梶原景時提出，戰勝平家的水軍不是一件容易的事，建議軍船的前後都設定船櫓，這樣不管前進還是後退都更為方便。結果源義經以「大戰在即，哪有武士在戰前就考慮後撤之事」為由駁斥了梶原景時，將其數落了一番。實際上這也是《平家物語》等軍記作品的創作，其目的就是為了用梶原景時的懦弱來突出源義經的武勇，實際上，如果從當時的環境來考慮，梶原景時的做法無疑是最合適的。

元歷二年（西元1185年）二月十六日深夜，源義經率領五艘軍船以及五十名武士（另說一百五十名武士）趁著狂風暴雨從攝津國的渡邊浦出發，駛往阿波國。源義經認為直接搶灘登陸進攻屋島是不明智的，因此決定從阿波國迂迴奔襲平家屋島防線的正後方。在《源平盛衰記》當中指出，源義經率領的武士當中有阿波國渡邊黨的武士，由此也可以看出，此時源義經的軍隊中，已經有一部分非鎌倉御家人參與了。

二月十八日上午六時左右，源義經在阿波國的勝浦登陸，此時的阿波國仍然是平家穩固的後方，阿波國的一大勢力阿波成良在當地擁有強大的水軍。阿波成良一直都是平家的有力家臣，在治承・壽永內亂期間的南都燒討、墨俁合戰、北陸道攻略都能見到他活躍的身影，因此深入敵後的源義經只能趁著敵人尚未發覺之時迅速展開作戰計畫。

不過，源義經的好運遠不止穿過暴風雨在勝浦登陸，守備勝浦的在廳官人之一的近藤親家投靠了源義經，並出賣了平家的布防位置。近藤

親家是後白河法皇的舊日親信藤原西光之子，藤原西光前幾年因為密謀除掉平家而被斬首，因此近藤親家會背叛平家轉投源氏也不奇怪。近藤親家在伊勢義盛的引薦下見了源義經，並告訴源義經平家在四國島沿著海岸線布置的防線非常漫長，兵力分散，再加上阿波成良之子田內教能帶走了三千兵力去伊予國討伐反平家的河野通信去了，平家此時的兵力說是捉襟見肘也不為過。

源義經得到了近藤親家作為嚮導，便率領全軍朝著屋島前進，途中源義經路過阿波成良的弟弟櫻庭良遠的櫻庭城，還順便將這座城攻下，趕跑了毫無防備的守將櫻庭良遠。二月十九日越過了阿波國與贊岐國的邊境，最終行軍抵達屋島。

在《平家物語》當中，源義經在行軍途中遇上了一名攜帶信件的平家信使，這名平家信使把源義經等人當成了趕往屋島守衛的平家武士，他做夢也想不到，會在平家的大後方碰上源義經等敵方軍隊。

源義經問信使道：「你從何處來，又要前往何處？」

信使回答說：「我從京都來，準備前往屋島送信。」

源義經又問道：「這是誰的書信？」

信使這時沒有開口回答。

源義經連忙說道：「我是阿波國的國人，聽說源義經準備侵犯屋島的陛下，準備前往屋島防備源氏。」

信使回答說：「是六條攝政大人的夫人北政所寄給在屋島內府（平宗盛）的書信。」

源義經問道：「信裡寫了什麼？」

信使回道：「聽說九郎判官已經從京都出發，他是一員智勇雙全的猛將，像木曾義仲那樣的武士都被九郎判官一戰擊潰，足以見得此人的可

第七章　討伐平家之卷

怕，希望內府大人能夠修築壁壘，召集士兵防禦源義經。書信大概說的就是這樣的內容，我從京都前來的時候，見到源氏大軍兵多將廣，您還是快快前去屋島協助防備吧。」

源義經又問道：「你是初次前往屋島的嗎？」

信使再答道：「北政所是內府大人的妹妹，自從平家西奔以後，每次北政所向內府報告京都內的動向，都是以我為使者。」

源義經最後問道：「不過你看屋島的形勢如何，我聽說屋島有要害，是真的麼？」

使者搖了搖頭：「屋島看似地勢險峻，一旦漲潮，確實必須乘船前往，但是實際上退潮以後，屋島與陸地之間海峽的深度只能到馬的腹部而已，若是從陸地進攻屋島，根本不足為懼。」

源義經聽了之後哈哈大笑，命令手下將信使的書信奪走，準備留著日後交給源賴朝以顯示自己的才能，隨後又將信使綁在了樹上，繼續朝著屋島進軍。

第十節　屋島合戰

　　今日的屋島地形已經與源平合戰時期完全不同了，現在的屋島早已經與大陸連在一起，但是在源平合戰的年代，屋島與大陸之間隔著一條狹窄的海峽。阿波成良認為屋島是個十分利於防守的位置，再加上平家的水軍強大，因此建議平宗盛在此地修築城廓。而早在天智六年（西元667年），因為白村江戰敗的緣故，此地也曾修築過一座屋島城，防備唐軍入侵日本。從地圖上可以看出，屋島的位置離本州島很近，是控制瀨戶內海航線的要道，只要占領了此地，就能夠掌握整個瀨戶內海。

　　源義經在屋島正對面的高松浦的民家放火，燃氣的濃煙掩蓋了源義經軍隊的具體數目，而平家原本是朝著大海布陣，突然發現後方出現狼煙，造成了源氏大軍已經占領四國島的錯覺，士氣大落。

　　屋島與四國島之間的海峽並不深，騎馬即可渡過，源義經就這樣率軍衝向了海峽對岸的屋島，平家在屋島稍作抵抗以後，便放棄了屋島的據點，帶著安德天皇乘船從海路逃往平家最後的據點──長門國的彥島。

　　不過，在《平家物語》當中描述，平家先是移往屋島東邊的志度浦，並在志度浦與源義經軍展開了交戰，嘗試擊退源義經的軍隊，最終失敗。在屋島合戰當中，得知兒子田內教能被源義經俘虜的阿波成良開始有了背叛平家投靠源義經的想法。不過阿波成良真正與源義經內通的具體時間並不明確，但是根據後來壇之浦合戰當中阿波成良投靠了源義經之事來看，此事並非空穴來風。

　　實際上，當無法判斷源義經人數的平家認為遭到了源氏大軍的襲擊時，平宗盛便決定放棄屋島的防線，逃到了海上，屋島的淪陷，意味著平家失去了對瀨戶內海制海權的控制。

第七章　討伐平家之卷

雖然此戰過程相對簡單，也沒有許多源氏或者平家的武士戰死，但是在《平家物語》當中，卻創造出了十分精彩的交戰過程。

例如在交戰的過程當中，平家的水軍戰船中划來一艘小船，船上站著一位年輕貌美的女官，將一把畫有日輪的摺扇插在船舷上，向源義經揮手示意。

「誰能將此扇射落？」源義經問手下的武士們。

畠山重忠回答說：「坂東下野國的那須與一，此人射藝精湛，定可射落此扇。」

那須與一聽說源義經想要讓自己上陣，連忙推辭說：「不行不行，責任重大，萬一沒有射落豈不是被兩軍取笑。」

源義經見那須與一如此推辭，責罵那須與一道：「我源義經從來是治軍嚴明，說一不二，要是不從我號令，就滾回東國去。」

於是那須與一便上陣引弓搭箭，瞄著船上的扇子，此時海風甚大，船隻在海中搖晃，沒想到那須與一一箭發出，直接就將扇子射斷，陸地上的源義經兵卒以及海上的平家水軍都紛紛為那須與一的射藝喝采。

隨後，平家武士衝上了岸，平景清搜尋源義經的身影，想要與源義經肉搏，而平盛嗣則直接用長鉤想鉤住源義經，源義經揮刀防禦，結果不小心將手上的弓掉落在地上。源義經不顧平家武士的攻擊，想要伸手去撿弓，左右武士連忙大喊：「將軍不要去撿那張弓！」最終源義經還是右手揮刀抵抗，左手則將弓拾起。

源義經的手下表示十分不理解，紛紛斥責他道：「縱使再珍貴的弓，也比不上將軍的命重要啊。」

源義經將弓握好，對著眾人不好意思地說道：「這只是一張普通的弓，只是這是我源義經所持的弱弓，軟得很，不像我伯父源為朝所持的

那種要兩、三個人才能拉開的強弓。要是我的弓被敵人撿走了，一定會笑話我源義經手無縛雞之力的。」

源義經在軍中故意穿著不顯眼的鎧甲，不讓平家武士發現，而平家武士中的勇士平教經奉命搜尋源義經，接連用強弓硬弩射殺了許多源義經軍中的武士，連從陸奧國一同南下的佐藤繼信都因為保護源義經而被平教經射殺。

到了晚上，源義經在高松浦布陣，而平家守軍在屋島城遺址布陣，次日天亮，源義經率領八十騎武士攻擊平家營地，平家守軍這才逃往了志度浦。源義經繼續率軍追擊，平家不得不再度逃亡，前往九州島築前國的箱崎，卻遭到此地國人的襲擊，只得流亡海上。自此之後，熊野別當湛增也率水軍二百艘戰船前來投靠源義經，伊予國的河野通信也投入源義經麾下，源義經的實力大增。

二月二十二日，梶原景時才率領源氏的主力軍登陸四國島。梶原景時仍然是按照作戰計畫的預計時間進攻四國島，可是此時源義經已經擊退了平家，因此梶原景時並沒有趕上屋島合戰。而源義經看到了梶原景時之後，也嘲諷梶原景時是「六日的菖蒲」。因為五月初五端午節有掛菖蒲的習俗，而源義經說梶原景時是六日的菖蒲，意在嘲笑梶原景時遲到了。受到源義經嘲笑的梶原景時，自然與源義經之間的關係產生了裂痕。

第七章　討伐平家之卷

第十一節　決戰前夜

　　源義經與鎌倉勢力相互配合，取得了屋島合戰的勝利，然而此時與屋島的大勝相比，源範賴仍然陷在前進九州島的戰事之中。在《平家物語》當中，源範賴在西國陷入了與平知盛的持久戰當中，因此源賴朝認為源範賴的能力不行，想用源義經代替源範賴，這其實有些冤枉源範賴了。

　　實際上，造成源義經有著巨大戰果而源範賴一事無成的錯覺全是因為《平家物語》當中對二人有失公平的紀錄。在《平家物語》當中，源範賴的出場機會一直都非常少，而源義經似乎就是全書後半段的主角一般，帶著各種光環活躍在戰場上。不僅如此，《平家物語》的作者仍然不願意在源範賴極少的登場章節中放棄抹黑源範賴的機會，說源範賴在與平知盛的對峙途中，不想著擴大戰果，而在軍中召集遊女（妓女）享樂。

　　實際上，如前文所述，源範賴早就在源賴朝的指示下登陸過九州島了，並在豐後國武士的支持下取得了豐後國大部分國人的支持。豐後國是瀨戶內海航線的一處重要據點，源範賴掌控了豐後國，無疑就切斷了平知盛所在的彥島與平宗盛所在的屋島之間的聯繫，並將平知盛等軍隊拖在了長門國，阻止他們前去支援平宗盛，這也等於間接幫助了源義經的奇襲作戰。

　　值得注意的是，三月四日，九州島北邊的對馬島上，對馬守藤原親光為了躲避平家的襲擊，逃到了高麗國避難。藤原親光是朝廷任命在對馬島的國司，透過對馬島與高麗展開貿易，獲得了巨大的財富與利潤。三月十三日，源賴朝命令源範賴將對馬守藤原親光從高麗叫回，直到六月十四日，藤原親光才從高麗返回日本。

　　源範賴與源義經對平家的進攻其實是同時進行的，雖然源範賴沒有

取得如同源義經那樣的戰果，但是他也不是一個無能之輩。導致源範賴現在名聲不好的原因，主要還是因為《平家物語》這本書賦予源義經的主角光環。

元歷二年（西元 1185 年）三月十二日，源賴朝下令徵集的糧草終於有了眉目，負責向身在西國的源範賴軍輸送糧草的三十二艘糧船在伊豆國的鯉名以及妻郎津集結。另一方面，受到源義經追擊的平家逃離屋島之後，又在長門國彥島遭到被源範賴動員起來的九州武士阻攔，無法進入九州島，失去根據地的平家陷入了絕境。源平合戰當中，源氏與平家的最後一戰「壇之浦合戰」正式開始，平家的滅亡進入了倒數計時。

壇之浦合戰的戰場位於長門國與豐前國之間的海峽，源義經此時得到了梶原景時率領的鎌倉水軍、熊野別當湛增率領的熊野水軍、河野通信等率領的伊予水軍的增援，足夠與平家一戰。同時，鎌倉還給予周防國國衙屬下船所裡的衙役五郎正利御家人的身分，讓熟悉水軍的當地人來負責調配水軍船隻。

在《平家物語》當中有熊野別當湛增在壇之浦合戰前，為了決定自己究竟是加入平家還是源氏，用紅色的雞與白色的雞搏鬥，最終白雞獲勝，湛增因此決定支持源氏的逸話。雖然現在和歌山縣田邊町仍然有這個鬥雞神社，但是湛增加入源氏的原因如前文所述，實際上是熊野三山勢力的內鬥使然，因此鬥雞的故事當是《平家物語》的藝術創作。

同時，為了打贏這場殲滅平家的海戰，源範賴將軍中的三浦義澄派往源義經軍中，讓其為源義經指示戰場的地形與方向。平家方面也是將麾下所有能夠戰鬥的士兵通通拉出，昔日在平安京權傾天下的平家武士，此時已經有如強弩之末，窮途末路了。

《吾妻鏡》當中記載，三月二十三日，源義經率領著八百四十餘艘戰船抵達壇之浦的奧津，於三月二十四日前往豐前國的田之浦，而平家

第七章　討伐平家之卷

麾下則有五百餘艘戰船，於三月二十三日傍晚在田之浦附近的壇之浦集結。兩軍戰船的數量在不同史料中有著不同的記載，例如《覺一本平家物語》中，源氏方有三千餘艘戰船，平家則有千餘艘戰船，《延慶本平家物語》中源氏方仍然是三千餘艘戰船，而平家僅有七百餘艘，《源平盛衰記》中兩軍戰船數量差距最小，源氏方有七百餘艘戰船，平家則有五百餘艘戰船。

在《平家物語》當中，壇之浦合戰前夕，梶原景時與源義經之間因為爭奪先鋒之位發生了爭吵。梶原景時因為沒趕上屋島合戰，便想要在此戰中立功，主動請求擔任先鋒，源義經則回答他道：「如果我不在的話還好，我在的話先鋒之位怎麼可能給你呢？」

梶原景時回答說：「你是大將軍，怎麼能和我們這些偏將爭功呢？」

源義經駁斥道：「我軍的大將軍是鎌倉殿（源賴朝），我不過是軍奉行而已，和你們沒有什麼區別。先前一之谷合戰，我冒著鵯越之險，一瞬間就擊垮了平家十萬大軍。在攝津國渡邊浦時，諸將都畏懼暴風雨不敢出陣，我親自率領五艘戰船奔襲屋島，頃刻之間就攻破了屋島防線。如今敵人如同風中殘燭一般，怎麼可能讓你當先鋒呢？我應當在諸將之前先與敵軍決戰，報效鎌倉殿。」

梶原景時聽了，小聲嘟囔道：「此人絕非將帥之才。」

沒想到，梶原景時的抱怨被源義經聽到了，他憤怒地拔出刀想要砍梶原景時，三浦義澄、土肥實平連忙擋在二人中間，制止二人發生衝突。

不過先前已經考證過了，一之谷合戰的奇襲絕非源義經所為，那麼自然《平家物語》裡的這則逸話的對話就是屬於後人的創作了，至於實際上兩人是否因此產生衝突，就不得而知了。

第十二節　壇之浦合戰

　　三月二十四日上午，平家決死一搏的「壇之浦合戰」爆發。開戰初始，因為洋流是從日本海通過海峽流向瀨戶內海，因此順流而進的平家水軍占據了戰場優勢，源義經軍則得逆流進軍，十分被動。幸好源義經軍雖然在海上不便，但是岸上仍然有許多當地的武士團以及鎌倉勢力麾下的御家人軍隊，沿著海岸支援源義經。

　　戰鬥持續到下午，海洋的洋流出現了變化，海流變成了由源氏水軍流向平家水軍，戰場形勢開始對源氏有利起來。此時源義經開始命令麾下善於射箭的武士射殺平家水軍的水手，導致平家的戰船失去控制，變成源氏水軍的活靶子。

　　《平家物語》裡提到鎌倉勢麾下的和田義盛素來善射，他丟棄船隻，騎馬上岸，引弓搭箭向平家水軍射去。此箭他用盡全力，可以說是生平射得最遠的一次了，射畢他洋洋得意地朝著平家武士們喊道：「若是有能耐的，就將此箭射回！」

　　平知盛見和田義盛如此囂張，便派遣手下的伊予國國人任井親清將此箭射回，任井親清得命後，親自攜箭來到戰船的船頭，引弓搭箭，又將此箭射回，結果，這支箭不但射了回去，還越過了和田義盛，射中他身後離他很遠的一名武士的手。

　　和田義盛本來想在兩軍陣前擺擺威風，無論這場戰鬥是誰獲勝，日後都會記下自己的神勇姿態，結果卻事與願違丟了面子。

　　源氏武士們紛紛譏笑和田義盛：「這小子以為自己射術天下第一，結果射出的箭反被人射了回來……」

　　和田義盛被打臉之後，氣急敗壞地跳上了一艘小船，並向平家水軍衝去，途中連射數箭，每一箭都命中平家的武士，終於贏得了喝采。

第七章　討伐平家之卷

　　兩軍一時之間殺得也算是有來有往，然而從原本屬於平家陣營的阿波成良陣前倒戈，直接導致了平家在傍晚時大敗。前文提到過阿波成良之子田內教能被源氏俘虜，後來源義經讓田內教能寫信給阿波成良，成功策反了此人，而平家卻不知道阿波成良已經變成源氏的內應。

　　在《平家物語》當中，源、平兩軍開戰之前，平家的大將平知盛就站在船頭激勵士氣，麾下的平家武士都熱血沸騰，要與源氏決一死戰，只有阿波成良面色凝重，一言不發。

　　平知盛瞄到了阿波成良的表情，便偷偷跑去見了平宗盛，對他說道：「今日鼓舞士氣之時，全軍只有阿波成良一言不發，恐怕他已經變心了，我看，不如趁早將此人除掉。」

　　平宗盛聽了此事，連忙否決說：「不可不可，你說阿波成良變心，但是沒有證據。他向來對平家忠心耿耿，如果我們陣前斬殺忠於平家的大將，勢必會影響士氣啊。」

　　不過，為了保險起見，平宗盛表示：「我現在就招呼阿波成良過來，他如果叛意已決，就一定不會來見我的，那到時候你再殺他不遲。」

　　阿波成良聽聞平宗盛召見，連忙前來覲見。平宗盛面帶得意地看了一眼平知盛，隨後又對阿波成良說道：「你向來忠心耿耿，今日的行為舉措卻和往日不同？該不會是變心了吧？還不快快去號令你手下的阿波郎黨，今日必定要捨命奮戰，一舉擊敗源氏。」

　　阿波成良聽了平宗盛的話，不敢抬頭，低頭回道：「是，我一定會遵守大人的命令，今日絕不退縮半步。」

　　平知盛看著滿頭大汗的阿波成良，心中斷定此人已經心懷二志，用手握住太刀的刀柄，不斷地朝平宗盛使眼神，想要斬殺阿波成良，而平宗盛卻執意放走了阿波成良。

第十二節　壇之浦合戰

結果到了傍晚，阿波成良派出使者將平家的策略通通告訴了源義經，平家在通常由天皇或者貴族乘坐的大船「唐船」上布置了大量的雜兵，而將天皇移到了小船上，目的就是在源氏的水軍去包圍這些唐船「護駕」時，再利用小船反包圍源氏水軍，來個中心開花，裡應外合。得到了阿波成良透露的消息之後，平家最後的計策也被源氏破解了，此時距離平家的滅亡只剩時間問題了。

在《延慶本平家物語》當中記載，源義經特意安排了九州島的豪強緒方氏率領水軍堵住了前往中原的航路。前文提到，之前對馬守藤原親光就曾經為了躲避平家的攻擊而逃往高麗去避難，源義經此舉也是擔心平宗盛在最後的關頭，會孤注一擲帶著平家一門以及安德天皇逃往大陸，投靠高麗或者宋朝，這並非沒有可能。不過，平家一門最終在壇之浦海戰戰敗之時，拿出了自己身為武士的勇氣，殺身成仁。

第十三節　平家滅亡

平知盛見戰局已經不可逆轉，於是乘小船上到了安德天皇所在的御船上，悲痛地對天皇說道：「我軍大勢已去……」

船上的女眷們尋問平知盛戰事如何。平知盛搖了搖頭說道：「沒必要問這麼多了，他們馬上就會殺過來了，妳們很快就可以見到驍勇的坂東武士了。」

女眷們紛紛掩面哭泣：「事已至此，中納言大人何必還要開這種玩笑？」

平清盛的妻子平時子，已經有了必死的決心，她把從京都帶出來象徵天皇權威的三件神器中的八尺瓊勾玉夾在腋下，又將另一件神器草薙劍插在腰間，對著眾人說道：「我們女流之輩，無法左右戰局，但也絕不願意落入敵手受辱，忠於陛下的，就隨我前去。」說著，平時子走到了船邊。

幼小的安德天皇看著海面大浪滔天，連忙問外祖母要去哪裡。平時子抱著安德天皇，輕言安慰道：「陛下不要害怕，我們按下來要去極樂淨土、海底的京城。」言罷，平時子抱著年僅八歲的安德天皇躍入海中。

平清盛的女兒，也就是安德天皇的母親平德子，看見母親和兒子都躍入海中，隨即也投身跳海，卻被源氏武士丟擲的撓抓鉤住了頭髮，撈上了船。在得知此人是高倉天皇的中宮、安德天皇的母親後，源義經急忙令人將平德子送上安德天皇的御船看管，不敢怠慢。

平時子的弟弟平時忠抱著裝有八咫鏡的櫃子準備跳海自殺，卻不小心勾到了船舷，摔倒在船上，立刻就被一群源氏武士摁在甲板上。源氏的武士們想用刀劍劈開櫃子，平時忠連忙大喊道：「此櫃之中放著的是三神器中的八咫鏡，豈是你們這樣的凡夫俗子所可以偷看的！」源氏武士

第十三節　平家滅亡

們聽聞平時忠所言，連忙將櫃子收好，上交給了源義經。

平清盛的弟弟平教盛、平經盛兩兄弟，平清盛的孫子平資盛、平有盛、平行盛三人等一同沉入海中自盡，不過前文曾提到，另一說平資盛並沒有跟隨平家一門戰死，而是早就脫離了平宗盛自謀生路去了。

平清盛的姪子平教經勇猛善戰，坂東的武士素聞平教經的武名，紛紛想要與之一戰，平教經站在船頭，但凡有人近身他就拔出太刀將那人砍翻下海，要是有人在遠處朝他射箭他就拔箭反射回去，待弓矢用盡，平教經拔出一把大太刀，接連斬殺了數名敵軍武士。

平知盛派人通知平教經道：「大勢已去，你找個機會逃走吧，沒必要再在戰場上廝殺了，這些都是小卒，不值得白費力氣。」

平教經卻不願離開，他回答平知盛的使者道：「那我就先去砍了源義經。」說罷，就跳上了源氏水軍的船隻，接連跳上了數艘源氏的戰船之後，竟然陰差陽錯地真跳上了源義經的戰船。

源義經看到平教經來勢洶洶，連忙也跳到另一艘船上，平教經隨即跟來，源義經剛準備喘一口氣，發現煞星也跳上了船，只得接著再逃，連著跳了七、八艘戰船之後，平教經才因為苦戰多時，體力不濟，沒有跟上去。

平教經此時精疲力盡，已經有了必死的覺悟，他對著源氏水軍大吼一聲：「你們誰有能耐，快來與我一戰，我平教經一定將你們生擒，送去鎌倉交給源賴朝當見面禮！」

土佐國的國人安藝實康的兒子安藝實光乃是著名的大力士，見到平教經後，找來了他的弟弟安藝次郎以及一名郎黨，安藝實光的弟弟安藝次郎亦是力大無比，除了弟弟以外，安藝實光手下的那名郎黨也是僅次於實光的大力士。

安藝實光朝著平教經喊道：「無論你再怎麼凶悍，我等三人動手，就算是十丈高的惡鬼，也必定會束手就擒！」言罷，安藝實光帶著弟弟和

郎黨乘小船划向了平教經所在的戰船上，待靠近後，三人大喝一聲，拔出太刀，一齊跳上了平教經所在的戰船。

平教經見到三人前來，也不言語，一腳就先將衝在最前頭的安藝實光手下的郎黨踹下了海，接著平教經左手夾著安藝實光，右手夾著安藝實光的弟弟安藝次郎，大笑著對這兩兄弟說道：「我等就共赴黃泉吧！」言罷，平教經抱著這兩名武士，跳入海中，與敵人同歸於盡，是年二十六歲。

平知盛親眼目睹了平家的滅亡，在一眾一門紛紛自盡之後，也在身上穿上了兩件大鎧，與乳兄弟平家長一起跳進了海裡。

在源平合戰的那個年代，實際上武士們之間的交戰是不會傷害女性以及小孩的性命的（侵犯除外），更何況這小孩和女眷是安德天皇以及服侍天皇的女官們。平家並非不知道此事，但是在戰敗之後，因為對未來感到絕望，所以女眷們帶著天皇一起自盡。不過在平家攜帶的皇族與女眷當中也並非沒有倖存者，安德天皇的弟弟守貞親王就活了下來，並且他的兒子在後來鎌倉幕府發起的「承久之亂」事件後當上了天皇，而他則以親王之位被擁立為「治天之君」，開設院廳，稱為「後高倉院」。

不過平家一門的總領平宗盛以及平宗盛之子平清宗卻在跳海之後被源氏的水軍撈上了戰船，同平時忠一起，於四月二十六日一同被凱旋的源氏軍隊帶回了平安京。

歷來壇之浦合戰的勝敗因素都有著各種說法，有人認為是洋流的改變決定了勝敗；而有的人認為是兩軍戰船的速度導致了勝敗，與洋流無關。究竟事實如何，我們也無法判斷，不過平家在開戰前就已經陷入了絕境，兵員過少，士氣低落，再加上洋流方向改變，原本就有數量優勢的源義經軍由守轉攻，更是讓平家陷入了極度的劣勢，在阿波成良臨陣倒戈之後，平家大軍的士氣徹底崩潰，壇之浦海戰以平家的戰敗宣告結束。

第八章　奥州征伐之卷

第八章　奧州征伐之卷

第一節　戰後處置

　　2012 年日本 NHK 大河劇《平清盛》第一集的第一幕，源賴朝與一群武士在為源義朝的菩提寺舉行立柱儀式，而就在這個時候，北條政子突然騎馬奔來，向源賴朝報告了平家在壇之浦滅亡的消息。

　　在場的御家人武士嘲諷道：「愚蠢的平家啊，不過是區區一介武士，卻過著貴族一樣的生活，報應啊！」

　　另一位不知名御家人喊道：「平清盛那傢伙，現在也在那個世界（陰間）為自己的愚蠢而後悔吧。」御家人們紛紛大笑起來。

　　聽到御家人們嘲笑平清盛以後，源賴朝突然對著眾人大叫了一聲：「閉嘴！」

　　隨後，源賴朝開口繼續說道：「要是沒有平清盛，武士的時代就不會到來。」

　　這一幕並非大河劇編劇的原創，《吾妻鏡》裡面記載，四月十一日源賴朝收到了平家滅亡的消息時，他正巧在勝長壽院舉行立柱儀式。當然，電視劇裡的對話顯然是為了塑造源賴朝與平清盛惺惺相惜的英雄情節而自行創作的。

　　在得到報告之後，源賴朝立在原地，閉目沉思。源賴朝在想什麼，不得而知，是終於消滅了宿敵平家，還是因為即將取得天下？亦或者是，思考該如何處置背叛自己的源義經？

　　相對的，離西國更近的朝廷早在四月三日就收到了平家在壇之浦合戰中滅亡的消息，只是後白河法皇並沒有表現出非常高興的模樣。後白河法皇一心想要奪回被平家帶走的三件神器，而在壇之浦海戰中，除了八咫鏡在落水前被源氏救下以外，平清盛的妻子平時子將草薙劍插在腰間，一手抱著安德天皇，一手環抱放著八尺瓊勾玉的箱子跳進了海裡。

雖然八尺瓊勾玉後來因為木頭箱子的浮力浮上了水面，被源氏軍隊撈回，但是草薙劍卻怎麼找也找不到了。

源賴朝決定處置在壇之浦合戰以後被鎌倉占領的九州島，元曆二年（西元1185年，是年八月改元文治）四月十二日，鎌倉召開了九州領地分配的軍事會議。隨後的四月十四日，後白河法皇派出高階泰經作為使者抵達鎌倉，對討伐平家有功的源賴朝進行封賞。五月五日，鎌倉決定將九州島平家的家臣原田種直的領地沒收，封賞給立下戰功的御家人。五月八日鎌倉再度召開軍事會議，並命令和田義盛登記西國御家人的名簿。

七月二十八日，後白河法皇的院廳下發了承認源賴朝對九州島武士御家人化的許可權認可下文，此時除了東北的陸奧國與出羽國以外，全日本都在源賴朝的掌控之中。

狹義的「源平合戰」在壇之浦合戰平家滅亡時就宣告結束，然而，在壇之浦合戰以後源義經的動向與源賴朝的決裂，卻成為「治承・壽永內亂」的最後一章。

四月十五日，源賴朝對與源義經一樣沒有經過自己的允許就接受任官的二十四名御家人發去命令，如果不想就這麼返回鎌倉被斬首或者沒收領地的話，就繼續在京都負責維持治安。源賴朝並不允許東國的御家人有自己以外的主公，但是此時他與朝廷的關係並未破裂，因此也不得不承認這些在公卿的指揮下活動的御家人們。不過，隨著源義經與後白河法皇的院廳以及北面武士越走越近，雙方的矛盾逐漸激化。

四月二十一日，源賴朝的親信梶原景時向鎌倉送去了告狀信，告發在屋島合戰、壇之浦合戰時，源義經不顧鎌倉軍的動向獨斷專行，身為一軍的大將如此冒險，險些將戰局拖向不利的境地。此時的源賴朝正需要如梶原景時這樣的藉口，四月二十九日，源賴朝立即向身在西國的田

第八章　奧州征伐之卷

代信綱發送了書信，命令關東的武士不得繼續追隨源義經。田代信綱出身伊豆國，算是源賴朝起兵時的老部下了，但是在討伐平家的過程中，他一直奉源賴朝之命跟隨著源義經作戰，一方面是協助源義經，一方面則是監視源義經。

源賴朝擔心這些關東武士和源義經的同袍關係會導致他們抱成一團，對自己構成威脅，因此才向御家人們發出了這個命令。不過此時的源賴朝雖然猜疑源義經，但是卻還沒有將矛盾公開化。

五月七日，得知自己激怒了源賴朝的源義經向鎌倉派出了龜井六郎作為使者，向源賴朝遞交了並沒有想反抗源賴朝意願的誓書。不過，隨著西國負責監視戰局的御家人們不斷發來告發源義經獨斷專行的書信，和老老實實按照鎌倉指示作戰的源範賴相比，源義經無疑已經引起了源賴朝非常大的不快了。

第二節　〈腰越狀〉

　　文治元年（西元 1185 年）五月十五日，源義經帶著在壇之浦合戰中俘虜的平宗盛、平清宗父子前往鎌倉，在相模國酒匂驛受到了北條時政的迎接，不過源賴朝卻並不允許源義經進入鎌倉，僅僅讓北條時政將平宗盛父子帶走。

　　被源賴朝攔在鎌倉門口的源義經在鎌倉西邊的腰越驛向源賴朝的側近大江廣元寫了一封表明自己心意的書信，此即赫赫有名的〈腰越狀〉，在《吾妻鏡》、《平家物語》、《義經記》等書中均有收錄。

　　源義經在〈腰越狀〉中寫到，自己身為源賴朝的代官，又奉了天皇的命令討伐朝敵，是為了向天下展示源氏的武威，並為了報平治之亂之仇。源賴朝之所以會厭惡自己，全是因為梶原景時的讒言。同時，他還寫了在父親源義朝戰死之後，自己和母親常盤御前老老實實，低調逃往大和國宇多郡的龍門牧藏匿，長大後又在各國流浪，直到兄長起兵才前來投靠，不顧危險屢立戰功，最終補任檢非違使等官職，為源氏爭光等事。在書信的最後，源義經寫下了希望大江廣元能夠做中間人調解兄弟二人的關係，讓源賴朝原諒自己。

　　源義經的前半生是如同謎一般的存在，《吾妻鏡》中初次登場是在治承四年（西元 1180 年）的黃瀨川會面，不過〈腰越狀〉裡卻寫下了源義經少年時經歷的珍貴紀錄。源義經在平治之亂後被母親抱著逃往了大和國，大和國歷來佛教勢力眾多，而源義經也應該就是在這個時候與僧人們建立了良好的關係，並最終出現了像武藏坊弁慶這樣的僧兵家臣。

　　可惜的是，源義經所寫的〈腰越狀〉並沒有被源賴朝看到，而是被大江廣元扣下，留中不發了。沒有得到進入鎌倉許可的源義經，帶著平宗盛、平清宗父子奉命返回了平安京，離開了腰越。

第八章　奧州征伐之卷

　　在《吾妻鏡》當中，大江廣元是個足智多謀又相當冷血的一個形象，尤其是歷經〈腰越狀〉事件之後，使得大江廣元幾乎與梶原景時一樣被民間視為是挑撥源賴朝、源義經兄弟關係的罪魁禍首。然而實際上，近年來對大江廣元的評價卻漸漸出現了改變。

　　大江廣元是個聰明人，他看出了梶原景時的告狀信不過是源賴朝處置源義經的一個藉口而已。源賴朝雖然不喜歡不顧大局、獨斷專行的武將，但是卻也不至於和源義經的關係變得如此之差，真正讓源賴朝感到憤怒的，還是源義經的獨斷專行，極大地打擊了源賴朝身為源氏最高長官的權威。而源義經卻還不明白這其中深層的政治寓意，單純地以為源賴朝只是因為梶原景時的挑撥而疏遠自己，還在〈腰越狀〉中寫下自己出任檢非違使是「源氏的榮耀」，並在書信的署名裡還寫下了從後白河法皇院廳接受的官職「左衛門少尉源義經」。

　　源義經並不清楚源賴朝厭惡自己的各種原因，而大江廣元卻看得清清楚楚，他深知這封信一旦交到了源賴朝的手上，無疑會激怒源賴朝，更加惡化兄弟間的關係，誇張一點來說，源義經說不定連返回京都的機會都沒有。從這點來看，大江廣元未將〈腰越狀〉交給源賴朝，對源義經來說可能反而是件好事。

　　儘管如此，源賴朝仍然只是猜忌自己的兄弟，二者之間的關係並未到不可調和的地步，只是政治白痴源義經不知死活，將自己一步一步推向了源賴朝的對立面。在《吾妻鏡》當中，離開腰越驛的源義經竟然開始埋怨源賴朝，並放言說：「怨恨鎌倉的人全都到我的身邊來吧！」要是《吾妻鏡》記載的此事並非虛言的話，那麼源義經與源賴朝的對立在這個時候就已經不可避免了。

　　不過，近年來的研究認為，〈腰越狀〉很有可能是不存在的，這只是後世為了強調源義經「悲劇英雄」而編造的一個故事而已。讓源賴朝與源

義經的關係真正走向決裂的原因，恐怕並沒有那麼簡單。

　　早在征討平家之時，源賴朝的打算便是希望以消耗戰的方式逼迫平家投降，最終將具有正統性的安德天皇與三件神器從平家的手中讓渡到自己手上。這樣一來，等到戰爭結束以後，源賴朝可以依靠安德天皇與三件神器的權威與老狐狸後白河法皇進行談判，以實現更多的政治訴求，至於滅亡不滅亡平家，對源賴朝來說是無所謂的。可是源義經為了獲取戰功、討得憎惡平家的後白河法皇的歡心，並沒有採用源賴朝的持久戰策略，而是速戰速決，一戰便剿滅了平家，根本沒有給予平家談判的機會。壇之浦海戰結束以後，安德天皇與三件神器沉入水底，源賴朝也失去了與後白河法皇交易的政治籌碼。

　　是年八月，源義經在源賴朝的推舉下出任伊予守，這是源賴朝給予源義經的最後機會。前文提到過，源義經此時的官職是「檢非違使」，通常情況下「檢非違使」是不能夠兼任國守的，源賴朝的意思就是想讓源義經藉著出任國守的機會辭去檢非違使，遠離京都這個政治漩渦。伊予守、播磨守是國守中的頂點，河內源氏的祖先源賴義在「前九年之役」結束以後，受封的官位正是伊予守，所以源賴朝對源義經的待遇實際上還是相當不錯的。然而，後白河法皇卻不願意從手中放棄源義經這個制衡源賴朝的工具，在他的授意下，源義經打破常規同時兼任檢非違使與伊予守，此舉意味著源義經完全脫離了鎌倉的掌控，這才引起了源賴朝的極大不滿。

　　六月二十一日，平宗盛、平清宗父子在近江國篠原宿被處刑，六月二十三日在京都六條河原梟首示眾。而曾經奉命進行過「南都燒討」的平重衡，則在僧人們的要求下於六月二十二日被送往了東大寺，二十三日在木津川被處刑，並在奈良坂梟首。

　　到此，平家的所有後事都已經處理完畢，而在這個時候，消失了許

第八章　奧州征伐之卷

久的源行家卻受到了源義經的影響突然冒了出來，並且有與源賴朝敵對的傾向。對此，八月四日，源賴朝派出了佐佐木定綱率領近國的御家人，組成討伐源行家的軍隊，前往征伐。再後來，為了防止源義經與源行家勾結，源賴朝派出了梶原景時之子梶原景季上洛，監視源義經與源行家的動向。

第三節　討伐源賴朝的院宣

　　十月六日，梶原景季對源賴朝密報說源義經裝病拒絕討伐源行家，這件事促使源賴朝下了討伐源義經的決心。而另一方面，源義經得知不僅僅是源行家，連自己也被源賴朝定為討伐對象以後，於十月十三日向後白河法皇請求下發討伐源賴朝的命令。

　　按照以往《吾妻鏡》、《平家物語》的通說描寫，源賴朝為了降低行動成本，派出土佐房昌俊上洛，並在十月十七日於六條室町襲擊源義經，最終暗殺失敗，不知所蹤。而在之後的十月二十六日，有人在鞍馬山發現了土佐房昌俊的屍體。歷來的通說是源賴朝派土佐房昌俊暗殺源義經，一旦成功，就降低了討伐成本，即使失敗，也可以逼迫源義經舉兵反抗自己，這樣自己就有了大義名分可以討伐這個不服從自己的弟弟。

　　不過近年來歷史學者菱沼一憲卻提出了不同的觀點，他認為源賴朝其實並沒有派遣刺客刺殺源義經，對源義經發起襲擊的，很可能是源義經曾經想籌建的「義經武士團」成員，也就是在京的武士們。這群在京武士們不贊同源義經舉兵討伐源賴朝，但是又沒辦法改變源義經獨斷的決定，這才襲擊了義經的住所。況且從時間上來看，此時源義經與源賴朝的矛盾已經公開化，源義經對鎌倉早有防備，源賴朝派遣刺客之舉實在是有些多此一舉。

　　除此以外，源義經與在京武士、畿內豪強多有聯繫，萬一源義經在京都舉兵一呼百應，而與源義經交好的奧州藤原氏又響應源義經發兵南下的話，鎌倉將會遭逢源義經、奧州藤原氏的兩面夾擊。這對源賴朝來說風險實在是過於巨大，所以派出刺客刺激源義經舉兵之事，應當是捏造的才是。

　　十月十八日，後白河法皇終於回應源義經、源行家的要求，下發了討伐源賴朝的院宣。後白河法皇其實也挺慘的，他擔心源義經與源行家

第八章 奧州征伐之卷

狗急跳牆，不得不暫時同意他們的要求發下院宣，待日後再與源賴朝解釋。結果源賴朝得知此事之後，立即出現了超乎意料的巨大反應，於十月二十九日親自率軍從鎌倉出發，要與後白河法皇的院廳以及得到討伐自己院宣的源義經、源行家對決。

十一月一日，源賴朝抵達黃瀨川，而平安京在得到源賴朝率軍上洛的消息之後，也是滿城風雨。後白河法皇雖然很希望源賴朝上洛，可是期待的卻不是他帶著這樣一支大軍上洛找自己算帳，嚇得後白河法皇不知所措，生怕源賴朝會一怒之下剎了自己。

相對於後白河法皇，源義經與源行家此時並沒有動員起京畿武士的能力，為了躲避源賴朝的進攻，源義經決定前往源賴朝勢力薄弱的西國籌集兵馬。之前在八月二十九日，源義經曾經從朝廷補任了伊予守，在十一月二日源義經又從後白河法皇處獲得了西海道（四國）、山陽道等地的莊園、公領的年貢徵收職權。在《吾妻鏡》當中，後白河法皇下發了封源義經為「九州地頭」，封源行家為「四國地頭」的院宣。

獲得了朝廷公權的源義經與源行家在十一月三日離開了平安京，準備前往西國。然而，在這個時間點，源義經等人卻在澱川的河口附近受到攝津國武士多田行綱的襲擊。多田行綱一直都是一支游移於平家、源賴朝、源義經之間的勢力，此時也看出了天下大勢，為了向源賴朝表忠心而痛打落水狗，襲擊源義經一行人，卻遭到挫敗。

十一月六日，源義經與源行家在攝津國的大物浜出航，源義經準備前往九州島，《吾妻鏡》當中記載，此時源義經的身邊除了源行家以外，還有伊勢義盛、源有綱、平時實、一條良成、佐藤忠信、武藏坊弁慶、片岡弘經等。伊勢義盛、佐藤忠信等人是源義經的郎黨；源有綱是源賴政的孫子、源義經的女婿；平時實是平時忠的兒子，在壇之浦合戰後，平時忠因為保護了八咫鏡而得到赦免，在這之後平時忠將自己的女兒嫁

給了源義經，結成親家，平時實也就成為了源義經的小舅子；一條良成則是源義經的異父兄弟。此時源義經的身邊，除了與自己有親戚關係的人以外，就只剩下一些死黨了。

不過，源義經與源行家等人出海的船隻卻遇上了風暴，這一次源義經沒有那麼好運了，船隻沉沒的源義經一行人只得返回京畿躲藏。

源義經的叔叔源行家逃回了和泉國躲藏，次年文治二年（西元1186年），五月十二日被常陸房昌明發現，並遭到討伐。源行家的一生志大才疏，早年以幫助以仁王並將「以仁王的令旨」傳遍諸國而出名，但是其身為武士，領兵打仗的能力卻十分欠缺，在「治承・壽永內亂」期間，源行家幾乎可以說是百戰百敗，最終也這樣慘兮兮地死在鎌倉的刀下。

而源義經在船隻沉沒以後似乎失去了消息，有人說在大和國見過源義經和源有綱、武藏坊弁慶、靜御前等人，又有人說源義經已經平安抵達九州島，在當地密謀起事反抗鎌倉。然而，這年七月，源賴朝派出了中原久經、近藤國平作為自己的代官，替代源範賴接管了九州島，並在此地維持治安，將莊園的年貢還給原本的主人，並阻止武士在當地對寺社、公卿領地的劫掠。這時源賴朝的勢力已經完全可以抵達九州島了，鎌倉對九州島的支配力也不是源義經可以比擬的，即便源義經此時在九州島，恐怕也掀不起什麼風浪了。

十一月八日，在黃瀨川著陣嚷嚷著要上洛的源賴朝率軍返回了鎌倉，不過他的這次武力威脅著實嚇了後白河法皇一大跳。源賴朝若真的帶著坂東武士上洛，恐怕這群武士的粗暴與無禮程度和平清盛、木曾義仲比起來只會更勝一籌。

源賴朝也知道自己對後白河法皇的恐嚇發揮了效果，他決定乘勝追擊，趁火打劫。十一月十一日，院廳下發了討伐源義經的院宣，此時鎌倉和朝廷都不知道源義經的去向，只得在各地搜捕源義經一黨。十二月

第八章　奧州征伐之卷

十二日，源賴朝命人殺害了源義經的老丈人河越重賴，並沒收了河越重賴的領地，防止他與源義經勾結。

十二月二十八日，雖然源賴朝得到了源義經一行人曾在大和國的吉野山、多武峰滯留，此後行蹤不明的報告，但是他仍然讓北條時政作為自己的代官，向後白河法皇表示不知道亂黨源義經的去向。同時，為了便於搜捕源義經一黨，源賴朝向後白河法皇奏請在日本各地設立「國地頭」的要求，這就是後來守護制度的由來。

鎌倉幕府「守護地頭制」的建立意義非凡，在「治承・壽永內亂」的早期，源賴朝曾經在東國沒收敵人的領地莊園，以及在公領莊園裡設立地頭職。這個「地頭」的任命與朝廷無關，純粹是源賴朝私自任命武士為領地的地主之「地頭」，然後透過這層關係與地主們結成了主從關係，這些地頭便是被稱為「御家人」的武士。

「守護」職的原型，則是平家曾經設置的「（一國）總追捕使」，這是平家對家臣支配的一種方式，在一個領國設立一個信賴的家臣作為代官，負責統率一國的武士打仗，省去許多麻煩，這樣高效的制度自然也被源賴朝學走了。

不過，值得注意的是，源賴朝的「地頭」制度只在東國有效地推行而已，在討伐平家的過程中，西國除了有由東國御家人擔任的「地頭」以外，還有與「地頭」職權一樣的「沙汰人」職、「下司」職等各式各樣的職務。這些地主有的並非是源賴朝任命的，源賴朝向朝廷上奏請求將「守護地頭」制度化，無疑是想將這些職務統一，只留下「地頭」一項職務。而掌握地頭任免權的源賴朝自然就和地頭們結成了主從關係，將他們御家人化，再透過這層關係來掌控各地的武士與領國。雖然源賴朝此時仍然沒有就任征夷大將軍，但是鎌倉幕府的機構以及制度在這一年，也就是文治元年年末，就已經基本確立了。

第四節　黃金之都

　　文治二年（西元 1186 年）到文治三年（西元 1187 年）期間，失蹤已久的源義經突然出現在陸奧國的平泉。平泉是雄踞日本東北部四代的奧州藤原氏的根據地，此時奧州藤原氏的家主是第三代的藤原秀衡，也是本書「後三年之役」章節裡出現的藤原（清原）清衡的孫子、「前九年之役」中藤原經清的曾孫。

　　後三年之役以後，河內源氏並沒有因為這場戰爭獲得什麼有效的封賞，戰爭的勝利果實最終都被藤原清衡獨占了。在源義家以後，源義綱就任了陸奧守，河內源氏從前九年之役開始對日本東北的影響力開始衰退，東北逐漸成為奧州藤原氏的獨大之地。

　　與引起「前九年之役」的安倍氏相比，同樣流有安倍氏血統，占據安倍氏、清原氏領地的奧州藤原氏在擴大原安倍氏的領地奧六郡以外，還從不間斷地與朝廷保持聯繫，在不分裂日本的前提下成為了日本東北的霸主。

　　藤原清衡統治日本東北時代的資料並不多，但是從《吾妻鏡》裡描述，奧州藤原氏滅亡之後的文治五年（西元 1189 年）九月二十三日，原藤原秀衡的側近豐前介實俊在向源賴朝介紹奧州藤原氏時曾說道：「藤原清衡在繼父清原武貞去世以後，繼承了奧六郡的領地。在康保年間，（藤原清衡）將居館從江刺郡豐田館遷到了岩井郡平泉館，三十三年後死去。」

　　《吾妻鏡》的記載有幾處誤記，首先岩井郡在豐田館的北面，但是平泉館卻在豐田館的南面，應該是將「磐井郡」誤植成了「岩井郡」。而康保年間則是村上天皇與冷泉天皇在位期間的年號（西元 964 年～968 年），此時前九年之役都還沒發生，何來藤原清衡遷館之事？按現代的學者齋藤利男的推測，《吾妻鏡》誤將讀音相近的「嘉保」年間（西元 1094

第八章　奧州征伐之卷

年～1096年）記成了「康保」年間，從時間順序來看，在後三年之役以後的嘉保年間的確有可能是藤原清衡遷移根據地的時間點。

不過，藤原清衡之所以將據點從豐田館移到平泉館，則是有著更深的原因。此時這裡的地理位置分布為：豐田館的西面是陸奧鎮守府的所在地膽澤城，西南部則是清原真衡的白鳥館，白鳥館的西南部、膽澤城的南部又是原安倍氏的據點衣川館。衣川館則是進出奧六郡的出入口，無論是白鳥館、豐田館還是膽澤城，都得依靠衣川館與外界聯繫。藤原清衡選擇的平泉館並不在衣川館的北面，而是在這個出入口的南方，其目的就在於將藤原氏與安倍氏、清原氏區分開來，將平泉館作為日本東北部與外界聯繫的中轉站，同時平泉館離陸奧國的國府不遠，對出羽國的控制也十分方便，這也表現了藤原清衡想成為朝廷在日本東北任命的合法統治者。

在河內源氏的勢力從陸奧國退出後，藤原清衡很聰明地和攝關家積極聯繫，並在寬治五年（西元1091年）向當時的關白藤原師實進貢了馬匹。奧州素來是日本的良馬出產地，平安京的貴族們都對奧州產的馬匹垂涎三尺，而藤原清衡透過上貢這批珍貴的馬匹給攝關家，來換取攝關家作為自己的後盾。

值得注意的是，在《中右記》中，寬治六年（西元1192年）六月三日的條目裡記錄了在源義家之後就任陸奧守的藤原基家向朝廷報告說，藤原清衡似乎有合戰的企圖。這件事的起因、經過、結果以及合戰對象並不明確，但是也有可能是藤原清衡想在安倍氏、清原氏都滅亡以後，對陸奧國勢力進行重新編整而遭到抵抗所導致的也說不定。隨著源義綱補任了陸奧守，這件事也就漸漸平息了下來，並沒有擴大。

河內源氏在這之後就慢慢地淡出了政治圈，不再擔任重要的官職了，而攝津源氏、伊勢平氏等家族則逐漸占據了京都的政治舞臺。雖然

第四節　黃金之都

藤原清衡能夠獲得東北的統治權，很大一部分是因為源義家力排眾議，堅持打了「後三年之役」，將繼安倍氏之後的霸主清原氏打成了一盤散沙，身為清原氏養子的藤原清衡才能夠繼承這些地盤。

幸好藤原清衡很明白自己要做什麼，他從不捲入朝廷的鬥爭，什麼河內源氏、伊勢平氏，藤原清衡專心經營藤原氏的據點平泉，在他的努力下，平泉館逐漸繁榮起來。在藤原氏統治下的平泉，因為盛產黃金以及貿易繁榮，被當時的人們稱為「陸奧的京都」、「黃金之都」、「北之平安京」。

近年來，對陸奧國平泉館歷史的發掘，使得這個藤原清衡建立的中世紀都市的完整面貌漸漸展現給世人。平泉館的構成，大體上是由藤原氏三代人的居館來區分為三個地方，初代藤原清衡的居館以中尊寺為中心，二代藤原基衡的居館則是以毛越寺、觀自在王院附近作為中心，三代藤原秀衡的居館範圍較為寬廣，被稱為「柳之御所」，實際上是由平泉館、伽羅御所、無量光院等組成，包含了居住與行政等功能。

作為一個都市，平泉也是一步一步發展起來的，早先在藤原清衡時代，平泉自然是以藤原清衡所在的中尊寺為中心展開，中尊寺位於衣川館以南，藤原清衡雖然將據點遷到了平泉，但是仍然不想完全放棄衣川館以北的白鳥館、豐田館等故土，因此才將居住地設定在了衣川關南邊的中尊寺。不過近年來在藤原秀衡的柳之御所裡也發掘出了藤原清衡時代的物品，說明實際上後來平泉的拓展方向很可能是當時藤原秀衡就已經制定了。

橫擋在中尊寺與衣川關之間的衣川，因為與北上川有交會處，因此中尊寺才成為了南北貿易的重要據點。不過到了藤原基衡的時代，藤原基衡將居館搬到了平泉南邊入口的毛越寺一帶，毛越寺位於聖山——金雞山的山腳下，其目的則是控制連接日本東北與日本關東之間的陸路

第八章　奧州征伐之卷

「奧大道」。與中尊寺相比，藤原基衡將根據地遷到了毛越寺附近方便控制陸路交通，一方面可能是為了防衛南邊國府的勢力，另一方面毛越寺附近有觀自在王院等重要的宗教據點，便於控制平泉。

藤原秀衡時代則與父祖不同，祖父藤原清衡以中尊寺控制衣川關為中心的地域，父親藤原基衡則以毛越寺控制南北的陸路交通，藤原秀衡卻將居住地「柳之御所」搬到了毛越寺的東邊、北上川的邊上。平泉是一個內陸都市，但是與平泉相鄰的北上川卻與大海相連，藤原秀衡想透過北上川，將平泉與海路貿易連起來，這大概也是中世紀都市的一種特色吧，例如平清盛、源賴朝也是十分中意與大海相鄰的福原與鎌倉。

從藤原清衡的居館中尊寺、藤原基衡的居館毛越寺、觀自在王院、藤原秀衡的無量光院來看，平泉是以宗教建築為中心擴展的，與佛教信仰也密不可分，這從某種程度上來看，說明了日本中世紀的一些都市，也是在宗教建築的基礎上建立政治據點而已。

現在普遍認為，平泉的範圍是從北部的衣川到南部的祇園，這兩個地方對平泉來說都是不可或缺的地點。在衣川沿岸，有著「六日市場」、「七日市場」之稱的貿易市場，又有「瀨原河原宿」、「下宿」等住宿建築，可以作為經過北上川連線海路的貿易要地，衣川北邊的白鳥館、南邊的平泉，都將商品聚集在這個地方，輸往遠處進行貿易。而南邊的「祇園」就更厲害了，祇園社附近也聚集了許多商業設施，本地的砂金以及透過海路從宋朝、高麗運輸而來的貿易品都在此地彙集。可以說是這一南一北兩大貿易據點，再加上藤原氏的有效經營，才使得平泉從東北的蠻荒之地搖身一變成為日本東北的「黃金之都」。

第五節　奧州藤原氏

　　流淌著安倍氏血統的藤原清衡繼承了日本東北部的領地，不過，對於當地被當時的朝廷稱為「東夷」、「俘囚」的蝦夷人來說，藤原氏對本地的統治也很不容易。

　　藤原清衡為了將自己的立場與東北當地的百姓同化，經常自稱「東夷酋長」或者「俘囚上司」，在《陸奧話記》裡，當年安倍氏也曾經自稱過俘囚長，藤原清衡想將自己與安倍氏、清原氏同化，安撫在地勢力，使得自己在東北的統治更加穩固。

　　前文說過，藤原清衡時代的居館是以中尊寺為中心建立的，這座寺廟在《吾妻鏡》裡被誇張地稱為「寺塔四十餘宇、禪房三百餘宇」。中尊寺建於嘉祥三年（西元850年），在藤原清衡時代得到了藤原氏的支持，並成為歷代奧州藤原氏的伽藍聖地。藤原清衡選擇中尊寺作為居館，除了上文提到的種種原因，只怕也是因為擔心自己這個外來戶不一定能夠鎮得住奧羽的少數民族吧。

　　在平安時代，日本朝廷對於日本東北部領地的認同感相當低，認為這是蠻荒之地，住民也都是一些東夷與俘囚，衣川關彷彿是文明世界與蠻荒世界的國界一般，藤原清衡既不想朝廷染指奧六郡，又想能夠透過朝廷的威望來統治東北，自然衣川關就成為了必須牢牢控制住的地方。

　　為了能夠鞏固勢力，藤原清衡不斷地與朝廷聯繫，以取得支持，在〈供養願文〉的末尾，署名為「正六位上藤原朝臣清衡」，藤原清衡獲得的「正六位上」位階無疑是宣示自己在當地統治的正統性。同時，藤原清衡還從朝廷獲得了陸奧國、出羽國兩國押領使的官職，雖然後人將藤原清衡誤記為「鎮守府將軍」或者「陸奧守」，但是實際上藤原清衡並沒有就任這兩個官職。藤原清衡的努力使得奧州藤原氏雖然在東北有著一定的

第八章　奧州征伐之卷

獨立性，但是又不完全與朝廷隔絕，藤原氏因此才能在東北立足。

大治三年（西元1128年）七月，藤原清衡去世，享年七十三歲，第二代奧州藤原氏家主藤原基衡登場。和父親藤原清衡比起來，藤原基衡實際上要強勢得多，在《長秋記》大治四年（西元1129年）八月二十一日條目中記載，藤原清衡死後，藤原基衡與異母哥哥藤原惟常之間因為爭奪奧州藤原氏的家督之位產生了衝突，雙方經過幾次交戰後，落下風的藤原惟常帶著子女以及隨從逃往了越後國，但是仍然被藤原基衡派出的追兵殺害。

另外，在《古事談》、《十訓抄》裡，還記載著這麼一件事：

話說在藤原基衡當政時期，朝廷下放了藤原師綱作為陸奧守前往陸奧國，藤原師綱新官上任三把火，開始整備公田，結果卻在信夫郡遇到了阻礙。因為之前的幾任國司都沒有進入過信夫郡，於是藤原基衡便和信夫郡的郡司佐藤季春商議，以武力阻止國司的使者進入信夫郡，最終鬧出了人命。

藤原師綱將這件事上報了朝廷，說「在國司」藤原基衡違背敕旨，準備治藤原基衡的罪。這時候藤原基衡才開始感到害怕，連忙和佐藤季春商量該怎麼辦，佐藤季春倒是果斷，直接和藤原基衡說：「我早就料到會這樣了，不過御館（藤原基衡）的命令我也不好違抗，所以才會興兵。這樣吧，御館就假裝不知道這件事，把罪責都推給我們吧。」

藤原基衡聽後非常感動，便將佐藤季春捆了交付國司處，不過他也十分看重佐藤季春忠於自己的品格，便花了非常多金錢想要將佐藤季春贖回來。可惜的是，藤原師綱並不吃這一套，在他的要求下，最終佐藤季春還是被斬首了。

其實從這件事中可以看出，藤原基衡此時在陸奧國的位置，更接近於朝廷與在地勢力的中間人，佐藤季春作為信夫郡的在地郡司，與藤原

基衡關係匪淺，而藤原基衡則作為朝廷的代官坐鎮陸奧國。藤原師綱稱藤原基衡為「在國司」，這並非是說藤原基衡是在地國司，而是一種類似於「權介」、「權守」這樣的代理官職。「在國司」一職通常是代替不在分國的國司行駛職權，一般是由在廳官人擔任，而藤原基衡身為陸奧國的押領使，勢力龐大，自然就當仁不讓地坐上了這個位置。

而從藤原清衡以來，奧州藤原氏一直被當時東北的國人們稱為「御館」，這是類似於源賴朝「鎌倉殿」一樣的稱呼。這並非正式的官職或者稱號，只是一種私稱而已，充分展現了奧州藤原氏在東北的地位，以及當地以奧州藤原氏為中心的秩序體系。也正是因此，藤原基衡才會擔任「在國司」這種非正式的準官職，雖然沒有實名，卻有著一定的國司實權。

不要小看這些官職名稱，奧州藤原氏的初代當主藤原清衡不過是一個「陸奧、出羽押領使」，除此之外再無任何官職。而到了第二代藤原基衡時期，除了「陸奧、出羽押領使」外，藤原基衡還多了個「在國司」這樣的準官職，具有一定的國司實權。三代藤原秀衡時期是奧州藤原氏最顯赫的時期，藤原秀衡除了原本相傳的押領使外，還補任了真正的國司陸奧守以及鎮守府將軍。當然，這種史無前例的任官也有一部分是平家在收到諸國源氏的反叛以後施行的一種應急措施，希望奧州藤原氏能夠整合東北的國人與國衙，率領軍隊南下支援平家。不過從另一角度也可以看出，在藤原秀衡時期，奧州藤原氏已經成為朝廷中的一股不可忽視的力量。在《吾妻鏡》當中，第四代的藤原泰衡則又回到了「陸奧、出羽押領使」的起點，一方面是因為平家滅亡的因素，另一方面也是源賴朝有意打壓奧州藤原氏。

值得一提的是，透過兩代人的累積，藤原基衡時期的奧州藤原氏非常有錢，上文中的佐藤季春在被國衙扣押以後，藤原基衡就曾想以馬

第八章　奧州征伐之卷

匹、黃金、鷲羽、絹布等贖買佐藤季春的性命，雖然沒有成功，但是也足以看到藤原基衡的財力雄厚以及東北貿易產品的豐富。對於朝廷來說，日本的東北部則是攝關家的重要經濟來源之一，五攝家在東北多多少少都有一些莊園，在藤原賴長的日記《台記》裡也有提到委任藤原基衡管理的莊園之中，年貢包含黃金、馬匹、布匹等重要財物。

在修築藤原基衡的政治中心毛越寺的時候，也曾經與京畿文化接觸，接受最新的潮流。在《吾妻鏡》當中就有提到，藤原基衡建立的毛越寺中的佛像就是找南都的鑄佛師製造的，歷經三年才鑄造完畢，事後藤原基衡送給了鑄佛師「圓金百兩、鷲羽百尻、水豹皮六十餘枚、安達絹千匹、希婦細布二千端、糠部駿馬五十匹、白布三千端、信夫毛地摺千端」等禮品。這尊佛像之精美，連鳥羽法皇見了都下令不許將佛像送出京都以外，幸好藤原基衡多方協調，最終透過關白藤原忠通才成功地將佛像運回平泉。

藤原基衡曾與藤原師綱產生不快，因此後來十分注重與朝廷、國司的往來，陸奧守兼鎮守府將軍藤原基成卸任時，還將自己的女兒嫁給了藤原基衡的兒子藤原秀衡。

第六節　平泉與源義經

　　藤原基衡去世的具體年分無法確定，後世如《平泉雜記》等書大多說是在保元二年到三年之間去世。在保元元年（西元 1156 年）發生的「保元之亂」中死去的藤原賴長曾在自己的日記裡稱藤原基衡為「匈奴」，匈奴是中國古代北方的少數民族，被中國中原視為蠻族，而藤原賴長等身在朝廷的高級公卿將藤原基衡比作是「匈奴」，也可以看出攝關家雖然要仰賴奧州藤原氏，但內心仍然瞧不起他們。

　　奧州藤原氏的第三代當主藤原秀衡在位期間是奧州藤原氏勢力最為鼎盛的時期，藤原秀衡的妻子是前陸奧守藤原基成的女兒，這等於在京都有了自己人，而藤原秀衡之子藤原泰衡則成為了京都藤原氏與奧州藤原氏之間的「混血兒」。藤原泰衡的外公，也就是藤原秀衡的岳父藤原基成，他的妹妹是關白藤原基實的妻子、後來的攝政藤原基通的母親，他的異母弟弟就更加有名了，是發起「平治之亂」的首惡之一藤原信賴。藤原秀衡有了藤原基成作為仲介，得以在朝廷攀上關係，而藤原基成也在康治二年（西元 1143 年）重任陸奧守與鎮守府將軍，後來就直接定居陸奧國，居住在衣川館中。

　　藤原基成之後的陸奧守則分別是藤原基成的姪子以及藤原基成的叔父，藤原基成一家幾乎壟斷了陸奧守一職，在陸奧的藤原基成自然也就成為了藤原秀衡的座上賓。藤原秀衡一方面利用藤原基成與京都藤原氏拉上關係，一邊又收留源義經，希望以源義經為仲介，與河內源氏也拉上關係。

　　在源賴義、源義家父子之後，河內源氏與關東結下了不解之緣，而藤原秀衡時期，河內源氏也在關東與各地的武士結交，例如常陸平氏與佐竹氏、前文提到過的下野國藤原秀鄉、流藤原氏（足利氏）與新田義

第八章 奧州征伐之卷

重、足利義康兄弟、源義朝與上總平氏、源義賢與秩父平氏等，均有聯姻或者結成主從郎黨。正是因為河內源氏與關東的關係匪淺，所以奧州藤原氏與源義經之間就類似於上述的關係了。

九條兼實在日記《玉葉》嘉應二年（西元1170年）五月二十七日的題目中寫道：「奧州夷狄秀平（藤原秀衡），就任鎮守府將軍，亂世就要到來了。」嘉應二年時，平清盛還沒有出任太政大臣，而藤原秀衡就破天荒地擔任了鎮守府將軍，這其中的主要推手就是平清盛。而平清盛之所以要推舉奧州藤原氏，則是因為奧州藤原氏也向平家送上了不少砂金、同時還與平家貿易的原因，平家得以用這些砂金和貨物與宋朝進行貿易。

藤原秀衡之所以想要得到陸奧鎮守府將軍是有原因的，陸奧鎮守府的職責是抵禦入侵邊境以及拒絕服從王命的蝦夷人。一直以來，奧州藤原氏都因為地處東北而被視為蠻夷，出任陸奧鎮守府將軍，無疑是宣告了在「承平・天慶之亂」立下大功的藤原秀鄉的後裔重新回歸到軍事貴族的行列之中。儘管曾經的清原氏也在「前九年之役」中受封鎮守府將軍，但是這很大一部分原因是因為在當時的戰爭環境下，朝廷需要清原氏的協助，這才以官職收買清原氏。

奧州藤原氏一直都未曾參與除了奧羽以外的戰事，但是治承四年（西元1180年）以仁王舉兵以後，「治承・壽永內亂」爆發，雖然奧州藤原氏無意參與內亂，卻仍然被拖入了內亂的漩渦中，被緊鄰奧羽的源賴朝視為潛在敵人。治承五年（西元1181年，七月改元養和元年）三月一日，九條兼實在日記《玉葉》裡寫下了藤原秀衡奉平清盛之命，準備進軍攻打源賴朝。在八月六日的條目中又寫下了平家邀請越後國的城氏一族以及奧羽的藤原氏，與京畿的平家組成對源賴朝、武田信義的包圍網。雖然藤原秀衡並沒有執行所謂的軍事行動，這大多是平安京裡的謠傳，但是仍然在源賴朝那裡留下了非常不好的印象。對於源賴朝來說，奧州藤原

氏既然沒有對自己表現出敵對態勢，不如就放他們作壁上觀，自己則先收拾不服從鎌倉政權的諸多河內源氏同族與平家。

不過，在元歷二年（西元 1185 年）的壇之浦合戰中，平家被源賴朝剷除，陸奧、出羽以東均被源賴朝的鎌倉政權平定。在這之後，源賴朝的弟弟，曾經受到奧州藤原氏庇護的源義經又與兄長對立，在西逃失敗後就躲在大和國的山中，但是仍然受到鎌倉御家人的搜捕，最終不得不丟下小妾靜御前，僅僅帶著妻子河越氏以及武藏坊弁慶等家臣逃亡奧州。源義經的奧州下向，使得奧州藤原氏與源賴朝之間從潛在的敵對關係轉變為公開敵對。

奧州的平泉是曾經收留少年源義經的地方，也是源義經最後生活的地方，東北的霸主藤原秀衡也非常樂意將源義經當作東北自治的籌碼安置在平泉。源義經從奧州起家，先是投靠了鎌倉的源賴朝，在討伐木曾義仲以後進入了後白河法皇的院廳，沒想到最後還是如黃粱一夢般，又回到了平泉。

第八章　奧州征伐之卷

第七節　源義經之死

　　源賴朝得知源義經身在奧州，十分擔憂，奧州藤原氏在內亂期間並沒有捲入戰爭之中，實力保存完好，若是奧州藤原氏與源義經結成利益共同體，對鎌倉來說將會非常頭痛。源賴朝本身在關東立足靠的就是坂東平氏的支持，他非常擔心藤原秀鄉流出身的藤原秀衡會推舉源義經為主，便多次向朝廷請求頒布敕旨，命令藤原秀衡殺死源義經。

　　藤原秀衡是經歷過平清盛、源賴朝等人之間鬥爭時期的人，雖然奧羽身處東北，被平安時代的朝廷視為邊境，但是藤原秀衡的妻子卻是京都貴族藤原基成的女兒，奧州藤原氏並不是一個獨立的勢力。與朝廷的公卿們打交道多年的藤原秀衡深知天高皇帝遠，只要不得罪朝廷，按時向朝廷公卿送禮送錢，朝廷也樂得讓藤原氏代替天皇管理這片偏遠山區。因此，藤原秀衡對朝廷的敕旨一直是置之不理，逼得急了，就上書解釋說源義經並不在平泉。

　　然而，源賴朝似乎生來就注定要完成統一日本的大業，在文治三年（西元1187年）十月左右，藤原秀衡突然得了急病死去。臨死前，藤原秀衡找來了繼承人藤原泰衡，告訴藤原泰衡要擁戴源義經為大將軍，將奧羽的大權交給他，只有這樣才能保住奧州藤原氏的統治權力。在《玉葉》中的紀錄則是，藤原秀衡要庶長子藤原國衡與繼承人藤原泰衡團結一致，擁戴源義經為主君，以抵禦源賴朝的侵襲。

　　藤原秀衡深知此時的日本除了奧羽之外，已無源賴朝的對手了，奧州藤原氏與鎌倉的對立是不可避免的，這時候平泉三代人累積的財富與軍力以及源義經的武略就可以派上用場了。然而，在藤原秀衡死後，一切卻都發生了變化。

　　在院廳與朝廷數次下發宣旨與下文之後，藤原泰衡終於受不了源賴

第七節　源義經之死

朝與後白河法皇的威逼利誘，在文治五年（西元1189年）閏四月率軍襲擊了源義經所在的衣川館。源義經的家臣鷲尾經春、武藏坊弁慶等人力戰而死，源義經在絕望之中殺死了妻子河越氏以及女兒，隨後自殺。

五月二十二日，藤原泰衡向鎌倉彙報了已經殺死源義經的消息，隨後在鎌倉的要求下，六月十三日源義經的首級被浸在酒罈子裡送到了鎌倉。

不過，值得關注的是，此時距離源義經死後已經過了近兩個月，藤原泰衡為什麼從誅殺源義經到送上首級之間會花費如此之多的時間呢？通常的說法是，源義經與藤原泰衡的弟弟藤原忠衡等人相交甚好，在藤原秀衡死後，奧州藤原氏內部發生對立，分裂成了支持藤原泰衡以及支持源義經的兩股勢力。而藤原泰衡之所以殺死源義經也正是包含了擔心源義經會喧賓奪主，在殺死源義經之後，六月藤原泰衡又誅殺了三弟藤原忠衡。

然而，這一切只是小說家的創作罷了，實際上並沒有這麼複雜。殺死源義經與藤原忠衡，都是藤原泰衡為了保證奧州藤原氏的存續而做出的最後掙扎。藤原忠衡與源義經走得很近，為了消除源賴朝的顧慮，藤原泰衡才不得不對親弟弟下狠手，將其殺死。

源賴朝原本擔心進入奧州的源義經會與奧州藤原氏合夥作亂，這才想出了這個「借刀殺人」的計策，結果沒想到藤原泰衡不僅僅殺死了源義經，還舉一反三將弟弟藤原忠衡也殺了，搞得奧州藤原氏一族分崩離析，人心惶惶。那麼，既然「借刀殺人」變成了「一石二鳥」，討伐日漸衰弱的奧州藤原氏的計畫自然也提上了源賴朝的日程表。

在《吾妻鏡》當中，六月六日北條時政建成祈禱平定奧州的願成就院，隨後鎌倉又相繼在六月九日在鎌倉鶴岡八幡宮舉行供養儀式，六月二十八日舉辦放生會，六月二十九日向武藏慈光山進納愛染王像，這一

第八章　奧州征伐之卷

切都是為了戰事而舉辦的佛事。

六月二十七日，在藤原泰衡誅殺弟弟藤原忠衡的次日，鎌倉召開了征伐奧州藤原氏的軍事會議，同時向後白河法皇申請討伐奧州藤原氏的院宣，這說明無論藤原泰衡再怎麼示好，征伐奧州都是鎌倉為了統一日本制定的既定路線。

然而，後白河法皇的院廳以源義經已經伏誅，藤原泰衡並無謀反行跡為由，遲遲不下發征伐奧州藤原氏的院宣，源賴朝不得不再找來各位家臣，召開軍事會議。

在軍事會議上，大庭景能向源賴朝提出了自己的看法，他對著源賴朝以及同僚們說道：「軍中從來都是只聽將令，不聽天子之詔。如今事態緊急，來不及等待朝廷下發的詔書。況且奧州藤原氏當初是靠著源賴朝的先祖源義家才得以立足奧州，說來他們也算是河內源氏的世代家臣，主人懲治家臣是很平常的事，無需請示朝廷。兵貴神速，應當儘早召集軍隊北上。」

與源義家發起的「後三年之役」相同，此時的朝廷也無意在東北發起戰亂，後白河法皇派人向源賴朝傳達了自己希望終結戰事，修養生息的意思。可是，源賴朝已經決定要討伐奧州藤原氏了，在這樣的情況下，大庭景能的每一句話都說到源賴朝的心上，源賴朝當即決定採用大庭景能的建議，發起新的一波「奧州合戰」。

第八節　奧州合戰

　　文治五年秋天，治承・壽永內亂後的最後一幕「奧州征伐」正式上演，鎌倉與平泉這兩股原本互不隸屬、互不干涉的勢力開始全面衝突。和「前九年・後三年之役」相同，源賴朝發起的「奧州征伐」同樣也可以按照《吾妻鏡》的描述分為三個階段。

　　首先來說第一階段，是從源賴朝率領的鎌倉軍隊越過白河關，入侵奧羽開始算起。七月十九日，鎌倉兵分三路，一路是由千葉常胤、八田知家等率領，以常陸、上總、下總武士團為核心從東海道進軍的軍團，一路是由比企能員、宇佐美實政率領上野、下野武士團為核心從北陸道進軍的軍團，最後一路便是由源賴朝率領，以畠山重忠作為先鋒，由平賀義信、安田義定、三浦義澄、梶原景時等將領組成的中央軍團。

　　在鎌倉軍進軍途中，宇都宮、佐竹等勢力紛紛前來參戰，連之前從屬於平家的越後城氏也率軍前來合流，希望立功贖罪。七月十九日，朝廷下發討伐藤原泰衡的宣旨，此時鎌倉軍已經出發，朝廷在這時追認源賴朝討伐奧州藤原氏的大義名分，不過是在源賴朝不服從自己命令的情況下，為了挽回朝廷威勢而做出的一點補救而已。

　　八月八日，鎌倉軍的中央軍團抵達伊達郡的阿津賀志山，而鎌倉軍對面的則是在阿津賀志山到阿武隈川布陣、由藤原泰衡之兄藤原國衡打前鋒的兩萬奧州軍。藤原泰衡則在國分原、鞭楯布下本陣，讓軍隊沿著名取川、廣瀨川與鎌倉軍對峙，想以天險阻攔鎌倉軍的進攻。

　　從八月八日開始，阿津賀志山合戰爆發。阿津賀志山是奧羽通往東山道的交通要道，十分關鍵，也恰好擋在源賴朝率領的中央軍團跟前。奧州軍在此地修築了許多防禦工事，想阻擋源賴朝的進攻，而熟悉地理環境的奧州軍確實達到了阻擋源賴朝的目的。

第八章　奧州征伐之卷

　　在《吾妻鏡》當中，一個叫作安藤次的人，他的出現改變了戰局。安藤次的真實姓名不詳，是陸奧國出身的在地居民，根據推測，安藤次很可能是以前陸奧國的大族安藤氏一族的族人。在安藤次的帶領下，結城朝光、宇都宮朝綱主從七騎從藤田宿進入了土湯方向的山中，越過山後繞到了奧州軍的背後，對藤原國衡率領的奧州軍發起了進攻。藤原國衡在阿津賀志山防線的據點設置在苅田郡，而結城朝光等人偷襲的正是苅田郡的根無藤、四方坂等位置。奧州軍不知道後方的敵軍究竟有多少人，頓時陣腳大亂，自相殘殺無數，阿津賀志山的防線被鎌倉的中央軍團擊破，主將藤原國衡兵敗而逃。

　　藤原國衡在逃亡途中，遇上了鎌倉軍的驍將和田義盛，和田義盛立即引弓搭箭，一箭就射中了藤原國衡的手臂，在這之後，藤原國衡因為重傷被畠山重忠的部下大串次郎取下了首級。次日，源賴朝就斬殺藤原國衡之事召開了軍事會議，和田義盛認為是因為自己射中了藤原國衡，藤原國衡才會重傷無法逃走，大串次郎只是撿了個人頭而已。源賴朝看著和田義盛與畠山重忠，不知道該聽信誰的，便命人找來藤原國衡的鎧甲，一看果然有被和田義盛射中之後的大洞，於是便將此功記在和田義盛的帳上。

　　同時，阿津賀志山合戰中也出現了很多原本是源賴朝敵人的身影，比如以相模國河村莊的河村千鶴丸秀清，早年他曾經跟隨兄長河村義秀從屬平家攻打過源賴朝，此時也在鎌倉軍中立功贖罪。除此之外，佐竹秀義、城助職等人也都前來參戰，以挽回自己在鎌倉的地位，希望能夠在源賴朝領導的鎌倉政權下繼續存活。《吾妻鏡》當中記載奧州合戰時期鎌倉軍隊人數達到前所未有的二十八萬人，雖然人數有些誇張，但是奧州合戰是內亂的最後一戰，也是各地武士向源賴朝展現忠誠的最後機會，因此鎌倉軍的人數想必不會太少。

第八節　奧州合戰

八月十三日，源賴朝的中央軍團進入陸奧國的國府多賀，與千葉常胤率領的東海道軍團會合，隨後朝著平泉進攻，奧州征伐的第二階段正式開始。身在玉造郡的多加波波城防守的藤原泰衡，眼看著鎌倉軍朝著自己開來，不得不棄城而逃。

藤原泰衡原本的計畫是在北上川與江合川合流的地點防禦，但是鎌倉軍的迅速進軍使得他來不及布置完整的防線。八月二十日，鎌倉軍相繼擊破了在栗原、三迫附近一些奧州軍的零散防線，於二十一日抵達津久毛橋，出現在平泉的大門口。津久毛橋附近的營岡是前九年之役時清原軍與源賴義會合的地方，此地據說也是第一代征夷大將軍坂上田村麻呂當年討伐蝦夷人時的駐軍之地，是陸奧國與出羽國道路交會的交通要道。源賴朝料想奧州藤原氏在此地經營了百年，勢力根深蒂固，特意向手下諸軍頒布了軍令，禁止任何人私自帶著一、兩千人冒進，一定要和大軍一起行動，一口氣擊潰奧州軍。

在源賴朝進入多賀國府時，比企能員率領的北陸道軍團也擊潰了藤原泰衡的郎黨田川行文以及秋田致文，這兩人分別是以出羽國田川郡、秋田郡為根據地的豪族，與繼承了清原氏衣缽的奧州藤原氏關係匪淺。

然而，源賴朝明顯高估了藤原泰衡的能力，藤原泰衡一直認為自己只要服軟源賴朝就會放過自己，壓根就沒有準備好防禦鎌倉軍進攻的準備。源賴朝基本沒有遇上什麼大的抵抗，就率領著大軍進入了奧州藤原氏的根據地平泉，此時平泉大部分的地方已經被藤原泰衡放火燒毀，鎌倉軍抵達以後，藤原泰衡的外祖父藤原基成等人隨即投降。

藤原泰衡丟下平泉逃亡即是奧州征伐的第三階段，源賴朝追擊北逃的藤原泰衡，彷彿前九年之役中源賴義追擊安倍貞任的重現一般。在北逃期間，藤原泰衡寫了一封信給駐紮在平泉的源賴朝，主要內容大致有如下幾點：

第八章　奧州征伐之卷

1、收留謀反之徒源義經是父親藤原秀衡的意思，與自己無關。

2、父親死後，自己按照源賴朝的意思殺死了反賊源義經，應當是對鎌倉有功，不應當被討伐。

3、自己願意放棄奧羽的領地，將奧羽交由源賴朝統治，希望能免死並以御家人身分流放遠方。

藤原泰衡到這個時候還是沒有搞清楚源賴朝為何要征伐奧羽，也難怪明明在奧州經營百年的奧州藤原氏會在源賴朝進攻時兵敗如山倒。至於最後位列御家人並流放的提議，源賴朝更不可能接受這種結果；對源賴朝來說，這次「奧州征伐」相當於祖先當年打的「前九年之役」，一定要將藤原泰衡誅殺。同時，源賴朝也知道這次征伐的目的並不是侵擾掠奪，而是占領，他嚴厲禁止鎌倉軍的士卒搶掠燒殺，命關東各國供給糧草，有個士卒侵犯了平泉的寺院，被源賴朝得知後立即將其斬首示眾。

九月二日，源賴朝朝著廚川柵出發，藤原泰衡只得繼續北逃，九月三日途徑肥內郡贄柵之時，被郎從河田次郎殺害。九月四日，源賴朝抵達志波郡，攻陷了藤原泰衡叔父比爪俊衡的比爪館，隨後在比爪館北面數里地之外紫波郡陣岡的蜂朴布陣，陣岡是當年源賴義攻略廚川柵時的據點，位於比爪館與廚川柵之間，和營岡一樣也是連接陸奧國與出羽國的要道。同一天，比企能員、宇佐美實政率領的北陸道軍團在壓制了出羽國的奧州軍後，也前來陣岡參戰。

第九節　天下統一

　　文治五年（西元 1189 年）九月六日，河田次郎帶著主公藤原泰衡的首級前來晉見，得意洋洋地前來討賞，結果源賴朝以河田次郎「不顧奧州藤原氏的世代恩情，殺害主公」的理由將其斬首。「前九年之役」結束後，源賴義曾經命人將安倍貞任的首級釘上長為八寸的鐵釘；此時源賴朝也找來當時釘釘子在場的諸將後裔前來圍觀，也將藤原泰衡的首級釘上釘子，模仿了一把祖先。

　　在奧州征伐的戰鬥中，北陸道軍團的大將宇佐美實政生擒了藤原泰衡手下的勇將由利維平，後來由利維平卻被天野則景劫走邀功，二人互相爭吵，源賴朝便讓梶原景時親自去問由利維平究竟是誰捕獲了他。

　　梶原景時十分傲慢地問由利維平說：「你是藤原泰衡手下的驍將，我問你，活捉你的人穿著什麼樣的鎧甲？」

　　由利維平見梶原景時如此傲慢，怒罵道：「你不過是兵衛佐殿下的家臣而已，講話竟然如此傲慢。已故的御館是鎮守府將軍（藤原秀衡）的嫡子，你的主公尚且不能直呼其名諱，你和我們一樣不過是家臣而已，竟敢如此狂妄？即便是勇士，勢窮被擒也是常事，我不會回答你的問題的。」

　　梶原景時見由利維平竟敢頂撞自己，便向源賴朝報告說，由利維平一直在謾罵，不願回覆。源賴朝猜測是梶原景時無禮才會這樣，便讓畠山重忠前去詢問。

　　畠山重忠去見了由利維平，親自為其設座，並安慰由利維平道：「身為武士被俘虜是自古以來就經常發生的事，不必以此為恥。你看我這樣的，曾經也被平家羞辱過，不過現在一旦崛起，就跟著鎌倉殿東征西討，一統天下。閣下現在雖然被俘，但是日後不一定就不會再興家族。

第八章　奧州征伐之卷

閣下的勇武名冠奧六郡，我軍將士都以生擒您為殊榮，因此出現爭執。他們誰對誰錯，全在閣下一言之中，究竟擒獲您的人穿著什麼樣的鎧甲，能否告訴我呢？」

由利維平見鎌倉軍之中能有大將如此禮遇自己，感動地回答道：「閣下莫非就是畠山重忠殿下嗎？如此禮遇我，我也不得不告訴您啦，活捉我的是一個穿著黑絲甲，騎著鹿毛馬的傢伙，在這之後許多人一擁而上，我也分不清誰是誰了。」

畠山重忠得報之後，便彙報給了源賴朝，源賴朝也透過由利維平的描述知道活捉他的是宇佐美實政，便一邊賞賜宇佐美實政，一邊命人將由利維平帶到自己面前，他想親自見見這個脾氣耿直的傢伙。

由利維平被拉到源賴朝跟前以後，源賴朝問他道：「你的主公藤原泰衡的威勢遍及陸奧國、出羽國，可是卻識人不明，被郎黨河田次郎一人就殺死了。身為奧羽的管領，統率十七萬甲士，連百日都支撐不了，在二十日之內就被我擊破了，難道不是這樣的嗎？」

由利維平也不卑不亢地回答道：「那是因為御館將有力家臣派往各地防禦您了。鎌倉殿的生父右馬頭（源義朝）大人，身為東海道十五國管領，在平治之亂時也僅僅一天就被擊敗，身為數萬騎武士的大將，不是也被長田莊的一個莊司殺害了嗎。互相比較，御館大人身為奧羽管領，統率二州武士抵抗鎌倉殿來勢洶洶的大軍數十日，已經是很不錯的了。」

由利維平的話讓源賴朝聽了十分舒服，由利維平不斷挽回主公藤原泰衡的面子，證明此人還是忠君愛主的。另一方面，他拍馬屁說源義朝是「東海道十五國管領」，也說到了源賴朝的心坎上。源義朝所謂東海道十五國管領自然不是朝廷頒布的正式官職，只是身為源氏棟梁，統率東海道十五國的郎黨而已。文治二年（西元1186年）四月時，源賴朝在寫

信給藤原秀衡時也是自稱「御館是奧六郡之主，而我是東海道的總官」。當然，自從壽永二年（西元 1183 年）的十月宣旨以及文治元年（西元 1185 年）的守護補任權下放，源賴朝此時已經不僅僅是東海道總官了，但是他仍然喜歡以源義朝的「東海道十五國管領」的繼承人自居。

源賴朝十分滿意由利維平的回覆，命令赦免了由利維平的罪過，讓他前往畠山重忠帳下效力。隨後，他在奧州駐守了一陣子，留下了葛西清重擔任陸奧國的檢非違使別當，於十月率軍返回鎌倉。鎌倉在陸奧、出羽兩國的代官想要檢地，清查隱田，也被源賴朝阻止，源賴朝下令說：「陸奧、出羽乃是蠻夷之地，風俗有異。之前頒布的新制度，均不要包括這兩個地方，一切都從舊事即可。」奧、羽兩國的地頭得知了源賴朝的命令之後，十分感動，人心全都歸附了鎌倉。

奧州合戰結束的次年，建久元年（西元 1190 年）十一月七日的下午，持續了數日的陰雨天氣終於結束，天氣放晴以後，有一隊武士以三騎並行的隊形進入了平安京，這支隊伍便是統一天下的源賴朝帶著他的「御家人」們。

這支軍隊約有千餘人，前鋒由畠山重忠率領，後陣則是千葉常胤殿軍，「鎌倉殿」源賴朝騎著黑馬，走在這支隊伍的中央。自從永曆元年（西元 1160 年）被流放伊豆國以來，時隔三十年，源賴朝終於再一次回到了平安京，如今的源賴朝不再是那個十四歲的翩翩少年，而是個鬢角略微發白的大將軍。

源賴朝的軍隊嚇破了貴族們的膽子，九條兼實在日記裡有些不滿地寫道：「大白天地騎馬進京，不知道是什麼意思。」

上洛後的源賴朝在兩天後與後白河法皇會面，按《愚管抄》的說法，二者的談話內容是關於源賴朝肅清上總廣常之事。上總廣常是源賴朝起兵時的重臣，但是卻輕視朝廷的權威，反對上洛，一心想建立獨立的關

第八章　奧州征伐之卷

東王國，最終被源賴朝暗殺。在源義經起兵時，後白河法皇的院廳曾下發院宣討伐源賴朝，惹得源賴朝怒罵後白河法皇是「日本第一的大天狗」，源賴朝的這次會面正是向後白河法皇表示自己絕無叛心，緩和從那時候開始的緊張關係。為此，《愚管抄》的作者慈円甚至誇讚源賴朝是「王家的寶物」。

然而，此時的源賴朝也並不是完全向後白河法皇諂媚，在平家、木曾義仲、奧州藤原氏等家族相繼滅亡後，源賴朝已經成為支持後白河法皇院廳的唯一武士團。在這次上洛與九條兼實會面時，源賴朝甚至自稱是「朝廷的大將軍」，來誇耀自己現在是朝廷唯一可以仰賴的「官軍」。

源賴朝在京畿滯留了一個月左右，在參拜了對河內源氏有著非凡意義的石清水八幡宮以及南都的東大寺等地之後，源賴朝就返回了鎌倉。這次上洛，朝廷想晉升源賴朝為「權大納言」，但是源賴朝卻拒絕任職。

建久三年（西元 1192 年）三月十四日，六十六歲的後白河法皇去世，從「保元‧平治之亂」開始登上舞臺的後白河法皇終於消停了。當時的後鳥羽天皇年僅十三歲，朝政的實權便由源賴朝在朝中的盟友、關白九條兼實掌控。

六月，在日本中世紀十分活躍的幕府職役「守護」正式登上了歷史舞臺，與後來第二個幕府──室町幕府的「守護」不同，鎌倉幕府的「守護」脫胎於「總追捕使」與「國地頭」，僅僅只有「大犯三條」的許可權：即對謀反、殺人犯的抓捕權、審判權以及督促各國武士奉公的權力。因為守護的登場，鎌倉幕府才算是正式成立，從此以後，日本各國的軍事權、警察權就都掌控在幕府的手上了。

到了七月以後，源賴朝向朝廷提出了自己想要正式出任「大將軍」（之前對九條兼實說的是自稱）的意願，朝廷一共給了他「總官」、「征夷大將軍」、「征東大將軍」、「上將軍」等等令外的官職選擇。

第九節　天下統一

源賴朝認為，總官是平宗盛出任過的官職，征東大將軍則是木曾義仲出任過的官職，這兩人最後都沒有好下場，因此認為非常不吉利。上將軍是中國的稱呼，在日本並沒有先例，因此最後經過排除法，源賴朝選擇了坂上田村麻呂曾經出任過的「征夷大將軍」。不過，也正是因為「征夷大將軍」是經過排除法選擇出的官職，所以源賴朝在建久五年（西元 1194 年）辭去了大將軍之職，改由自己的嫡子源賴家出任，將「征夷大將軍」正式確立為鎌倉幕府最高長官出任的官職。

建久四年（西元 1193 年）四月，源賴朝開始在下野國的那須野、信濃國的三原野、駿河國的富士野舉辦了大規模的狩獵活動。當時朝廷的貴族們之間也流行「鷹狩」，即驅使老鷹、獵犬抓捕野雞，而源賴朝舉辦的狩獵活動，則是捕殺野豬與鹿等會危害農作物的大型野獸，同時武士們也會騎馬射殺獵物，有利於鍛鍊武藝。

然而，在駿河國的富士野狩獵時，卻發生了「曾我兄弟復仇事件」，在這次事件後，於「治承・壽永內亂」期間有著巨大功勞的源範賴也遭到了源賴朝的處分而失勢。

曾我兄弟分別是曾我祐成、曾我時致，乃是伊東祐親的孫子，其父祖反抗源賴朝被處死後，母親改嫁入曾我氏，二人便以曾我為苗字。但是曾我兄弟卻沒有忘記殺父之仇，便在源賴朝率領御家人夜宿富士野期間殺死了仇人工藤佑經，受到當夜暴雨的影響，御家人們敵我難辨，亂成一團，自相殘殺，死了不少人。混亂中，曾我祐成殺死了另一個御家人仁田忠常，曾我時致則潛入了源賴朝的居館，最後被大友能直逮捕。

因為曾我時致與北條時政是「烏帽子親」的關係，因而有人認為「曾我兄弟復仇事件」，其實是北條時政指揮暗殺源賴朝的計畫。然而此時的北條時政並沒有暗殺源賴朝的動機，在此之後，源賴朝與北條時政的關係依然很好，沒有出現裂痕。

第八章　奧州征伐之卷

在《吾妻鏡》的記載中，暗指曾我兄弟事件的幕後主使乃是源賴朝的弟弟源範賴。八月二日時，源賴朝懷疑弟弟源範賴謀反，源範賴便遞交了起請文，表示自己絕無二心。根據《保曆兼記》的記載，則是因為曾我兄弟事件後，幕府內部混亂，全無源賴朝的音訊，這時候源範賴卻對慌張的嫂子北條政子說，只要有自己在，會保證幕府的安泰，所以遭到源賴朝的猜忌。

總之，曾我兄弟事件以後，源範賴就被流放出了幕府，淡出了歷史舞臺，他的結局也有被源賴朝暗殺與隱居兩種說法，而源範賴的一些黨羽、郎從，也都遭到了幕府的處分。

建久九年（西元 1198 年）十二月二十七日，源賴朝的連襟、御家人稻毛重成修復了破損了相模川橋，源賴朝也受邀來參加了供養典禮。但是源賴朝在過橋的時候，在水下看到了志太義廣、源義經、源行家等源氏一門以及安德天皇與平家一門的亡靈，因此嚇得跌落馬下受了重傷。當然，源賴朝看到亡靈落馬僅僅只是故事而已，根據推測，五十三歲的源賴朝有可能是急性中風發作等疾病，病發落馬的。

次年正月十一日，源賴朝出家，兩天後就去世了，享年五十三歲。源賴朝死後，鎌倉幕府一度陷入了內亂，二代將軍源賴家被御家人們廢黜，遭到暗殺，三代將軍源實朝被源賴家的遺孤源公曉暗殺，源氏幕府將軍三代絕嗣。

從此，在「源平合戰」之中大放光彩的河內源氏義朝流與伊勢平氏的平家都退出了歷史舞臺，鎌倉幕府自此開始由將軍政治轉向了由御家人主政的執權政治。在幕府執權北條氏的率領下，鎌倉幕府在「承久之亂」中擊敗了朝廷，朝廷顏面盡失，在日本延續了近七百年的幕府時代正式到來。

第九節　天下統一

源平合戰，幕府前武士崛起的決勝之役：

河內源氏 × 伊勢平氏，一場從東國到西國的勢力流動，重新分配權力與版圖，開啟貴族衰退與武士崛起的歷史新局

作　　者：北條早苗	
發 行 人：黃振庭	
出 版 者：複刻文化事業有限公司	
發 行 者：崧燁文化事業有限公司	
E - m a i l：sonbookservice@gmail.com	
粉 絲 頁：https://www.facebook.com/sonbookss/	
網　　址：https://sonbook.net/	
地　　址：台北市中正區重慶南路一段61號8樓 8F., No.61, Sec. 1, Chongqing S. Rd., Zhongzheng Dist., Taipei City 100, Taiwan	
電　　話：(02)2370-3310	
傳　　真：(02)2388-1990	
印　　刷：京峯數位服務有限公司	
律師顧問：廣華律師事務所 張珮琦律師	

-版權聲明-

本書版權為淞博數字科技所有授權複刻文化事業有限公司獨家發行電子書及紙本書。若有其他相關權利及授權需求請與本公司聯繫。

未經書面許可，不得複製、發行。

定　　價：420 元
發行日期：2025 年 09 月第一版
◎本書以 POD 印製

國家圖書館出版品預行編目資料

源平合戰，幕府前武士崛起的決勝之役：河內源氏 × 伊勢平氏，一場從東國到西國的勢力流動，重新分配權力與版圖，開啟貴族衰退與武士崛起的歷史新局 / 北條早苗 著 . -- 第一版 . -- 臺北市：複刻文化事業有限公司 , 2025.09
面；　公分
POD 版
ISBN 978-626-428-236-9(平裝)
1.CST: 平安時代 2.CST: 日本史
731.23　　　　　114012307

電子書購買

爽讀 APP　　臉書